胜在制度 赢在执行

靠制度提升团队执行力

4大原则、**5**大关键、**40**种方法让你在团队管理中少走**5**年弯路，提高**10**倍效率

| 鲁克德 ◎ 编著 |

高层不可不知，基层不可不行
一本值得所有企业家、公务员、公司职员阅读的好书

立信会计出版社
LIXIN ACCOUNTING PUBLISHING HOUSE

图书在版编目（CIP）数据

胜在制度赢在执行：靠制度提升团队执行力/鲁克德编著. —上海：立信会计出版社，2014.6
　（去梯言）
　ISBN 978-7-5429-4227-2

Ⅰ.①胜… Ⅱ.①鲁… Ⅲ.①企业管理-通俗读物 Ⅳ.①F270-49

中国版本图书馆CIP数据核字（2014）第076484号

策划编辑　蔡伟莉
责任编辑　蔡伟莉
封面设计　久品轩

胜在制度赢在执行：靠制度提升团队执行力

出版发行	立信会计出版社			
地　　址	上海市中山西路2230号	邮政编码	200235	
电　　话	（021）64411389	传　　真	（021）64411325	
网　　址	www.lixinaph.com	电子邮箱	lxaph@sh163.net	
网上书店	www.shlx.net	电　　话	（021）64411071	
经　　销	各地新华书店			

印　刷	北京柯蓝博泰印务有限公司
开　本	720毫米×1000毫米　　1/16
印　张	20.25　　　　　　　插　页　1
字　数	265千字
版　次	2014年6月第1版
印　次	2018年1月第11次
书　号	ISBN 978-7-5429-4227-2/F
定　价	36.00元

如有印订差错，请与本社联系调换

前言 preface

全球著名咨询公司麦肯锡有一套企业高效运营6步法，具体内容是：①定战略：分产到户，并明确利益；②锁目标:签责任承诺书，任务落实到个人；③建平台：改善沟通，公开、透明；④立制度：事事有人管，事事有人做；⑤勤检查：确保计划落实、制度执行；⑥重绩效，重赏罚：用关爱凝聚人心。

许多企业常常是策略、目标一大箩筐，议而不决，光说不练，流于"口号管理"，策略、目标没有落实到具体的目标、计划上，目标、执行方法也没有时间表，更没有根据达到的程度订立赏罚标准。同时，几乎每一个企业中还活跃着这样一些人：他们是高谈阔论的思想家，是牢骚满腹的改革倡导者；他们常常身居中层要职，却将自己的"职责范围"视为"势力范围"；他们左右逢源，关心着每一个人和每一件事，最擅长在高层领导和其他人面前搬弄是非，散布谣言。现实中还存在着大量悄悄衰亡的企业，甚至有许多还没来得及诞生，就在雄心勃勃的筹划之后不了了之；更有成千上万的企业，默默地按照市场需要努力寻求发展，而最终却不知不觉地走向了死亡。

人们通常会把责任归咎于战略决策失误，但在大多数情况下，战略本身无疑是非常正确的，策略也没有错，因为大多数的经理人都深谙其中的操作流程。那么，究竟是什么原因导致企业失败？原因是：没有合理的制度；不会用制度进行管理；制度制定出来却没有严格地执行。

首先，合理的制度是一个企业的基础，而用制度进行管理则是企业成长壮大的推动力。

众所周知，所有的管理问题只有两个因素：一是人，二是事。无论是一个国家，还是一个企业集团，或是一个只有几个人的工作室，只要把人管好，把事理顺，也便实现了管理的目标，管理中的那些让人棘手的大大小小的问题也就迎刃而解了。

成功的组织在对人和事的管理上具有一个共同的特点，那就是：用制度管人，按制度办事，也就是说让制度说话。

成功的组织之所以成功，归根结底是管理的优势造就了竞争的优势，而管理的优势则是通过制度来体现出来的。

制度是实现目的的手段，是推进管理流程的基本工具，是规范有效管理的前提。制度的制定与实施，是一条潜流于整个组织运行体系中隐形的手，左右着这个组织的生存与发展，决定着其实力的强弱。在竞争中拥有优势的企业或在某一段时间成功的企业，其管理制度因素的总和一定也是具有较强的优势；企业之间如果在某一方面存在差距，一定是与此方面的相关管理制度总体实施效果存在的差距。比如，企业之间如果在同一产品、同一市场领域里的竞争存在优、劣势之分，一定是企业之间在管理制度总体表现方式、表现效果上存在差距。

让制度说话，对于企业管理而言，具有决定性的意义。没有科学合理的制度，或没有坚持按制度办事，就会出现好事没人做，坏事人人争先的局面。"制度最为重要"、"制度高于技术"、"制度高于一切"、"制度更是第一生产力"，已成为经济学家和管理学家的共识。

其次，企业的成败决定于执行力。

无论是个人还是企业，都在为取得成功而设计着宏伟的蓝图。然而，走到最后，许多人却事与愿违地收获了成功的反面——失败。面对失败，我们常将责任归咎于自己的制度不够合理，常将责任推诿于企业的策略不够正确，却很少能去思考自己是否认真地将计划与策略执行到位。

前 言

当今社会竞争日益激烈，企业怎样在众多组织中脱颖而出？一句话，不折不扣地执行。

任何企业或组织，只要能狠抓落实，就一定会取得成效。而对于落实不到位的企业，政策自然变成了一纸空文，决策也就成了"水中月"、"镜中花"。

有一家大型企业，因为经营不善而面临破产，后来这家企业被美国的一个大财团收购。企业的工作人员都在翘首以盼美国人能带来什么先进的管理理念，出乎意料的是，他们只派了几个人来。除了财务、管理、技术等重要部门的管理人员换成美国人外，其他的根本没动。制度没有改变，员工没有改变，机器设备也没有更换。但美方有一个要求：把先前所制定的方针、政策和制度坚定不移地执行下去。结果不到一年，企业就改变了局面，实现了扭亏为盈的目标。

为什么美国人来治理这个企业就能够取得成功？原因就是执行，将一切规章制度执行到位。因为执行是一个企业发展的原动力。沃尔玛之所以能成为全球零售业的龙头，海尔之所以能跻身世界500强企业之列，原因都在于他们的员工能不折不扣地执行企业的制度。

从某种意义上说，执行任务是一个创造的过程。要想彻底落实工作，必须应对这一过程中可能出现的问题，排除执行过程中的干扰因素。执行的过程，也就是不断发现问题进而解决问题的过程。要想解决从未遇到过的问题，需要找出应对问题的方法。

一个持续变化的企业组织，必然要求其组织规则跟着变。因此，企业的规章制度必须不断改变，即不断地修订、补充、完善。通过制度不断地建立和健全，企业才能持续适应不断变化的客观环境。否则企业组织就有可能无法适应日新月异的环境变化，很快被淘汰。

执行是推动企业发展的力量源泉，是促进企业腾飞的助推器。只有执行，才能把口头上讲的理论、纸上写的计划付诸实施，并达到预期的目标；只有执行，才能使企业在激烈的竞争中立于不败之地。

企业制度建设是一个长远的战略问题，但是，如果没有人去执行或更贴切地说没有很好地去执行，那么，再好的制度也是一纸空文。本书围绕制度和执行的关系来写，重点阐述有关制度与执行存在的一些关键性问题，用创新的理论、经典的案例以及全新的视角将其展现给读者朋友们。

值得一提的是，在编写过程中，我们参考了专家学者们宝贵的文献资料，在此表示由衷的谢意和诚挚的敬意。

目录 contents

第一部分 用制度办事,按制度执行

第一章 制度的力量——基业长青的守护者 2
制度是企业成功的基石 2
规章制度是管理的法宝 4
伟大的制度成就伟大的企业 7
基业长青——优秀制度创造优秀的公司 12

第二章 用制度管人,执行制度要与管人结合起来 15
"修路"理论与制度建设 15
制度面前人人平等 16
制度的惯性 20
制度是让人遵守的 21

第三章 按制度办事,设立制度结构和职责明细 23
企业管理制度体系 23
日常经营管理制度体系 25
制定管理制度的内容和原则 27

制定管理制度的依据和程序 29
　　　人在其位，各谋其政 31
　　　让制度无时不在 33

第四章　管理就是严肃的爱：让制度充满人情味 38
　　　人本意识＋科学精神＝人性化管理 38
　　　严管善待是发展企业的基础 40
　　　管理的目的是以人为本 45
　　　企业要施行"人性化"制度模式 47
　　　制度化和人性化的统一 49
　　　制度严肃，执行有爱 50

第五章　打出好牌：不合理的制度对执行毫无意义 53
　　　制度好与不好效果迥异 53
　　　不合理的管理制度要改革 56
　　　制度不严谨危害执行 57
　　　制度不合理阻碍执行 58
　　　制定合理制度的规则 59
　　　管理制度就是要严格 61

第六章　制度不能写在墙上，要从墙上"走"下来 64
　　　让制度从墙上"走"下来 64
　　　制度只有得到执行才能发生效用 66
　　　加强规章制度的宣传教育工作 69
　　　让制度活起来 71

第二部分　制度有威信，执行更到位

第七章　领导是制度的首要制定者，也是制度的第一执行人 74

　　领导者要尊重制度 74

　　领导者要带头遵守制度 75

　　执行制度绝不能有例外 78

　　领导遵纪守法很重要 80

　　领导者要有正直的品质 82

　　爱岗敬业是领导执行制度的体现 84

第八章　选对人做对事，执行制度要用得力的人选 88

　　把握住现代人才的标准 88

　　用人以适用为原则 90

　　能力比知识更重要 90

　　人格比专业知识更重要 91

　　做分配工作的内行 93

　　领导者要看到下属的专长 94

　　领导者任人要注意协调 95

　　领导者要适时扩大下属的职责 97

　　只有合理分工，才能使下属心情舒畅 99

　　用人以诚，才能使组织人心一致 100

　　公平用人创造出积极向上的企业氛围 101

第九章　掌握授权的艺术，执行起来四两拨千斤 104

　　权力是要分配的 104

　　发挥授权的作用 106

　　领导者就要学会授权 109

领导者授权的方法..112

　　领导者授权的步骤..114

　　领导授权要注意三点..116

　　避免授权的失误..122

　　做好授权后的控制..123

　　放手，但定期检查不可少..124

第十章　让员工"跑"起来，引入竞争机制刺激执行力................128

　　绩效管理要公平..128

　　考核是落实之匙..131

　　用人们的好胜心有效地激发员工潜能................................134

　　原谅，更能激发员工的奋进心..135

　　用真情打动下属，使员工自觉执行....................................137

　　倾听能使下属感到被尊重而奋发..139

　　尊重员工的建议会让员工积极性更加高涨........................141

第十一章　倡导全员执行精神，建设高效执行团队....................143

　　组建一支有效的领导团队..143

　　团队精神是高绩效团队的灵魂..148

　　高凝聚力团队带来高团队绩效..150

　　团队默契，凝聚出高于个人力量的团队智慧....................151

　　集众人之所长，让集体的智慧闪耀光芒............................153

　　提高领导者个人的效率..155

　　提高领导机构的效率..159

　　维护团队"人和"的环境..161

　　融洽的组织气氛可以提升士气..164

　　让企业文化融入每个人的血液..166

第十二章　法治大于人治，将自我意识从执行中清除出去 170

　　领导人的管理恶习会毁掉企业 170
　　让法治代替人治 172
　　制度的作用是引导 173
　　独具特色的松下"七精神" 173
　　始终强调组织行为 175

第三部分　八个到位，确保制度获得有效执行

第十三章　责任到位，责任一缺位执行必缺位 178

　　责任一缺位，执行必缺位 178
　　将责任"种"在脑袋里 180
　　把责任放在第一位 183
　　责任到位，执行才能到位 184
　　信守责任，让执行更完美 186
　　责任心为执行撑起一片天 188
　　一流执行，必有一流把关 190

第十四章　纪律到位，有令则行，执行制度没有借口 194

　　制度是管理和纪律的统一体 194
　　秩序和纪律对企业运行的重要意义 195
　　服从永远是第一位的 198
　　没有服从就没有落实 202
　　除了服从，还要敬业 205
　　遵守纪律，保证战斗力 210
　　用纪律和制度说话 212
　　要纪律也要创新 215

第十五章 流程到位，执行环环相扣与制度完美对接 220

- 没有可行的流程就没有执行 220
- 提高执行力要先优化流程 223
- 执行到位要重视人员流程 226
- 按流程执行也要讲方法 227

第十六章 标准到位，高标准高要求执行制度不打折扣 230

- 高标准才能让执行更到位 230
- 如何做到高标准、高要求 231
- 执行者的态度决定一切 232
- 认真执行才能到位 235
- 以制度为准绳，执行不折不扣 238
- 一步到位，不要做重复工作 240
- 领导者要将严格执行制度当作一种常态 243

第十七章 细节到位，1％执行的失误会导致100％制度的失败 245

- 管理从制度化提升到细节化 245
- 细节执行力就是核心竞争力 246
- 重视班组制度建设的细节 248
- 把握制度执行的关键环节 249

第十八章 公正到位，行动要以事实为基准导向 251

- 处理事务要公私分明 251
- 营造从上到下公私分明的风气 253
- 避免安置心腹的做法 255
- 不要亲此疏彼，因私害公 256

第十九章 沟通到位，不沟通执行就是放空炮……258

  有效的落实从沟通开始……258
  管理工作离不开沟通……261
  什么是有效的沟通……265
  沟通的四种基本方法……266
  重视沟通讨论……268
  建立完善的沟通制度……269
  改善企业中沟通的困境……272
  倡导不拘形式的良好沟通气氛……276
  提高自己和员工的沟通能力……279

第二十章 监管到位，消除腐蚀制度的"蛀虫"……283

  及时发现和解决企业内的"蛀虫"……283
  惩一儆百，决不姑息养奸……285
  该批评就批评，该解雇就解雇……287
  加大监管力度，谨防"蛀虫"孳生……291
  建立防止"家贼"的相关制度……294

第二十一章 工作在于落实，落到实处制度才有用途……298

  决策好才能落实好……298
  抓好各项工作的落实……300
  没有监督就没有落实……302
  落实贵在坚持……303
  把每一位员工打造成落实型员工……307
  按5P法则评估工作落实力……309

第一部分

用制度办事，按制度执行

国不可一日无法，家不可一日无规，企业不可一日无制度。制度是任何组织得以维持和有序运转的必要条件。没有制度，就没有正常的工作和生活秩序。

决定制度执行力的6大要素：①制度本身的合理性与操作性；②员工对制度的理解与认同；③企业制度文化环境与团队氛围；④激励、约束和检视机制；⑤对员工基本素质、执行能力与岗位技能的训练；⑥老板或职业经理人对制度的遵从与推动。

第一章
制度的力量——基业长青的守护者

"天下纷扰，必合于律吕。"制度决定一个组织的兴衰与成败，也决定一个组织发展的高度与跨度。如果说管理是树木，那么制度就是滋养万物的土壤。只有肥沃的土壤，才会培育出茂盛的植物；只有健全的制度，才能有规范有效的管理。

制度是企业成功的基石

俗话说："没有规矩不成方圆。"如果一个企业没有制度，在某一段时间也许能混下去，甚至在某一阶段、某一件事情上还会显得很有效率，但是从长远和整体上来看显然是不行的。因为一个没有制度、没有纪律的团队事实上等于一个没有绩效、没有生产力的队伍。所以一个企业管理者懂得如何营造建立一个好的制度管理模式是非常重要的。如何建立一个良好的管理模式？以下几点值得参考。

第一，我们应该制定一个非常具体的可操作可执行的企业管理制度。

所谓的企业管理制度其实指的就是游戏规则。我们要让每一个员工都能够非常清楚地知道所制定的制度是什么、哪些是好的、哪些是不好的、哪些是被允许的、哪些是不被允许的。在制定这些制度之后你要清楚地告诉他们为什么制定出来这些制度。这些制度为什么要被遵守？他跟团队协作有什么关系？他跟组织管理有什么关系？他跟业绩的达成有什么关系？要把这些原因一五一十地告诉员工，让员工明白。因为当员工明白为什么制定这些游戏规则和制度的时候，他们才知道为什么或者是如何去遵守这些制度和规则。

第二，我们要制定严格的标准。

任何一个顶尖的团队都有一套非常严格的标准。标准应该是合理的高标准，如果你想拥有一个一流的团队，你就必须制定严格的、一流的标准，这一点是非常容易理解的。有一句话讲得非常好，"严师出高徒"，在你带领团队和培训的过程当中，如果你对他们的要求非常松散，同时假设你对他们的行为标准也制定得非常模糊，那么每一个团队的成员就没有依寻的准则，这样子就不会激发他们好的一面，反而会激发他们的惰性，我想这样子对一个团队来讲是有很大的杀伤力的。

第三，我们要做的就是制定一个处置方式。

什么叫做处置方式？如果你的制度一旦制定出来了，而你的团队成员违反了这个制度，请问你要如何处置？有一句话讲得非常好，"国有国法，家有家规"，你所制定的制度实际上就是一种规则，就好像法律一样，当他今天触犯了这个规定以后，请问你应该如何惩罚他？你应该如何处置他？我想这些制度都应该是非常明确的。

第四，当你一旦制定制度以后，你就必须要严格执行。

如果不严格执行，就会给人一种印象，你说的话是无所谓的。

第五，制度制定以后需要不断检查，不断监督。

就像刘邦的长乐宫朝会一样，在朝拜过程中，御史前去执行法令，凡不按仪式规定做的就要被带走治罪。

人管人总是有漏洞，因为人都是有弱点、有感情的，制度却能起到人所不能起到的作用。各位优秀的企业经理，愿制度能助你减少管理漏洞，真正成为你企业经营腾飞的翅膀；愿制度能使你在成功的道路上步伐更稳健，信心更充足。

规章制度是管理的法宝

如果你认为,企业的规章制度纯粹是一种约束和控制,甚至是体现管理的权威,那么,你的工作态度就有问题了。如果你认为,公司的规章制度是一种全体员工和谐相处的规则,那么你只对了一半。只有清醒地认识到,作为企业主必须比其他所有的员工更加模范地遵守一切规章制度,并且为此毫不动摇,你才具备了承担企业领导职务的基本条件,你的企业才能兴旺发达。

古老的英国剑桥大学有一位著名的校长,他治校有方,曾经培养出了很多名满天下的学生。有人问他为何能把学校经营得这样好,这位校长说,那是因为他用"一条鞭子"来惩治那些不听话、不上进的学生,并且奖罚分明。他还说,如果给他一把手枪,他会把学校管理得更好,培养出更多的好学生。

这个故事的大概意思是,只要能以"铁手腕"严格执行既定的规章制度,就一定能治理好学校。这里的"一条鞭子",其实就是严格、严厉、不讲情面的意思。不仅管理学校要像这样,从某种程度上讲,企业要想从严治理,也应该像上面例子中提到的一样,执行"一条鞭子"的管理政策。

海尔集团总裁张瑞敏在各种场合讲到海尔的成功历程时,总是不忘提到13条规定,其中包括不准迟到、不准打毛衣、不准在车间内随地大小便……这些现在看起来很琐碎、细小、简单得令人发笑的规定,却确确实实地击中了原海尔员工的要害。通过海尔领导者的严格管理,这13条管理规定得到了切实的执行,使海尔人的工作面貌有了很大的改善,同时在海尔内部树立了"有规必行"的观念,使规章制度不再是"可有可无的摆设"。此后,海尔的管理者又逐步推出各种新的细化规章制度,做到了"有规可依"。逐渐地，海尔的企业管理由无序转向有序，逐步成为一个有执行力的组织，海尔开始走上辉煌之路。

公司制定出来的各种规章制度，不能只是纸上谈兵。作为企业的领导者和管理者，你应当用铁面无私的精神来贯彻并发扬合理的规章制度，一旦发现有人违反规定，一定要严格执行，绝不手软。

但是，应该清楚，"绝不手软"并不一定是滥施权力、粗暴蛮横地对待员工，以显示自己的威信。对雇员要公道，在处罚时要有充分的根据，它包括解释清楚公司为什么要制定这条规章，为什么要采取这样一个纪律处分，以及希望这个处分产生什么效果。

我们要知道的是，执行任何的规章制度，目的都是为了维护良好的秩序，而不是处罚本身；因此，你应该向你的雇员表示你对他的信任和期望。在对违反规定的员工处罚完以后，要肯定他的价值，以向上的激情去鼓励他，以消除他对处罚的怨恨和郁闷之情。

现实中，也有许多管理者认为"这些规定谁都知道"，我没有必要整天把制度挂在嘴边。但是，新来的雇员，甚至有时也会是些老雇员，直到自己违反了某项规定，才恍然大悟，才知道原来还有这样的规定。因此，加大对制度的学习，也是十分必要的。

当然，作为企业领导，自己更应该明白以身作则的重要性。如果你没有这样做，那你就是在向其他员工表示，制度只不过是一种摆设。同时，你也不应该不分青红皂白，草率地惩罚或处分员工。在你做出判断之前，甚至是在你做任何事情之前，你都必须知道事情的来龙去脉，并要搞清楚员工为什么要这样做，他这样做的动机是什么等。

制定出规章不是为了显示纪律严明。当然，并非每次的处罚都要一视同仁，它的意思不是说面对违规行为，采取统一的措施，而是说在相同的环境和条件下，违规行为都要受到同一种惩罚，不能有丝毫的偏颇。

英特尔公司从创立开始就非常强调制度，处处都有清楚的规定，每天早上的上班制度，就是最明显的例证。在英特尔，每天上班时间从早上8点整开始，8：05分以后才报到的就要记做迟到，即使你头天晚上加班到半夜，第二天上班时间仍是上午8点。

英特尔整个公司的管理制度都很严明，从制造、工程到财务，甚至营销部门，每件事情都有清楚的规范，人人都以这些规范来作为自己工作的准则。许多公司重视人性化管理，以重视员工为口号，只有英特尔强调制度胜于一切，这种注重企业自主管理的经验和方法，使英特尔的企业文化独树一帜。

制定规章制度应注意以下几点。

1.规章制度的制定不能违法

经常可以见到，在制定自己的规章制度的时候，很多的企业由于对现行法律的不了解和不在乎，导致了与法律的冲突和矛盾，从而不具有约束效力。因此，在对违规员工进行处理的时候，由于没有效力，难以产生作用。而且，由于得不到法律的支持，所定的规章制度不过是一纸空文。因此，规章制度的内容必须合法。

2.规章制度要经过民主程序肯定

顺应民主，才能持久。然而，现在大多数企业在制定规章制度的时候，往往只是由几个高端领导者或董事会的成员来制定。我国法律规定：企业的规章制度应该通过民主大会的形式，经民意代表同意，并且经多数员工通过，才具有效力。

3.规章制度应该及时修改、补充

要把企业运作好，管理者需要建立一套完善的制度。制度设计合理、运作有效，企业高效运转，员工士气高昂，事业才能蒸蒸日上。所以，及早建立一套合理的制度至关重要。市场不断变化，形势也在不断变化。因此，企业的规章制度应该不断地修正和改定，只有不断地推陈出新，制定适合当时情形下的规章，定期或不定期地检查，及时修改、补充相关内容，才能保证制度和规章的合理性、时效性。千万不能认为把规章制度制定好以后便万事大吉。

伟大的制度成就伟大的企业

为什么越来越多的现代企业管理者意识到了制度建设的重要性？因为经历了创业的艰难，在企业逐步走向正规管理的同时，他们看到了制度的优越性。一个合理的、完善的、有效的制度，让创业者们逐步走向他们事业的新高峰。

如果说管理是树木，那么制度就是滋养万物的土壤。只有肥沃的土壤，才会培育出茂盛的植物；只有健全、完善、合理的制度，才能使企业实现规范有效的管理。制度是管理最有力的保障和支持。只有不断完善的制度，才能让管理走向规范化，才能让管理者从繁琐的事务中解放出来，才能为领导和员工提供最大的创造空间。在当今这个日新月异的时代，企业的内外环境在一刻不停地发生着变化，如市场的环境在变，客户的需求在变，竞争对手在变，企业内部环境每天也都在变，员工自身也在变……一切都在变。一个持续变化的企业组织，必然要求其组织规则跟着变。因此，企业的规章制度必须不断地改变，不断地修订、补充、完善。通过制度不断地建立和健全，企业才能持续适应变化了的客观环境。否则企业组织就有可能无法适应日新月异的环境变化，很快被淘汰。

1.没有完善的制度，只有发展的制度

企业制度是用以规范员工行为、使各项工作有章可循，从而提高管理效率与质量的行为准则。每个企业都在一直致力于寻求最适合自己的完善的制度，但我们知道，世界上从来没有完美的东西。因此，好的制度，需要跟随时代的发展变化不断地修订。

好的制度不是一成不变的，它在不断地变化中趋于合理、完善，因而才能保持永恒的生命力。好的制度需要在变化中求和谐,在和谐中求发展,在发展中求完善。大到治理国家,小到管理企业,一成不变的制度是没有生命力的。因此,制度的完善与创新尤为重要。发展的制度可以为企业的规范管理提供支持,只有良好的管理才能使企业在当今社会具有竞争力。

建立制度对于政府部门的工作非常重要,同样,对于一个现代化企业来说,面对竞争日益激烈的市场,建立制度也是刻不容缓的。

制度建设要不断创新。企业发展是个动态过程,制度建设也是个动态过程,制度需要随着宏观形势的变化和企业自身的发展而不断进行修改和完善。比如要根据国家法律法规、政策制度发展变化的需要而修改和完善制度。企业经营管理实际上就是一个与政府、市场、竞争对手等社会各方面因素进行互动的过程。因此,作为企业管理的一项基本工具,制度也需要不断创新、不断改进。

某单位曾经有过这样滑稽的规则,这个单位以发生意外事故的多寡来决定是否表彰员工。这样的规则如用在几乎没有危险性的工作场所,显然不合情理。表扬无事故记录的员工自然很好,但是要考虑各种不同的情况,是否适合现实情况,做到公平公正。对于有些工作岗位上的人,工作本身就没有危险性,那肯定是要受表扬了;而那些从事危险性较高的工作的员工,则很可能与表扬无缘。

20世纪60年代在美国企业界广泛流传这样一个故事:

一个不擅指挥、无能的连长获得了一项最高荣誉。获奖原因来自于一条规则。这条规则规定:凡连队官兵,在军事演习中获得了最高成绩,则连长可获得最高荣誉。

这项规则在当初制定时肯定是出于某种特殊的原因。但过了一段时期还在执行,就显得有些迂腐,因此才会出现无能长官接受褒奖的情形。由此我们也不难看出,这则故事之所以流传于企业界,主要是它对于那些墨守成规的管理者有一定借鉴作用。

总之,规章制度的建立、制定是随着生产的发展、企业的进步不断改变的，而不应该一成不变。一个有经验的企业管理者要善于用规则管理员工。

注重制度建设，并且使制度适应企业内外环境的变化与发展，这对于企业来说具有十分重大的意义。

2.没有完善的制度，只有合理的制度

让制度不断地趋于完善，仅仅依靠制度发展是不全面的，就像大海行船，没有舵手，我们无论如何也到不了彼岸，而制度的合理化就是制度发展的方向。

建设合理的制度是做好管理工作的基础。只有合理的制度才能在实践中得到不折不扣地执行。制度不落实，管理责任不到位，企业就不可能实现持续发展。因此，制度建设要切合实际。有人戏称制度就是游戏规则，规则要公正、公开、公平，切不可"管、卡、压"，过分地强调控制就会带来严重的负面影响，如降低员工的积极性，影响创新能力的发挥等。管理者既要把制度建设成为一种行为规范，又要通过让员工参与制度的制定、对员工进行制度宣传教育等有力措施使制度深入员工心中，通过潜移默化的影响使得员工培养高度的自制力，达到员工自制与企业控制之间的最佳平衡。

合理的制度不是管理者的独裁和专权，而是在员工和管理者的共同努力下能够不断发展和完善。

英国的文职官员被普遍认为是世界上最优秀的官员队伍之一，廉洁与高效为其赢得了巨大声誉。然而这一切都源自于其构架良好而又合理的文官制度。在英国，文官并不包括组成内阁的大臣，即与内阁共进退的"政务官"，而仅指"事务官"，其职责是执行当时政府的政策，但是并不参与政党活动。他们构成了政府中所谓的"非政治"分子，即不参与党派之争的人。在内阁经常发生更迭的情况下，他们的存在保证了政策的稳定性与连续性。高级文官还时时准备为大臣提供咨询，向其提供必要的情报、知识以及实践的经验。显然，服务的年限越长，他们在政府中的影响力也就越大。这样，他们不但执行既定的方针、政策和命令，而且对于这些方针、政策和

命令的制定还有一定的、有时甚至是决定性的发言权。正是这后一项职能的行使，使文官成为国家机器中极为重要的一部分，成为"永不更迭的幕后政府"。前台是两党轮流执政，后台则永不更换，这是英国文官制度的重要特征。

完善合理的制度可以给企业或组织带来如下好处：

第一，完善合理的制度可以把管理者从繁琐的事务中解放出来。

作为一个管理者，你是否有时会因为员工的不规则操作，或是很多细枝末节的琐事而感到焦头烂额？

完善合理的制度像是一把锋利的剑，可以为你斩断一切纷扰。永远都不要畏惧出现的问题，因为世界上没有一劳永逸的方法，只有不断更新的制度才能为你解决后顾之忧，就像不断升级的杀毒软件，时刻保卫你的电脑。免于无谓的精神投入，让你的领导才智得到最充分地发挥。

完善合理的制度使现代企业纷繁复杂的事务处理变得简单，企业管理者不再需要将大量的宝贵时间耗费在处理常规事务中。这样一来，常规事务的处理就变得有章可循，企业的工作也可以处于一种有序的状态中。

第二，完善合理的制度可以让员工充满激情和创造力。

肯·布兰佳带来的"共好"（"共好"是中文"一起工作"的意思，指的是以正确的方式做正确的事情，而且得到正确的结果）的理念，让员工认识到了他们工作的重要性。无论是生产螺丝的员工，还是洗盘子的工人，只要他们认识到了"螺丝将固定在婴儿床上，用于保障婴儿安全"或是"餐厅里一群人的健康就握在他们手上"，相信员工们会乐于接受和认可制度，并主动维护、完善制度。

灵活有效的制度提高了工作效率，让员工们有更加充裕的时间发挥他们的创造力，为公司创造更多的价值。

同时，由于制度对于每个人都是一样的，制度的完善会使员工之间达到一种公平和谐的状态，能减少因管理者人为原因造成的不公平所带来的人事纠纷。完善合理的制度是打造和谐团队的根本。

第三，完善合理的制度可以使企业或组织的竞争力获得极大的提升。

同治理国家一样，在企业中完善合理的制度可以使企业提高工作效率。在当今竞争越来越激烈的情况下，提高工作效率和企业管理水平可以极大地提高企业的综合竞争力。

春兰公司已将企业制度作为培育企业核心竞争力的重要领域，并已经具备了可以与国际上优秀企业相媲美的企业制度竞争力。春兰实行的创新型矩阵式管理体制具有以下优点：

其一，具有良好的前瞻性和可扩展性。

当公司进入新的产品领域时，矩阵结构可以很容易地迅速以产品事业部的形式扩充新的建制，而不必对整体架构做出大规模调整。

其二，具有相当大的灵活性。

比如，该管理制度体现了以市场为导向的管理理念，不同的产品事业部可以根据市场特点确定不同的产品策略、定价策略、市场推广策略，或直销，或分销，或实行代理制，或OEM、ODM，有效避免产品策略的一般化、简单化，能收到更好地开拓市场的效果。

其三，有利于协调企业各种资源，发挥企业整体竞争优势。

横向"立法"部门一方面监督规章制度在各部门、各子公司的执行情况，另一方面根据实践中总结出的经验加以推广，以提高公司的整体运作能力。

那些优秀的企业总是能够对企业内外环境的变化做出迅速而且恰当的制度性反应，使自己的制度更加适应环境的要求，使企业制度日趋完善。

制定完善合理的企业规章制度是建立现代企业的需要，是规范、指引企业部门工作与员工行为的需要，是巩固劳动纪律的需要。同时，完善合理的制度建设有利于建立一支高效的企业团队，规范作业流程和员工工作行为，使得企业形成一个融洽、竞争、有序的工作环境。只有在这样的环境中，员工才能最大限度地发挥自己的潜能，使组织工作效率最大化。

总之，建立完善合理的制度可以大大提高企业的管理效力、决策与实施的速度，提高企业的竞争能力与生存能力。

基业长青——优秀制度创造优秀的公司

作为20世纪管理史上最成功的畅销书之一,《基业长青》创造过良好的销售纪录。这部由詹姆斯·柯林斯、杰里·伯勒斯联手打造的著作,被《今日美国》称为"继《追求卓越》之后最引人注目的企业研究力作"。

在管理实践中,许多企业的老板遗憾地发现,除非你的公司已经做到了100年以上,否则如果你完全按照书中的原则行事,很可能遭到迎头重创。因此,对于一些中小企业管理者来说,在研读此书的同时,很有必要针对自己的现实情况对书中宣扬的企业行为模式加以批判分析,最终使其为我所用。

《基业长青》认为,成功公司未必一定拥有一个能力超强、魅力非凡的领导人。它真正需要的是能够建立起一个自我发展、创新的团队,同时能深谋远虑使企业能不断进步的领导者。

简而言之,作者认为领导者成败的关键在于能否"建立起一种长而持久的制度"。还认为,对于成功公司来说,赚钱只是一组目标中的一个,而且不见得是最重要的目标。在现实中,追求多元目标的公司,往往能够比纯粹以营利为目的的公司赚更多的钱。

这种追求多元目标,平衡理想与现实之间关系的"务实理想主义"思路,对于小公司也是十分必要的。但是为了生存,企业必须将追求利润作为首要目标。

如果企业希望长期生存,就必须考虑如何合理地分配资源,为自己规划健康的生存状态。不过这一点却很少有公司能够真正做到。

以一家分销商的日常工作为例,企业所面临的困难,使得他极度关注利润。首先,销售的毛利日益菲薄,二级代理和客户拖欠款的周期越来越长,而供货商催款的通知天天不断,同时一些正在运行的项目收款也很不顺利,还需要从可怜的利润中留出一些钱来以备万一。在这种情况下,他还要拿出一部分现金来应付日常开销，维系各种关系。如果他上面有上级，还需要做一些假账来充点业绩门面，当然也要给总部回一些货款，以配合上层战略的需要。

《基业长青》认为，每个伟大的公司拥有的价值观并不相同，真正重要的也不在于此，而在于这些价值观的内容是否得到遵守。本书的作者说："关键不在于说一说而已，而要真正地在实践中做到这一切（核心价值观）。"

对于企业来说，核心的价值观念并不是一开始就有的，公司要经过一个摸索的过程，才能最终确定哪些观念可以成为自己企业的精神箴言。如果企业能够缩短这一过程，公司就可能更快地走向成熟。如果不能迅速确定公司的价值观念，那么尽快确定公司的"性格"，可能会给管理者带来更大的收益。

很多企业的"性格"带有其老板的鲜明痕迹，久而久之，企业里员工的行为模式和判断标准，几乎与其老板一般无二。于是形成了许多不成文的"潜规则"。这些"潜规则"在很大程度上就是公司实际运行过程中的价值观念。

比如，一家民营企业，由于老板本人带有浓厚的政治家情结，于是整个公司在企业文化和价值观念方面都带有鲜明的政治色彩。具体表现为：重视对老板本人的研究；重视对党和国家以及地方政府政策方针的研究（该企业给自己的定位也是"政府导向型"企业）；重视企业内部的职位和晋升，并且以此为最高奋斗目标；员工普遍具有政治敏锐性，又红又专，既重视工作业绩，又具备高强的处理各种复杂关系的能力；核心员工具有很高的忠诚度，用该公司一位中层干部的话说："能做到中层干部位置上的人，都是三起三落，经受过无数次考验的人。"

综上所述，企业如果没有成熟的价值观，也一定要有符合自己"性格"的实用"潜规则"。

《基业长青》认为，事实上，成功公司并不像想象中那样谨小慎微，它们往往敢于打破常规，实施胆大包天的计划。

比如，波音公司在1965年制定波音747巨无霸喷气式客机的计划；"福特"在1907年提出让汽车大众化的计划；索尼在1952年制定世界上第一台袖珍收音机的计划；沃尔玛在1990年制定的每年每平方英尺销售额增加60％计划；还有就是IBM号称"50亿美元的豪赌"的"360计划"。这些计划在推出时无一不被外人看作是精神失常的表现。但是，恰恰是这些计划成就了这些伟大的公司。

中国人一向推崇"胆大心细"的英雄，对于企业运作来说，这个标准同样适用。对于小企业来说，由于掌握信息的能力有限，这一点就显得更加重要，尽可能多地了解有效信息，对于降低风险将会起到关键作用。

几年前有一家区域的渠道公司成功地囤积了一批IBM的某款服务器，而后高价售出，赚取了很高的利润。该公司老板回忆，在囤货之前，他将北京地区的货源情况，以及该区域近期一些重要项目的供货情况摸了一个"门儿清"，知道IBM哪一款服务器在短期之内不会再有货，而本地区的两个大项目已经交货在即，只要控制好时间，就可能通过提前进货赚上一笔。不过，由于这一单订货动用的资金很大，同时还需要考虑厂商的调价变数，因此，他在实施过程中非常谨慎，几乎将业务过程中每一个环节都了解了一遍，才最后做出订货决定。

在细致准备的基础上，小公司应当推出振奋人心的优秀制度，制定优秀的制度需要超常的努力和一点点运气才能完成，并且要具有持续刺激公司进步的能力；它的目标必须符合企业的核心理念。此外，行事谨慎并不意味着丧失敏锐，小公司必须比别人更快地发现和把握机会，更快、更灵敏，否则就不可能赢得先机。

第二章
用制度管人,执行制度要与管人结合起来

用制度管人、按制度办事,是所有成功企业共同的特点。毫无疑问,规范与制度是企业必不可少的软件设施,也是企业得以正常运转的基石。因为企业是由各类人员组成的组织,而人的复杂多样的价值取向和行为特质,要求企业必须营造出有利于企业理念和价值观形成的制度和文化环境,并约束、规范、整合人的行为。

"修路"理论与制度建设

著名管理咨询专家刘光起先生说:"管理就是管出道理,道理就是规则规范。"这里所讲的规则规范,指的就是管理中的各项规章制度。中国传统文化中"没有规矩不成方圆"的思想,也阐释了规章制度的基础性作用。

约翰和亨利到一家公司联系业务。这家公司的办公室在一幢豪华写字楼里,落地的玻璃门窗,显得非常气派。可是,由于玻璃过于透明,许多来访的客人因不留意,头往往会撞在高大明亮的玻璃大门上。不到一刻钟,竟然有两位客人在同一个地方头撞在玻璃上。

亨利忍不住笑了，对约翰说："这些人也真是的，走起路来，这么大的玻璃居然看不见，眼睛长到哪里去了？"

约翰并不赞同亨利的说法，他说："真正愚蠢的不是撞玻璃门的客人，而是设计者。如果不同的人在同一个地方犯错误，那就证明这个地方确实存在缺陷。应该考虑怎么修正缺陷，而不是嘲笑那些犯错误的人。"

于是亨利向该家公司的经理提了意见，在这扇门上贴上一根横标志线，从此再没有来访客人撞到玻璃门了。

这个故事涉及的是"修路"理论，即当一个人在同一个地方出现两次以上同样的差错，或者两个以上不同的人在同一个地方出现同一差错，那一定不是人有问题，而是这条让他们出差错的"路"有问题。此时，人作为问题的领导，最重要的工作不是管人——要求他不要重犯错误，而是修"路"。

管理进步最快的方法之一就是：每次完善一点点，每天进步一点点，每个人每一次都能因不断地修"路"而进步一点点。这里所讲的"路"就是制度和规范，"修路"就是指制度建设。

"修路"理论告诉我们，管理工作最重要的不是直接去管人，而是去制定让人各行其职的制度——修筑让人各行其道的路。

制度面前人人平等

《三国演义》里有一个"曹操割发代首"的故事：

为保护农民的利益，曹操传令三军：经过麦田时，不得践踏庄稼，否则一律斩首。这一天，曹操正带领军队征讨张绣，一只斑鸠突然飞过，曹操的坐骑受惊而蹿入麦田，踏坏一大片麦子。曹操要求行军主簿对自己进行军法处置，主簿十分为难。曹操却说："我自己下达的禁令，现在自己违反了，如果不处罚，怎能服众？"当即抽出佩剑要自刎，左右随从急忙解救。这时谋士郭嘉急引《春秋》"法不加于尊"为其开脱。此时曹操说："既《春秋》有'法不加于尊'之义，吾姑免死。"但还是拿起剑割下自己一束头发，掷在地上对部下说："割发权代首！"叫手下将头发传示三军。将士们看后，更加敬畏自己的统帅，没有出现不遵守命令的现象。

在制定和执行制度的时候要始终坚持制度面前人人平等的原则，特别是在执行制度时要一视同仁，谁都必须遵守，尤其是企业的管理者必须率先贯彻执行。如果在制定和执行制度的时候，忽略了公平公正这项基本原则，那么企业的管理制度将成为一纸空文，成为粉饰自己的"花瓶"。

1.制度要全面细致

"制度面前人人平等"，就是要保证企业在制度执行上的公正性与严格性。但是，如果制度本身制定得过于严格、苛刻，不近人情，在执行中往往就会暴露出很多问题，并严重影响员工的士气和工作积极性。因此，在制度的制定过程中，要充分考虑到员工的心理承受力，使制度本身保持适度的弹性。这是人本管理中最关键的问题。那么如何才能体现出制度中的人性化关怀？在制度面前人人平等，是严格而不是苛刻。如今已不仅仅是策略的时代，也是策略执行的时代。我们希望通过发掘执行力的基因，帮助这些管理者认识问题产生的根源，形成一种正确的管理思维方式。

2.制度需要保证执行

制度建立后，关键在于执行。被严格执行的制度才有生命力。但在执行制度的过程中，总会有一些人只看到了规章制度对自身的约束性，而没有看到规章制度对员工的保护性。他们利用种种手段，想方设法去逃避制度，或者根本视制度为无物，我行我素。更为严重的是，在违反制度的同时，因为违纪者的职位，或者与其他相关人员的关系，使得违纪的行为不仅难以制止，而且难以得到应有的处罚。

制度面前人人平等。企业内不允许有不受制度约束的特殊人、关系人。如要在企业内超越工作关系，超越规章制度办事，只能让其选择离开。我们经常可以看到这样的情况：企业的管理者有很好的悟性，一些好的规章制度制定得非常科学严密，但在执行过程中却像是一拳打在棉花上，不能落地生根。执行力不是一个表象问题，要达到"提高执行力"的目标，我们首先要找出执行体系中的关键要素——那些起到特别作用的要素，其次要制定相应的法则，这样才能保证执行力的健康发展。

3.导入竞争机制，实现优胜劣汰

当局者迷，旁观者清。在繁忙的企业日常运营中，公司管理者往往无法从具体事务中脱身而出，缺乏全局观念，考虑问题都是从自身位置出发，容易就事论事，而无法跳出问题来看问题。他们并没有意识到，最好的制度早就隐藏在他们的工作中，创造竞争，就是创造财富。因此，站在企业整体发展的角度看问题时就会发现，需要解决的问题并不复杂。就像人体自身的免疫细胞一样，竞争机制的导入必将实现更高层次上的平等。

4.有责任一同分担

作为管理者，对平等的理解理应比别人更深刻一些，因为从来都是只有妄自尊大的李自成，没有高傲的蔷薇花。

当员工之间发生利益冲突时，问题常常很难得到解决。要打破这种僵局，就要坚持制度面前人人平等的原则，只有如此，才能解决不同层级间的冲突。在解决内部矛盾时，所应奉行的原则只有一条：平等地对待各方，仔细地权衡各方的利益，并与当事各方一起寻找一个大家都能接受的解决方案。当责任随同分工分给了企业中的每个人时，每个人都要开始他的责任之旅。有责任一起分担，不光是员工，更是中层主管甚至高层主管都应该认识到的问题。谁出了问题就找谁，对于管理者自己也一样。

这样一种认识值得关注：企业执行力差的原因，很大程度上在于员工不能正确执行公司的制度，一方面是因为员工缺乏正确的意识，另一方面则是员工缺乏足够的专业技能。因此，管理者总是希望让员工接受大量的培训，通过培训来改变认识、提高专业技能，从而强化执行力。其实，这是一个误区，他们将注意的焦点过于集中在员工身上，采用的也是"治标不治本"的手段。这样问题的出现，与管理者自身的态度也有密切的关系。因此，谁出了问题就找谁，这是人人平等原则的精要。

对企业来说，一套完备的规章制度是必不可少的。但制度建立后的执行还需要我们付出更大的努力，更多地去维护、去完善。"制度面前人人平等"的原则谁都懂，但很少有人能够真正将其落实到自己的行为当中！执行一次两次不难，难的是长期坚持执行。"把简单的事坚持做好就是不简单，把平凡的事坚持做好就是不平凡。"因为我们所有的人都有一个成功的梦想。

制度是一种要求大家共同遵守的办事规程或行动准则。对于企业来讲，制度其实就是告诉员工正确做事的方法。因此，制度的第一属性就是全体成员的"共同遵守"。只有有了共同遵守，制度才在现实上有了意义。制度的落实离不开团队成员的协同合作和共同努力。

曾经有个工厂经营不下去了，被一家外企收购。此时工厂的员工们既有一种求生的渴望，又有一种对前途的担心：一方面员工害怕企业裁员，自己要面对下岗的困境；另一方面，员工希望新的老板能使企业起死回生，让大家能够获得工作和生活的稳定。新上任的老板并没有进行什么新的改革，只是找出原厂制定的规章制度，让所有员工学习并且切实落实。几个月过去了，工厂开始扭亏，一年过后开始赢利。

这一案例告诉我们，没有大家的合作与协同，制度只是一纸空文，无法得到很好的落实；只有大家一起努力，一起遵守，制度才有意义，团队和企业才能获得发展。

曾挽救过世界著名企业IBM的经理人郭士纳在谈管理经验时曾讲过一句话，"员工只做你要检查的事情，而不做你期望的"。这句话告诉我们团队领导要带头落实制度。

维护制度的权威性必须从我做起。德国作家歌德曾经说过："在限制中才能显出能手，只有法律才能给我们自由。"在作为企业之法的各项规章制度面前，每一名管理者必须审视自己手中的权力，每一名员工必须比照自己的言行，每一名操作者必须检讨自己的每一次操作流程。

制度贵在落实，而落实则离不开团队成员的精诚合作。

制度的惯性

惯性指的是企业具有保持自身发展范式稳定的内在要求，是企业自身所具有的一种性质，表明企业对变革具有一定的抵制作用，变革的发生有惰性特征。由于它的存在，企业的发展遵循这样一种规律，即在感受不到压力、威胁、危机或挫折等"外部力量"时，保持原有的发展路径与运行模式不变。

戴尔从小就思考：为什么不尽可能地省掉一些看起来是天经地义的中间环节，直接一步到位？这并不是痴人说梦，凭借着这个念头再加上自身的奋斗，戴尔在年仅18岁时就创造了神话般的电脑直销奇迹，并创立了一种划时代的经营模式！

在我们身边，有很多管理环节——它们只是由于惯性作祟才持续存在，并非不可缺少。如果细细推敲，省掉一些环节，机关、企业照旧运转得有条不紊。

一位年轻有为的炮兵军官上任伊始，到下属部队视察操练情况。他在几个部队发现了相同的情况：在操练中，总有一名士兵自始至终地站在大炮的炮管下面，纹丝不动。军官不解，究其原因，回答：操练条例就是这样要求的。军官回去后反复查阅军事文献，终于发现，长期以来，炮兵的操练条例仍遵循非机械化时代的规则。站在炮管下士兵的任务是负责拉住马的缰绳（在那个时代，大炮是由马车运载到前线的），便于在大炮发射后调整由于后坐力产生的距离偏差，减少再次瞄准所需要的时间。现在大炮的自动化和机械化程度很高，已经不再需要这样一个角色了，但操练条例没有及时地调整，因此出现了"不拉马的士兵"。军官的发现使他本人获得了国防部的嘉奖。

当一个组织所处的外部环境发生较大变化时，就会导致工作流程和方法随之而变，岗位设置与工作思路就应该跟上，否则"不拉马的士兵"就会层出不穷，从而使组织走向瘫痪。

合格的管理者必须能将所管员工的本职工作、责任及考核范围界定清楚。"能者多劳"的本质就是懒人对能人的剥削。

制度是让人遵守的

《韩非子》中讲过这样一个故事。

在赵国有个叫董阏于的人新到一地为官。当官的走马上任，都是先对管辖区域做个视察。

有一天，他走在石邑山中发现一个数百米深的山涧，站立其边，它的陡峭程度令人头昏腿软，不敢下望。于是他问当地乡民："可曾有人下去过？"乡民答："没有。"又问："莽夫、傻子、疯子可有人下去过？"乡民答："没有。"又问："牛、马、猪、狗可下去过？"乡民答："没有。"

这位新官顿悟一理：依法治理，就是要让法谁见谁怕。则法可行矣！

"制度法规要让人怕，政策讲话要让人爱"，这两句话是管理上的要律，道理很简单，制度法规是让人遵守的，而政策讲话是要引导和指导方向、让人相信的。

下面是发生在第二次世界大战中期的一个真实故事。在战争中扮演了重要角色的美国空军，为了降落伞的安全性问题与降落伞制造商发生了一起纠纷。当时降落伞的安全性能不够，合格率较低。厂商采取了种种措施，使合格率提升到99.9%，但军方要求产品的合格率必须达到100%。厂商认为这是天方夜谭，他们一再强调，任何产品都不可能达到100%的合格率，除非奇迹出现。99.9%的合格率已经相当优秀了，没有必要再改进。

99.9%的合格率乍看很不错，但对于军方来说，这就意味着每一千个伞兵中，会有一个人的降落伞不合格，他就可能因此在跳伞中送命。后来军方改变了检查产品质量的方法，决定从厂商上周交货的降落伞中随机挑出一个，让厂商负责人装备上身后，亲自从飞机上跳下。这个方法实施后，奇迹出现了：不合格率立刻变成了零。

原本认为不可能的事，但制度一改，奇迹就发生了。关心自己的利益是人的本性，怎样让制度顺应这种本性，以此激发人的工作热情，是制度设计者需要深思的问题。

第三章
按制度办事，设立制度结构和职责明细

企业管理制度是企业管理各项水平的综合体现，是一项复杂的综合性系统工程，企业管理制度的建立、健全和完善必须有计划、有秩序、有步骤地进行。建立、健全、完善企业各项管理制度作为一个动态的过程，包括如何正确地制定，如何有效地执行以及如何不断地修订完善等三方面的内容。这一章，我们先讲怎样建立企业管理制度。

企业管理制度体系

为了对现代企业管理制度的制定有一个较全面的把握，在这一章中，我们试以公司制企业为考察对象，了解一下现代企业管理制度的体系及其发展。

企业的经营是积极适应外部环境变化与要求以及企业经营的目的和经营观念，以制定和调整企业目标和战略，进而建立起适应战略要求的组织结构和管理结构，并通过各职能领域的活动展开和实施战略，以实现企业目标和使命的系统活动过程。将该系统活动及过程做一个简单概括，我们用它来考察企业管理制度。

1.企业经营目的、观念系统

企业经营目的、观念系统形成了企业一切经营活动的最高行为规范,从这一点来看,它也是一种制度安排,是企业管理制度的最高层次。

2.企业目标与战略系统

企业目标与战略作为一种经营管理制度安排可以从这两个角度来考察:①企业目标与战略应该被看成一种管理活动,它涉及制定及组织实施战略方案等方面。战略所要发现和解决的问题是不确定的、例外性的、非程序性的;但作为一种管理活动,战略有其特定的职能内容、过程、步骤与方法,这方面则有规律可循。②战略问题十分复杂,涉及多方面的知识、信息和资源,需要众多人员的参与和努力。战略决策和计划的有效性对企业而言是命运攸关的。为了有效地运用各方面的知识经验、信息和资源,协调和集中参与战略职能活动的众多部门和人员的力量,提高战略管理的效率,制定出富有创造性的、积极适应环境变化的战略,我们需要根据战略活动的内在规律性,形成一系列有关战略管理活动的规范,对企业战略职能的活动内存、原则、基本过程、步骤与方法,以及有关部门、人员的职责分工与合作关系等加以明确,这就是战略管理制度。当然,有时企业也许对战略管理活动并没有做出明确的文字规定,但实践中形成了大家共同认可和遵循的惯例,这也是制度的一种存在形式。

3.企业组织系统

企业战略必须通过组织机构来贯彻实施。如果缺乏适应战略要求的有效组织结构,企业的任何战略目标都无法有效地实施,结果只能导致平庸甚至失败。企业适应外界变化而制定的战略以及战略的调整与改变,都意味着企业的任务与政策有了变动。为了完成任务、实施政策,企业中各项职能活动的内容、性质,各项职能活动在战略实施中的相对地位以及相互之间的关系也随之发生了变化。因此，企业必须根据战略的要求来对原有的组织结构予以调整，重新进行职能的划分与有机组合，设定组织的职责权限系统，建立新的沟通渠道，明确组织内各部门、各层次间的相互关系以及协调方式等。这将形成企业内部管理中的组织行为规范，即企业内部的组织管理制度。

4.企业的经营业务职能系统

企业的经营目标与战略归根到底是要通过各种具体的业务活动来实现。企业经营职能活动的内容极为繁杂，且在不同的战略下，经营的工作任务和职能活动的具体内容可能大不相同。但是，如果我们以战略目标为基础，以产出为中心，将企业的职能进行综合分类，可以概括为这几大基本版块：市场营销、生产制造、研究决策、人事、财务等。另外，随着知识经济社会的到来，信息成为广大企业纷纷关注的焦点，信息管理制度是一个新兴的并且颇受重视的领域。这些职能领域包括了企业主要的经营业务职能。企业管理层通过对各项职能领域活动的计划、组织、指挥协调与控制，将它们有机结合起来，从而把握日常经营的全局，保证战略的有效实施和经营目标的实现。在大型、多种经营的企业中，企业总部通常只保留资源的获得与分配、研究与开发和关键的人力资源开发与管理、信息交流等职能，各经营分部具有市场营销、生产制造乃至研究开发、财务、人事等职能。但企业总部必须通过企业整体战略及各层次战略的衔接，对各经营分部的职能活动进行指导和一定程度的约束与控制。

日常经营管理制度体系

具体到各职能领域的计划、组织、指挥、协调、控制等管理活动，同样都有其特定的内容、原则、程序和方法。将职能领域的管理行为规范化，形成关于日常经营管理制度，这是企业经营管理制度的主要内容，也是企业管理制度的外延与内涵。这些制度代表着全部职能领导管理工作的观念、政策、内容、方法和操作程序。

1. 营销管理制度

销售管理在现代企业管理中占有极其重要的地位。企业的市场经营观念，从生产导向转变为市场或顾客导向。企业的销售管理也从简单的销售发展到市场营销，即包括市场调查、预测、产品决策、销售、定价、广告、推销、服务等一系列活动。企业需综合各部门的力量，整体地运用各种策略，最终达到企业的目的。现代营销管理有四个基本环节，即产品决策、定价决策、销售渠道和促销策略。

产品决策是企业为市场需要，在产品上所做的各种决策的总称。包括商标、包装、服务等方面的决策和产品组合决策。

定价决策是销售管理中的一个核心问题。定价方法层出不穷。多数企业采用成本加成定价法，即在生产成本的基础上加上一定百分比的利润和税金，得出一个初步价格，然后再用市场需求、竞争、国家规定价格等因素加以修正，得出定价。

销售渠道是产品从生产企业转移到消费者或用户所需经历的路线和环节。

促销策略的工作内容包括广告、人员推销、营业推广和公共关系等四个方面。

2. 生产管理制度

生产管理是对企业的经营活动进行计划组织和有效控制。生产是将原材料变为产品的过程，现代生产不仅包括有形的劳动过程，还包括设计、计划、营销等无形的劳动过程。现代的生产管理制度必须适应规模大、效率高以及产品向高精尖、多功能、智能化方向发展的特点。

3. 财务管理制度

财务管理是依据企业生产经营过程中资金运动的规律，利用价值、货币形式，通过计划、组织指挥、协调与监管，对企业的资金、销售收入和利润的管理。贯彻执行国家有关的财务、会计的法律规定，按规定及时缴纳税金。

财务管理的任务有：保证生产经营活动合理的资金需求，提高资金利用率；降低成本，提高企业盈利水平；分配企业纯收入，正确处理国家、企业、职工三者的关系；实行财务监督、维护财政法纪。

财务管理要遵循的原则有：计划管理原则，经济换算原则，统一管理与归口分组管理的原则，物质利益原则。

4.信息管理制度

市场经济是一种信息经济。宏观、微观决策，资源配置，生产经营都离不开信息。在日益激烈的全球化竞争中，企业更需要了解国际信息。因此，现代企业必须努力开发信息资源，强化采用现代化技术，积极开拓信息市场。大力发展企业的信息网络系统，并且注意同外界信息服务业、信息渠道的合作，扩大企业内外的信息利用和共享水平。

除此以外，还有研究开发、人力资源等方面。我们将在以后章节中，围绕这些方面，对现代企业管理制度的具体内容进行更深入、细致的探讨。

制定管理制度的内容和原则

1.建立企业管理制度的内容

通过前面内容对企业管理制度的介绍，我们要建立的企业管理制度主要包括以下内容。

（1）建立以参与国际竞争、占领国际市场为目标的经营战略体系。

（2）建立企业职工培训、考核、奖惩制度。

（3）建立现代企业技术改造与科研制度。

（4）建立集中管理与分散经营相结合的，即集、分权相结合的运行机制。

（5）建立企业的民主管理制度。

（6）建立现代企业的文化生活制度等。

当然，为此要建立起一系列配套的营销管理、研究与开发管理、生产管理、财务管理、人力资源管理等具体制度。

2.制定企业管理制度的原则

建立和制定企业管理制度时应该遵循以下原则。

（1）制度要健全，要力求完备，以便处理问题时有根有据。

（2）管理制度的制定必须坚持领导与员工相结合的原则。企业内部规章制度的制定涉及广大职工的生产经营行为及各种利益，因而绝不能把它当作简单的文字性事务工作来对待，而要结合本企业的实际情况和生产经营管理的需要，经过充分讨论，按有利于员工贯彻执行的原则来进行制定。

（3）制度的制定要根据实际需要，以能发挥实际效果为目的。不定无用的制度，不定空洞无物的制度，不定不切实际的制度。

（4）制度的制定不能与国家法律相抵触，要考虑人性和风俗。尤其是随着全球经济一体化进程的加快，国际性大市场的形成，企业势必要与更多的国家、地区，更多的人群打交道，跨国企业、多国企业在这方面更是如此。因此，企业管理制度的制定必须考虑到国家法律、当地风俗习惯、人们的文化教育水平、宗教习惯等。

（5）制定的制度要形成完整的体系，彼此相互配套，避免重复和相互矛盾。由于企业管理制度是一个由许多方面内容组合而成的体系，各方面的配合与衔接就显得相当重要，一套不完整的企业管理制度或是互相冲突的管理制度只能使企业中的人员更加无所适从，管理更加混乱，而不可能实现管理的标准化、科学化。

3.制定管理制度指导思想

制定管理制度要坚持以下六条指导思想。

（1）领导与员工相结合的原则。制定管理制度既要体现领导集中统一管理的要求，又要反映出普通员工维护制度的愿望。企业厂部领导应统一负责组织拟定，在制定中要坚持走员工路线，及时总结员工经验，从员工中来，到员工中去。

（2）实事求是的原则。制定管理制度要坚持从企业本身的具体情况和条件出发，力求符合实际，切实可行。

（3）相对稳定原则。所制定的管理制度既要立足现实，又要考虑发展，要避免朝令夕改，保持原则的相对稳定。

（4）提高工作效率和提高经济效益的原则。这有利于实行集中统一指挥，有利于有效地组织企业的生产经营活动。这是制定管理制度的基本出发点和落脚点。

（5）为员工服务的原则。制定管理制度要坚持为人民服务的宗旨，保护员工身心健康，方便员工工作生活。要遵循以人为本的原则，制定出的条例要有人情味。社会主义企业的管理制度不是对工人"管、卡、压"，而是革命自觉性和纪律性的统一。建立规章制度是员工的要求，这是社会主义国家与资本主义国家的根本区别。

（6）先立后破的原则。在新的管理制度没有生效以前，原有的制度应该继续执行，以免使管理陷入混乱状态。

制定管理制度的依据和程序

1.制定管理制度的依据

制定管理制度的主要依据有以下三个方面。

（1）实际生产力水平。即要把生产经营的具体情况和条件作为制定管理制度最重要的依据。同时还应考虑随着科学技术的发展而带来的生产力发展。制定的管理制度要切合实际，既要反映出生产过程的客观规律，又要反映生产力发展的客观要求。

（2）成功的经验和失败的教训。成功的经验（包括工厂内部的和工厂外部的）用制度加以肯定，让人们照着做；失败的教训（包括工厂内部的和外部的）用制度加以否定，禁止人们重蹈覆辙，保证事故不再重演。使制定的制度是成功的经验和失败的教训的结晶。

（3）国家的方针、政策、法律、法规。管理制度既要反映生产过程的客观规律，又要适应生产关系的客观要求。因此，制定管理制度，必须以国家的方针、政策、法律、法规为依据，使制定的制度符合党和国家的有关法律法规。

2.制定管理制度的程序

制定管理制度的过程，是领导同员工相结合反复进行调查研究的过程；是总结本企业的经验、总结历史的经验与学习成功企业的先进经验，探索企业管理的新方法、提高管理水平的过程；同时也是从员工中来，到员工中去，发动员工进行自我教育、参加民主管理，提高企业素质的过程。制定规章制度应该遵循以下基本程序：

（1）调查—分析—起草。

（2）讨论—修改—会签。

（3）审定—试行—修订—全面推行。

也就是说，管理制度的制定，要经过充分地调查、认真地研究后才能起草。草稿形成以后，要发到有关职能部门的基层单位反复讨论，斟词酌句，缜密修改，并经过有关部门会签和领导审定，然后在小范围内试行检验。对试行中暴露出的问题和破绽，要认真进行修改。重要的规章制度，还要提交总经理或者董事会通过。只有遵循上述基本程序，制定出的管理制度才能切合实际，才具有权威性和合法性，才能顺利地贯彻执行。

人在其位，各谋其政

作为领导者，在组建领导机构的过程中有两个重要问题不可忽视。

一个是副职安置过多，也就是职位的设置超过了实际的需要。这也是当前管理工作中的一大弊病。如果因为洗一定量的衣服，两个人洗一般来说总比一个人洗得快和轻松，就以为做领导工作也同样如此，那就大错特错了。智力的结合同体力的结合在质上完全是两码事。在一般工作中多派了人手，能够使工作做得快一些或者只是造成一些劳动力浪费，而在管理工作中多派了人手，在大多数情况下，都会把事情搞糟。

一个领导机构中副职过多，坏处也就随之而来。第一，容易造成人浮于事，明明一正一副就可以办的事，如果硬设上好几个副职，就容易使一件事推来推去，一个文件传来传去，最后没有人办事，出了问题大家负责，共同承担，实际上等于谁也不负责。第二，副职过多，造成分工过细，每个人只管自己分内的工作，而不过问其他方面的事情，协调不好就会出现"一人一把号，各吹各的调"的状况。甚至有些人不顾整体利益，互相削弱力量，无法形成一种合力。第三，副职多，下属的"婆婆"也多，"一个君主一道令"，往往使下属无所适从，特别是有时要花费很大的精力去顾及管理层数职之间的关系，当下属不愿得罪任何一个上级时，往往煞费苦心寻找一个"几全其美"的方法进行协调，而这种"几全其美"的方法往往是效率平平的。总之，副职过多，弊多而无利，容易出现的结果便是整个领导机构的效率降低，正如有的领导者深有感触地说："让我一个人干，也会比现在这样好！"

此外，还要"为官择人"而不要"为人择官"，做到宁缺毋滥。类似于"为人择官"的现象，在一些地方并不少见。比如，有这么一个人，如果他是某年某级别的干部，那就不管他是否年老体弱，也不问他能否胜任工作，就一定要为他安排一个相当的职位；或者是，只要他有学历，但不管他有无实际工作能力，也硬要把他拉上来。反过来，一个资历较浅、级别较低的人，虽然他学有专长又年富力强，或者是虽然文化程度不高但具有某一方面管理特长，但也不能放到那个职位上去。我们应"为官择人"，以职务要求为标准，凡能胜任职务的，不论资排辈，不讲亲疏远近，不以级定职。

组建过程中的另外一个重要问题就是有些领导者过于相信自己或某一个人，把应该归别人做的事情也揽过来，身兼数职，结果扰乱了管理层次。领导者兼职一般有两种情况：一种是纵向兼职，另一种是横向兼职。

纵向兼职，就是一个领导者身兼两级职务。在这种情况下，领导者在商量工作或找人谈话时，不可能每句话都解释一下他这句话是以某身份说的，另一句话是以另一个身份说的。下属也因此往往无法判断他是在哪个级别上说话，因而常常导致误会。

凡纵向兼职，除非在某一个职务上什么事也不管，即虚职，否则就会产生混乱。如果领导者兼职就要履行所兼职务的职责，这样，下属必须把矛盾问题原原本本地交上来，而领导者又不得不亲自做出处理，处理的依据则往往是间接的汇报反映，这使处理的结果常常是独断和片面的。如果在某一个职务上什么事也不干，那又何必兼职？此外，兼职后哪一级的会议都要参加，只有发言权，并无任何职权，对组织无任何好处，个人的时间也被浪费掉。如果仅仅是为了地位和待遇而兼职，那么就应该把他看作部门内多余的人。

横向兼职，就是一个领导者兼任两个平级组织的领导职务。无论这位领导者多么公平，两个组织的下属也都会埋怨他厚此薄彼。又因一人要关照两个组织的工作，当两个组织同时需要他时，他就很难兼顾。此外，因下属人员过多，工作很难照顾全面，也会影响组织的效率。

让制度无时不在

每天早上，当你走进明亮的办公室，一天的工作就开始了。

新的一天，是忙碌还是盲目？你的心情此刻是阴霾还是阳光？

透过办公室的巨大玻璃窗，看到你的员工是按部就班，还是急躁抓狂？

什么能让你的管理轻松而且有效？

答案只有一个，那就是制度化管理。制度化管理，是当今世界最为流行、最为有效的一种管理方式。要高效地实施制度化管理，必须遵循以下基本原则。

1.制度化管理的功能必须体现普遍性原则

在空间上，要覆盖全方位，做到事事都有制度管，保证不漏事；在时间上，要覆盖全过程，做到时时都有制度管，保证不漏时；在人员上，要覆盖全员，做到人人都有制度管，保证不漏人。这就是说，任何事、任何时、任何人都必须在制度的制约之下，而不能超越制度。否则，就谈不上是制度化管理。

2.制度使你的经营大不相同

分析那些优秀企业的成功经验，他们之所以优秀，是因为他们具有比别人更完善的、并得到了切实执行的制度。

（1）好的制度有助于建立正常的生产经营秩序。企业是一个多元素、多层次、多系列、多结构的复杂的综合体。要把这个综合体里的每一个成员的智慧和力量充分发挥出来并能最优化地组织起来，高质、高效地完成经营生产任务，就必须要有一整套管理制度，使企业的所有工作和员工有章可循。实践也证明，凡是这样做的企业，其各项工作就能按规则制度有序地运转。

（2）好的制度有助于调动员工的工作积极性。对于企业来说，只有当它的每一位员工的积极性、主动性和创造性都得到了充分发挥,并形成了一种集体合力时,这个企业才能搞得好。当企业建立起符合市场规律,符合现代管理原理,并能充分体现社会主义道德观念和行为规范的管理制度时,就会使全体员工知道:应该做什么,不应该做什么;应该怎样做,不应该怎样做;以及明确自己的主要职责,所担负的职责对整个企业的工作具有什么意义和作用。

这样,就能把全体企业员工的工作积极性充分地调动起来,成为推动企业生产经营工作不断前进的巨大动力。

(3)好的制度应体现管理者时时刻刻的关心。《伊索寓言》里有一个"北风与南风"的故事:

"北风和南风比威力,看谁能把行人身上的大衣脱掉。北风首先来了一阵冷风,凛冽刺骨,结果行人把大衣裹得紧紧的。南风则徐徐吹动,顿时风和日丽。行人因为觉得春意上身,始而解开纽扣,继而脱掉大衣。最终,南风获得了胜利。"

温暖胜于严寒,管理者在管理中,在制定、执行制度时,要学会运用"南风"法则,就是要尊重和关心下属,以下属为本,多点人情味,使下属真正感受到管理者给予的温暖,从而去掉包袱,激发工作的积极性。

(4)好的制度让消费者得到放心的优质服务。企业要建立现代企业制度,最重要的是要处理好企业与消费者的关系,因为消费者是市场的核心。企业离开了市场和消费者就失去了发展的根基。

张瑞敏说过一句话,即"创新创造有价值的订单"。张瑞敏说创新的目的和意义在于为企业创造有价值的订单,他认为企业必须时刻把客户摆在第一位,这个客户不是一般的客户,而是有价值的订单客户。

消费者是市场的核心,我们只有找到消费者才算是找到了市场,不仅要找消费者还要找有价值的订单,这就是管理的精髓。最有效的管理就是化繁为简,把复杂的问题简单化。市场和客户的情况变化是非常复杂的,但是你可以用一种非常简单的方法来应对。即用制度将消费者的利益置于企业经营的第一位，用制度将为消费者提供全优服务落实到企业的各项活动中。

（5）好的制度可以培养员工真正的忠诚。在大多数企业都有一种不成文的规矩，即禁止内部员工谈恋爱。其实，这种做法是不合法、也是不可取的。棒打鸳鸯只能导致军心涣散，让员工对组织感到寒心。获得如此待遇的员工即便留下，也会身在曹营心在汉。

工程师田中为日立公司工作近12年了，对他来说，公司就是他的家，因为他美满的婚姻甚至都是公司给予的。原来，日立公司内设了一个专门为职员架设鹊桥的婚姻介绍所。日立公司人力资源部的管理人员说："这样做还能起到稳定员工、增强企业凝聚力的作用。"

日立鹊桥总部设在东京日立保险公司大厦的八楼。年轻的田中刚进公司时，便在同事的鼓励下，把学历、爱好、家庭背景、身高、体重等资料输入了鹊桥电脑网络。在日立公司，当员工递上求偶申请书后，他（她）便有权调阅电脑档案，申请者可以仔细地翻阅这些档案，直到找到满意的对象为止。一旦他（她）被选中，联系人会将挑选方的一切资料寄给被选方。被选方如果同意见面，公司就安排双方约会。约会后双方都必须向联系人报告对对方的看法。终于有一天，同在日立公司当接线员的富泽惠子从电脑上"走"下来，走进了田中的生活。不到一年，他们便结婚了，婚礼是由公司月老操办的。

有了家庭的温暖，员工自然就能一心一意地扑在工作上，如果这个家是公司促成的，员工对公司就不仅是感恩了，而且是油然而生的一种鱼水之情。这样的管理成效是一般意义上的奖金、晋升所无法替代的。

3.让制度时时刻刻在身边

作为企业的管理者，你应该如何对待身边的制度？

（1）让制度成为团队生活的重要部分。完善的制度通常都充分考虑所有员工的需求，根据员工的素质、能力和承受力来制定，通过规范员工的行为，为企业实现管理的目的服务，同时又能最大限度地照顾员工的利益，充分地实现企业与员工的共同发展。

在企业的管理实践中，管理教育与管理实施是同步进行的。企业要持续地对员工进行管理教育，在日常工作中要有目的、有计划地向全体员工灌输企业的发展目标、企业的管理制度以及企业的文化，特别要重视管理者的示范效应。这样长期坚持下来，企业的管理思想、管理制度就会渐渐地对员工产生潜移默化的影响，并且会在员工的头脑中生根发芽，变成员工自己的思想，从而达到员工"自我管理"的目的。而且企业制度管理的实施要持久，要持之以恒，管理与考核并举，奖惩激励制度要完善。

在实际工作中，管理实施的过程是最容易出现偏差的。稍有不慎，执行管理的人员就会在执行的尺度上出现把握不准的情况。在工作中，我们常常会遇到有人违反了管理制度，但由于事情不大，或碍于面子，或提醒或教育，却不按照管理制度进行处理。久而久之，管理制度慢慢地变成了形式化的废纸。到这个时候，就算你明白过来，已于事无补。所以我们在制度管理中，特别提倡制度管理的"火炭效应"，以达到防患于未然的目的。

（2）重视制度才能事事严格要求。一根小小的柱子，一截细细的链子，拴得住一头千斤重的大象。这不荒谬吗？可这荒谬的场景在印度和泰国随处可见。那些驯象人，在大象还是幼象的时候，就用一条铁链将它拴在水泥柱或钢柱上，无论小象怎么挣扎都无法挣脱。小象渐渐地习惯了不挣扎，甚至到长成了大象，可以轻而易举地挣脱链子时，也不挣扎。

有一个驯虎人，本来他也像驯象人一样的成功。他让小虎从小吃素，直到小虎长大。老虎不知肉味，自然不会伤人。驯虎人的致命错误就在于他摔了跤之后让老虎舔净了他流在地上的血。结果，老虎一"舔"便不可收拾，最终将驯虎人吃了。

小象是被链子拴住，而大象则是被习惯拴住。虎曾经被习惯拴住，而驯虎人则死于习惯（他已经习惯于他的老虎不吃人）。习惯几乎可以拴住一切，但是不能拴住偶然，如那只偶然尝了鲜血的老虎。

因此，即使制度已经内化成为员工生活的一部分，但是我们仍然不能放松警惕。要时时处处按制度办事，维护制度的尊严。才不致让某些人或某些现象凌驾于制度之上，让制度最终成为装饰的"花瓶"。

完善的制度通常都充分地考虑所有员工的需求，根据员工的素质、能力和承受力制定，通过规范员工的行为，为企业实现管理的目的服务，同时又能最大限度地照顾员工的利益，充分地实现企业与员工共同发展的目标。

第四章
管理就是严肃的爱：让制度充满人情味

　　管理学家讲管理是一门科学，也是一门艺术。企业有责任增加员工的满意度，使员工有机会参与管理，建立和谐的人际关系。不过，要真正达到提高管理效率的目的，还需要坚持"规范与准则胜于一切"的原则，要做到严而有序，严而有据。

人本意识+科学精神=人性化管理

　　以前，企业都是实行科学管理的。这源自泰勒提出的科学管理理论，之后科学管理理论在西方一直占据着重要地位。后来发展成为当代一个重要的管理理论流派。其主要的观点为，在管理过程中采用科学方法和数量方法解决问题的主张，侧重分析和说明管理中科学、理性的成份和可数量化的侧面。其主要特征有如下几点。

　　（1）在劳动分工的基础上，规定每个岗位的权力和责任，把这些权力和责任作为明确的规范而制度化。

　　（2）按照不同职位的权力大小，确定其在组织中的地位，形成有序的等级系统，以制度的形式巩固下来。

（3）明确规定职位特性以及该职位对人应有能力的要求。

（4）管理人员根据法律赋予的权力处于拥有权力的地位，原则上所有的人都要服从制度规定，而不是服从于某个人。

（5）管理人员在实施管理时，每个管理人员只负责特定的工作，拥有执行自己职能所必要的权力；权力要受到严格的限制，要服从有关章程和制度的规定。

（6）管理人员的职务是他的职业，他有固定报酬，有按才干晋升的机会，他应忠于职守而不是忠于某个人。

但是，科学管理有很多的局限性。比如，它主要是通过制度规范来统一管理职工的思想和行为，在实际管理工作中"见物不见人"的现象比较突出。甚至将人当成工具来对待，认为人是追求经济利益的"经济人"，忽视情感等更高层次的需求。在实际生活中，由于缺乏人性化管理所导致的管理失败的教训有很多，如像三株集团的垮掉、郑州亚细亚集团的破产、秦池酒厂的美梦破灭都证明了"家长制""一言堂"的集权化管理的失败。从管理实践运作的方式看，科学管理要求通过科学、理性、量化的手段和方法，建立工作标准与操作规范，为企业管理提供一个严格的制度环境。当企业管理处在低水平阶段时，这种管理模式对训练员工的职业观念和技能、养成科学意识和品格、从而改进企业管理是相当有效的。

而人本管理的运作，则要求以人的主体意识空前觉醒为前提，以奉行组织内一切人的人格平等为基础，以组织内全体成员的优秀技能和敬业精神为依托，通过民主管理与参与，最终达到自我管理。很明显，人性化管理致力于管理环境的优化；致力于员工思想的沟通与潜能的挖掘；致力于管理体系的设计与实施；致力于企业文化的塑造；同时致力于员工需求的满足。人性化管理既是对科学管理的必然依托，又是对科学管理的自然超越。在企业管理处于较高水平时，这是一种更为有效的管理模式。

在我国企业管理的实践中，有人认为，科学管理更实用；有人认为，人性化管理更胜一筹。事实上，两者是两种特殊而又有效的管理模式，它们在不同的社会历史条件下产生，并且在企业管理的不同阶段分别居于主导地位，两者适时、适度的融合，才是我国企业的明智选择。人性化管理的核心理念当然是以人为本。

这是对以机器为本、以技术为本的科学管理理念的一大提升。它要求管理者和员工共同进行心理与行为的彻底革命，使得企业管理从管理理念、管理制度、管理技术、管理态度直到管理效益都有一个全面的转变。这种转变将体现出人主宰自然、人是万物之灵的客观规律。

很明显，人性化管理不是对科学管理的全盘否定，而是一种理性的继承，一次科学的修正。它汲取了科学管理中的科学思想，肯定了制度在企业管理中的重大作用，同时将科学管理中颠倒的"人"与"物"再颠倒过来，让"人"始终处于原本的主导地位。这不是简单的顺应潮流，而是坦率的尊重事实。这种实事求是的"人本意识"加"科学精神"，是人性化管理理论对人类的卓越贡献，也是它受到普遍崇拜的根本原因。

人性化管理与科学管理的理论内涵与运作模式告诉我们，人性化管理，是在科学管理基础上发展起来的一种新的管理模式，它的理念因为反映了人力资源是第一资源的社会现实，所以更具有先进性；但它的运作条件比科学管理也更为严格。尽管人性化管理是所有企业管理都必须遵循的一种时代潮流，但不同企业在实施过程中，还应理论联系实际，根据本企业的具体情况，选择一种主导管理模式。

严管善待是发展企业的基础

严管善待，是建设良好的企业团队、促进企业长足发展的根本。何为严管善待，如何正确处理严管与善待之间相辅相成的关系，真正做到严管与善待的统一，这是每一位管理者在新形势下应该认真思考并加以解决的问题。

1.严格管理是善待员工的最佳选择

一方面企业的领导一定要具有严格管理的意识,另一方面员工同样需要具有接受严格管理、认真遵守制度的意识。"严是爱,松是害"。特别是在生产企业中,放松管理往往导致人身伤亡事故的发生,而事故带来的损失会直接导致企业效益下降,生产效益降低,从而导致企业发展停滞甚至倒闭,并且会严重影响员工的就业和收入;另外,人是有惰性的,如果放松管理,则惰性放大,生产效益降低,从而导致企业发展停滞甚至倒闭,最终受损失的还是员工个人。因此员工应理解"管理者虽有情,制度却无情"的道理。

善待员工,要从思想上认识到推行严格管理势必要纠正过去一些自认为不会出问题的不正确的做法,避免出现员工误以为是领导跟自己过不去的现象。

同时,管理者往往制定了这样的制度——发现问题以罚代管、管理手段单一、缺乏有效的沟通,这种制度在落实中往往无法得到员工的理解、认可,容易形成对立情绪,这对企业的发展是相当不利的。因为严格管理的出发点是约束员工的行为,避免事故或意外事件的发生,保证企业正常的生产秩序和员工的生命安全。因而严格管理是更高层次的善待员工。

善待员工,是要求管理者在工作中更多地从人性角度出发,在制定、落实制度时要做到"无情的制度、有情的操作"。

(1)严格管理要从人性化的角度出发。善待员工是为了凝聚员工的向心力,是不断为企业的发展将人力资源调整到最佳状态而采取的措施。所以我们在推行严格管理时要遵循以人为本的宗旨,把管理者和被管理者的行为纳入理性、规范的轨道,形成长效管理机制,这样才能获得双赢的结果。

严格管理就是制度管理;制度不实用,不健全,管理就严不起来。因此,在制定制度时,管理者必须坚持三条基本原则:①从实际出发,切实可行,推行简约化管理;②以人为本,充分尊重员工、依靠员工,集中大家的智慧;③便于执行,制度要有操作性,既不能过于简单,又不能过于繁琐。

(2)特殊问题特殊处理。对于企业中个性较强且不服从管理的员工,管理者要特别注意以下几个方面：

管理者不可摆架子：个性强说明他们有独立的思维能力，因此往往有更好的主意。管理者应该放下自己的架子，与员工平等相处。

吸纳员工的建议：特别的建议往往和抱怨混淆在一起。管理者必须静下心来，仔细分析这些带"刺"的看法。把员工当成自己志同道合的合作者，会更有利于工作的开展。

讨论和命令并重：当大家在一起讨论而达不成一致意见时，管理者就需要进行决策，并采用命令方式强制执行。

敢于批评：管理者只要批评得有理有据，能把员工说服，员工往往不但不会生气，还会佩服你的管理才能。

制度的公正性比合理性更重要：业绩考评很难让每个人都满意。所以，制度的公正性比合理性更重要，即便某个制度不尽合理，但只要对每位员工一视同仁，往往不会产生大的矛盾。

通用电气前总裁杰克·韦尔奇主张：管理越少越好，领导人应该给员工更多自由发挥的空间。杰克·韦尔奇希望有更多的决策是由基层做出的。韦尔奇并不是建议他的经理们每天一到中午就去打高尔夫，但他的确不想看到经理们在所有做决定的时刻去干预员工。相反，他希望他们能够把精力集中到如何为员工设计未来上，并且保证这样的未来永远都可以看得到，而且最终会实现。这听起来有违常理，不是吗？经理的作用不就是去管理员工吗？如果他们管得少了，会不会为公司带来损失，谁来监督员工是否尽力工作，谁来监控库存标准，谁来关心产品的质量。

韦尔奇的回答很明确："别紧张，别挡道，给员工们足够的空间，别在他们背后张望，让他们摆脱官僚主义的枷锁吧！"

这样可以使管理者的注意力集中在重大事情上。对韦尔奇而言，"管得少"意味着经理们有更多的时间去考虑更重要的东西，并且变得更有创造力。他们得有机会去思考自己的领域之外的事物，并考虑如何有助于发展通用电气的其他业务。

随着"管得越少越好"的策略的推行，韦尔奇发现经理们越来越善于互相帮助。如果他们把大量的时间花在为下属检查工作，或者其他的琐事上，他们就不大可能有时间去抓住大事。

当然，这种领导方式的前提是团队已经发展得相当成熟。在团队组建初期，或者团队成员能力不高时，采用一些命令式的领导方式会有助于团队尽快成长，由团队的领导告诉团队成员怎么做，并由团队领导来监督。当团队成员的能力有一定的提高，具有一定的交流能力时，可以采用教练式的领导方式。在这种方式下，团队成员有一定程度的自主性，但其积极性仍旧无法提高。而协助式的领导方式对团队成员的能力要求有一定的高度，也只有团队成员具备这种能力，其协助才有可能。在这种方式下，责任基本下放到团队，由团队成员承担责任。

2.善待员工便是善待企业未来

当我们研究许多基业长青的优秀企业时，我们会发现：这些企业会从许多方面节约出不必要的开支，而绝对不会"抠"自己的员工。无论是诺基亚的"以人为本"、摩托罗拉的"对人永远的尊重"、可口可乐的"员工是企业最宝贵的财产"，还是惠普公司闻名业界的"惠普之道"，我们都可以发现这些企业是真正将员工当作一起成长的伙伴，视为企业不可或缺的资产。这些企业会通过各种各样的方式来满足员工的需求，提高员工的满意度。

宜家公司的创始人坎普拉德在外人看起来是一个很"抠门儿"的人。作为刚刚超越比尔·盖茨的世界首富，他与家人住在瑞士的乡下，每天开着一辆老式汽车到集市买菜，平时所花的金钱非常少。正是这样的人，却在不久前发动了"宜家感谢你们"的大型活动，将某一天宜家公司的所有收入作为奖励分发给宜家在全球的员工，以感谢他们对宜家所做的贡献。

另一家以"节省"出名的公司是美国西南航空公司。众所周知，西南航空公司是一家以低廉价格经营短途航线的航空公司。为了能够让票价具有竞争性，西南航空公司采取了一系列的措施来降低运营成本，如砍掉一些没有竞争力的航线、简化飞机的餐饮内容、采用电脑联网方式售票等。这些"抠"法取得了很显著的成果，公司的成本大幅下降。而西南航空公司却以最大方的方式对待员工。比如，在"9·11"恐怖袭击之后，航空业一片萧条的情况下，西南航空公司坚持不裁员，与员工一起携手渡过最艰难的时刻，赢得了员工的充分信任。在美国航空公司中，西南航空公司的员工满意度是最高的，顾客的投诉率是最低的，而公司的盈利率是最高的。由此我们可以清楚地看出这三者之间的关系。

当企业发展到一定阶段时，促进企业与员工的和谐，也就成为一门必修课。能否善待员工，已经成为企业做大做强的一个重要指标。

企业管理者获利多，但员工挣钱少，员工心里很明白。老板在员工待遇上不厚道，必然引起员工心中的不满，就难免有不关心企业甚至出工不出力的现象，严重一些，还可能引起劳资纠纷、企业停产，企业的对内凝聚力和对外竞争力就会成为空话。企业应该遵守《劳动法》，保证双方权利与义务对等；必须依法按时足额支付员工工资，工资标准不得低于或变相低于当地政府规定的最低工资标准，逐步建立员工工资正常增长机制；必须尊重和保障员工依照国家规定享有的休息休假权利，不得强制或变相强制员工超时工作。

除了促使员工多赚钱，对他们的生活给予保障外，善待员工还有两个层次：一是给他们接受再教育的权利，如把优秀的员工送到国外去培训；二是要给员工一种企业归属感。

善待员工，就是要在企业管理中，坚持人性化管理、个性化服务，严管与善待相统一，管理与服务相融合，持之以恒地落实好为员工服务的一系列措施，坚持不懈地把善待员工的工作做深、做细、做实。

善待员工，就是了解员工，倾听员工的呼声，做到与员工心连心。利用到基层检查工作、现场办公、举办员工培训班等各种机会，与员工进行广泛的接触与交流，开诚布公地解答问题，广泛征求员工的意见，组织员工积极参与合理化建议活动。通过有效的沟通，让员工把心里话说出来，把好的意见和建议提出来，有针对性地做好工作，改进服务工作，理顺员工的情绪，以此减少员工的怨气，提高员工满意度和忠诚度。

善待员工，就是要尊重员工，既包括尊重人格，尊重优点，尊重首创精神，还包括与人为善，宽恕缺点，给人机会。对企业内发生的问题和员工的过失，如果处理有失偏颇，就会挫伤员工的积极性，甚至会导致离心倾向。人非圣贤，孰能无过？员工在工作中出现失误在所难免，处理这种失误的关键是要坚持实事求是，把情况调查清楚，分清是非责任。既不包庇员工，又不伤害员工，只要不是玩忽职守，都以友善的态度，做好教育帮助工作，鼓励他们振作精神，从失误中吸取教训，不再重蹈覆辙，彻底改正错误。

管理的目的是以人为本

企业管理的目的是什么？应该是这样的：通过有效的激励手段让员工完成各项任务，使组织目标得以实现。管理制度是以条文约定的形式对员工进行激励的过程。管理制度应该体现对员工的激励与引导，对员工的行为进行约束。

但是大部分企业制定管理制度时只体现了对员工的约束，而忽略了对员工的激励与引导。这些企业管理者信奉"人性本恶"的假设，认为人工作的目的是为了获取报酬，工作过程中靠监督、约束、要求才能完成自己的工作。这种假设片面地强调了制度的监督与约束作用，却忽略了人性需求的复杂性、多样性，抑制了人性中积极的因素。

甲骨文公司为员工创造了宽松的工作环境，公司为每个员工配备了高性能的办公设备。对于办公用品的管理更是非常"慷慨"，在每个办公室的角落里有一个柜子，里面放满了员工日常所需的办公用品，员工可以根据自己的需要自由索取，而无需登记。

同样从事软件开发的一家国内企业却采取了相反的态度。虽然这家公司的宣传册中将"以人为本"的人才策略浓墨重彩地渲染了一番，但老板对行政部门每月"高昂的"办公用品采购开支大为恼火。行政部门为了缩减办公用品开支绞尽了脑汁。任何员工领取办公用品都要填写领用单据，并要经过主管签字，然后才能到行政部门领取。每个部门每月产生的办公用品开支要核算到部门运营成本中。

甲骨文公司认为，企业为员工创造宽松、方便的办公环境是企业的责任，只有在宽松和谐的环境中工作，员工才能够创造更大的价值。另外制度也能体现企业独特的企业文化。国内这家企业的做法也无可厚非，合理地控制运营成本（包括办公用品采购成本）能够提升企业的效益。但不同的制度带给员工的心理感受是不同的，这种心理感受极大地影响着员工对企业价值理念的认同，影响员工的行为与态度。

从事同一领域的两家公司，面对相同的市场环境，却对管理、制度采取不同的态度，这在经营业绩上体现了巨大的差距。这给我们留下了深深的思考。

在很多公司的《企业文化手册》中"以人为本"赫然入目，究竟什么是"以人为本"？"以人为本"的企业管理应该体现在以下5个要素里。

（1）认识不同的人性特点。对利益的追求是人的本能，对群体的追求是人的本性，对成就的追求是人的本源，这是客观存在的自然规律。管理者从根本上认识不同的人性特点，有助于管理者对这些人性需求进行利用，对员工的行为进行引导。比如，经常组织团体活动有助于增强员工的归属感；对具有特殊贡献的员工进行奖励，能够提升士气等。

（2）具有海纳百川的包容性。每个人都有自己的个性特点，人的个性本无好坏之分。无非是领导者是否把合适的人放到合适的岗位上。如果让开拓性人才去从事了重复性工作，则是领导者的错误，那么就不要拿自己的错误去惩罚无过错的员工。另外，实践证明越是有超常能力的员工其个性特点越突出。管理者是否具有海纳百川的包容性，是尊重员工个性、建立开放的企业价值理念的具体表现。

（3）创建个人发展机制。以人为本的企业强调员工与组织的同步发展。企业的发展建立在员工进步的基础上，员工的进步得益于企业的良性发展，两者的利益与方向应该是高度统一的。以人为本的企业注重员工的培训与职业开发，将其与企业的近期、长期问题系统地考虑，将员工个人的发展与组织目标的发展有机结合，创造出和谐的、动态的个人发展机制。这种机制以完善的培训体制、岗位轮换、接班人计划等具体制度来体现。

（4）认可员工的价值。很多管理者采取的是奖励成功者、处罚失败者的处理策略，这对于未来的发展缺乏直接的帮助。中国的企业管理者更应该学会"认可"，即认可员工的价值。企业经营的过程是学习与总结的过程。无论员工取得的是成功的经验还是失败的教训，都应该及时进行反思与总结。需要反思与总结的是"我们成功在哪里""哪些原因导致了失败，如何弥补或规避失败"，使其成为未来工作的灯塔和指南针。无论是成功的经验还是失败的教训都是企业经营中的财富，所以企业要认可员工的价值。

（5）满足员工个性化的需求。不同年龄、不同背景、不同层级的员工需求截然不同。同一个人在特定阶段有多种需求共存，但各种需求存在强度的差异。以人为本的企业注重对员工个性化需求的分析与满足。倡导以人为本的管理最重要的工作就是发现员工不同阶段的需求，并将这种需求应用于管理策略、制度之中；对员工的需求进行有效的引导，满足员工个性化的需求就是引导员工为实现组织目标而努力。企业战略目标实现了，员工个人需求也能够得到满足。这是现代雇员关系管理所强调的最高境界。

企业要施行"人性化"制度模式

体现理性精神和文化精神，是人性化制度模式的主要指导思想。制度化管理是以理性分析研究制定的管理规章和制度，同时，制度的模式也是企业文化的写照。

玫琳凯·艾施是美国一位著名的运用"人性化"制度模式取得成功的女企业家。她原在一家公司干了25年的直销工作，1963年退休后她不甘寂寞，自己开了一家玫琳凯化妆品公司，开业时只有9名成员，办公面积只有160平方米。她由于痛恨过去曾在公司所受到的不公平待遇，在她当上经理后，就全部反其道而行之：力求公正、平等待人，从下属的角度来考虑问题，也要求雇员从顾客的角度考虑问题。为了在管理制度上真正体现这种人人平等的思想，玫琳凯·艾施对每一个新雇来的员工，做的第一件事就是发给员工一块刻有该公司"金科玉律"铭文的大理石。上面写着"你愿意别人怎样对待你，你也要怎样对待别人"。在她的管理制度模式里，充分体现了人的自主性和能动性，每个人都可以有发展的机会，而不用去费力地爬传统公司的金字塔，甚至每一个员工都像独立的零售商一样直接和顾客交易，自己定目标、销售计划和报酬。她的管理方式是坦诚的关心、信任，并深信每个人都有机会获得成功。因此，经过20年的努力，玫琳凯化妆品公司已拥有20万名员工，年销售额3亿多美元。

由此我们知道，一个企业在形成卓越企业文化的时期，人性化制度模式也相应产生。因为，当人的价值实现与企业价值实现融为一体时；当人的习俗、行为准则、规范在与企业目标一致时，制度就不再是以约束人为主要特征，而是成为部门与部门之间，人与人之间在工作中的一种联系、协调、沟通的工具。制度成为人们工作的需要，是一种处事规则，其主要特征从对人转向对事，制度的好坏反映在制度能否适合事务的发展规律。当企业中人的行为、人的意识已进入到高层次阶段时，制度对人的约束部分已从有形的人性基本假设转向无形的、潜意识的基本假设。此时制度体现的是高理性精神和高文化精神，这种精神支持着人性化制度模式，而人性化制度模式所具备的符合事物发展的制度体系，又是企业经营管理的有力支持，从而企业目标的实现就有了牢固的基础。

文化知识、行为选择、处世哲学最能反映人的基本价值观，企业中的员工对自身价值实现的需求只有引导到与企业价值实现融为一体时，才能实现双赢，这时将产生观念的一个转变，即从"老板要我这样做"转为"我自己要求这样做"。企业领导者如果能把员工在这方面的要求调动起来，朝着一个方向努力，员工就会把在本企业工作当成实现自己人生目标的不间断的进程，而不仅仅是一种谋生的手段。企业价值目标也就因此会上升到一个更高的层次，达到一个新的境界，企业的扩张也因此有了长远的、永不衰竭的动力。

制度化和人性化的统一

制度化和人性化是辩证的对立统一，注重制度化管理而忽视人性化管理，在管理过程中制度将得不到很好的落实，反之人性化管理将得不到很好的体现；但关键的是如何维系人性化的管理，人性化管理一定是在制度的前提下才可以谈，人性化管理绝不是不要制度。人性化而没有制度化的约束无从存在，所以，所谓的人性化管理，必须依托于一定的实体、手段和方法，是必须在制度的前提下谈论。

人性化管理应该是这样的管理，在流程上，首先用人性化的思维来制定管理制度，而在严格执行单位制度时，可以有一些人性化的手段。人性化管理首先是制度的人性化，管理者在制定制度的时候一定要考虑到制度是否能够有效地执行，如果制度完全没有人性，肯定是没有办法执行的，如教育从严，处罚从轻，处罚不是目的，只是一种手段。

制度的人性化首先体现在要公平公正，让员工能够心悦诚服地自觉执行，为什么呢？如果自觉执行则对所有的人都有利，而破坏了规则，导致不公平，则可能对自己也没有好处。人性化管理这个概念也只能在制度制定之前使用，一旦制度制定了，那就得按制度来办，制度是铁打的，法不容情。但在制度化的管理中，可以有一些人性化的手段，这叫做人性化的管理，制度一旦制定就必须执行，否则会纪律涣散。严格地执行制度与人性化管理并不冲突。在企业管理工作中，我们要切忌制度化官僚，人性化切忌人情，这样才能保证企业向着健康的方向发展。

制度严肃，执行有爱

在一些企业，只要谈到管理，首先想到和强调的就是要"严"，似乎缺了"严格""约束""限制"就不是管理，好像管理就是把人管得严严实实，只许老老实实，不许乱说乱动。但是，这样管理的效果会好吗？答案应该是否定的。

管理是一门科学，也是一门艺术。其科学体现在严而有序，严而有据。有一套行之有效的管理制度，使管理工作有"法"可依。不是没有根据的"瞎严"，也不是管理人员主观随意性的"乱严"。其艺术体现在管中有情，情理交融。严格管理不是冷酷无情，不是把员工当作生产工具和机器，一味地依靠制度来控制员工，而是要从关心和爱护员工出发，通过尊重员工的人格，理解员工的感情，维护员工的利益，保证员工的人身安全，来激发员工遵章守纪、服从严格管理的热情。就如同法约尔所说："在管理方面没有什么死板和绝对的东西，这里全都是尺度问题。"因此在严格管理上，一定要掌握好"度"，而不是越严越好，也不是越详尽越好。

从字面上看，"管"者，制约也，是指对严格执行制度、丝毫不许偏差的监督、检查，其表现状态呈"刚性"；"理"者，梳理也，是按照人的情感、思路及价值取向等对人和事进行号脉治理，其表现状态呈"柔性"。"管"和"理"的结合，就是刚柔相济的结合。如果说得直白一点，管理其实就是严肃的爱，是一种对每个人负责任的真爱。

国内一位备受尊崇的企业家谈到自己最深刻的一段成长经历时说道，"文革"后他作为知青回城，在一家运输公司当司机，他的上司是一位退伍军人。当时大家很怕这位退伍军人，因为他太难伺候了。比如，每次他布置完任务后都会问你："记住了吗？"当你使劲点头，以为万事大吉走到门口的时候，他会突然把你叫住，让你回来一字不漏地复述，如有一字不对，便把你骂个狗血淋头，最后一句总是"连听都没听清，怎么可能把事情做对？"后来大家都学会了小心翼翼地倾听上司的每一句话，不敢有半点马虎，结果任务总能比较准确地完成。

对员工而言，严厉未尝不是一件好事。作为员工，要认识到"合理的要求是训练，不合理的要求是磨炼"。因此，无论是管理者还是被管理者，如果能够站在"爱"与"严肃"的角度去管和理解管，对企业、对个人发展，都将是事半功倍。

西洛斯·梅考克是美国国际农机商用公司的老板。他是一个坚持原则的人，如果有人违反了公司的制度，他一定会毫不犹豫地按章处罚。但这并不意味着他不讲人情，相反，他非常体贴员工的疾苦，能够设身处地地为员工着想。

有一次，一位跟着梅考克干了10年的老员工违反了公司的制度，酗酒闹事，还因此跟工头大吵了一场。在公司的规章制度中，这是最不能容忍的事情，不管是谁违反了这一条，都会被开除。当工厂的工头把这位老员工闹事的材料报上来后，梅考克迟疑了一下，但仍提笔写下了"立即开除"四个字。

梅考克毕竟与这位老员工有过患难之交，他本想下班后到这位老员工家去了解一下情况。不料这位老员工接到公司开除的决定后，立刻火冒三丈。他找到梅考克，气呼呼地说："当年公司债务累累时，我与你患难与共。3个月不拿工资也毫无怨言，而今犯这点错误就把我开除，真是一点情分也不讲。"

听完老员工的叙说，梅考克平静地说："你是老员工了，公司的制度你不是不知道，应该带头遵守……再说，这不是你我两个人的私事，我只能按规矩办事，不能有一点例外。"

梅考克又仔细地询问了老员工闹事的原因。通过交谈了解到，这位老员工的妻子最近去世了，留下两个孩子，一个孩子跌断了一条腿，住进了医院；还有一个孩子因吃不到妈妈的奶水而饿得直哭。老员工是在极度的痛苦中借酒浇愁，结果误了上班。

了解事情的真相后，梅考克为之震惊，他接着安慰老员工说："现在你什么都不用想，快点回家去，料理你夫人的后事并照顾好孩子。你不是把我当成你的朋友吗？所以你放心，我不会让你走上绝路的。"说着，从包里掏出一沓钞票塞到老员工手里。

老员工被梅考克的慷慨解囊感动得流下了热泪。梅考克嘱咐老员工："回去安心照顾家吧，不必担心自己的工作。"

听了梅考克的话，老员工转悲为喜说："你是想撤销开除我的命令吗？"

"你希望我这样做吗？"梅考克亲切地问。

"不，我不希望你为我破坏公司的规矩。"

"对，这才是我的好朋友，你放心地回去吧，我会做适当安排的。"

梅考克在继续执行将他开除的命令，以维持公司纪律的同时，将这位老员工安排到自己的一家牧场当了管家。梅考克这样做，不仅解决了这位老员工的困难，使他的生活有了保障，更重要的是他这样做，赢得了公司其他员工的心。大家认为梅考克这样一个关心员工的人，是值得他们为之拼命的。从此，员工们同梅考克一道，与国际农机商用公司同舟共济，创造了公司一个又一个的辉煌成就。

实际上，管理不是对个人的，而是对集体的，是维护集体的利益。管理是一个"局"，个别人非得超越管理搞特殊化，那就是自己"出局"，怨不得别人。

规范的管理，是一个集体生存和发展的根本；规范的管理，是多数人的利益得到保障的根本；规范的管理，是一个公平环境创设的根本，也是企业对大多数遵循企业发展的人的爱。

管理就有规矩，管理就有制度，管理就有约束，管理就有人不快乐。实际上，管理也是爱，这爱是深沉的，这爱是严肃的。正是有了这样严肃的爱，企业里的人才能按照企业的要求，尽自己最大的努力发展企业。

第五章
打出好牌：不合理的制度对执行毫无意义

企业制度是一个企业制定的要求企业成员共同遵守的办事规程或行动准则，合理的企业制度对企业的发展起着很大的作用，而不合理的制度不但在企业里造成管理混乱的现象，而且直接影响到企业的可持续发展。如果制度本身不合理，缺少针对性和可行性，执行起来就会遇到诸多的困难。企业大多喜欢用一些条文来约束员工的行为，通过多种考核制度达到改善企业管理的目的，但企业制度不合理本身却限制了企业的发展。

制度好与不好效果迥异

仅仅明白建章立制的重要性和一般步骤还远远不够，企业还要制定出好的制度。制度本身的好坏，对人的行为有重要的影响。好制度和有缺陷的制度，其最终所达到的效果会截然不同。一个良好的制度，能够鼓励人们做好事情；相反，一个不良的制度会阻碍人们的积极性，甚至把好人"逼"成坏人。所以，一个组织系统内部有着怎样的作为，取决于制度的好坏。

让我们来看一看下面这个常被人提起的故事：

有7个人组成了一个小团体共同生活，其中每个人都是平凡而平等的，没有什么凶险祸害之心，但不免自私自利。他们想用非暴力的方式，通过制定制度来解决每天的吃饭问题。比如要分食一锅粥，但并没有称量用具和有刻度的容器。

大家试验了不同的方法，发挥了聪明才智，多次博弈形成了日益完善的制度。

实验过程是这样的：

（1）拟定一个人负责分粥事宜。很快大家就发现，这个人为自己分的粥最多。于是又换了一个人，仍然是主持分粥的人碗里的粥最多、最好。由此我们可以看到：权力导致腐败。

（2）大家轮流主持分粥，每人一天。这样等于承认了个人有为自己多分粥的权力，同时给予了每个人为自己多分粥的机会。虽然看起来平等了，但是每个人在一周中只有一天吃得饱而且有剩余，其余6天都饥饿难挨。于是我们又可得到结论：绝对权力导致了资源浪费。

（3）大家选举一个信得过的人主持分粥。开始时，这位品德尚属上乘的人还能基本公平，但不久他就开始为自己和溜须拍马的人多分粥。不能放任其堕落和风气败坏，还得寻找新思路。

（4）选举一个分粥委员会和一个监督委员会，形成监督和制约。公平基本上做到了，可是由于监督委员会常提出多种议案，分粥委员会又据理力争，等分粥完毕时，粥早就凉了。

（5）每个人轮流值日分粥，但是分粥的那个人要最后一个领粥。令人惊奇的是，在这个制度下，7只碗里的粥每次都是一样多，就像用科学仪器量过一样。每个主持分粥的人都认识到，如果7只碗里的粥不相同，他确定无疑将享有那份最少的。

这个故事给了我们很深刻的启示：不同的制度会产生截然不同的结果。

当然，上述是个理想化的故事，因为当一个制度建立起来之后，不可能那么容易就会改变，而且这个故事所说的制度改革，只限于分配层面，还没有涉及生产、交换等其他层面，但这也足以说明了制度不同所带来的效果的差别。如果这个故事有其理想色彩的话，18世纪的一个真实故事就显得更为现实。

18世纪末，英国人来到澳洲，随即宣布澳洲为它的领地。但要开发这样辽阔的大陆，需要大量的人力，可当时英国没有人愿意到荒凉的澳洲去，于是，英国政府想了个办法，把罪犯统统发配到澳洲去。当时，大规模运送犯人的工作被一些私人船主承包。在运输费用结算上，起初，他们采用的是以上船的人数支付费用的制度，至于到了澳洲上岸时还有多少人活着就与船主无关了。

运犯人的船大多是很破旧的货船改装的，船上设施极其简陋，没什么药品，更没有医生，生活条件十分恶劣。而船主为了牟取暴利，尽可能多装犯人，却把生活标准降到最低。一旦船离了岸，船主按人数拿到了钱，对这些犯人能否活着到达澳洲就不管了。有些船主甚至故意断水断食。3年内从英国运到澳洲的犯人在船上的死亡率达12%，甚至有一艘船上424个犯人竟死了158个，死亡率高达37%，不仅英国政府遭受了巨大的经济和人力资源损失，英国民众对此也极为不满。

英国政府于是想了很多办法。每艘船上都派一名官员监督，再派一名医生负责船上的医疗卫生，同时对犯人的生活标准做了硬性规定。但死亡率不仅没降下来，反而有的监督官和医生竟也不明不白地死了。政府后来查清了原因：一些船主为了贪利而行贿官员，如果官员不听从，就干脆把他们扔到大洋里喂鱼。老问题没解决，还出了新问题，政府多花了钱，却仍然会死人。

根据一些绅士的提议，政府把船主们召集起来进行培训，还教育他们要珍惜生命，告诉他们送犯人去澳洲开发是为了英国的长久大计，不能把金钱看得比生命都重要。但情况依然没有好转，死亡率一直居高不下。

这时，一位议员认为，那些私人船主钻了制度的空子，政府支付的费用不能以上船人数来计算，而应倒过来，以到澳洲上岸的人数为准计算。政府采纳了他的建议，即不论你在英国上船时装多少人，到澳洲上岸时再清点人数支付给船主报酬。结果，船主们一改以往的做法，想尽办法让更多的犯人活着到达目的地，饿了给饭吃，渴了给水喝，大多数船主甚至聘请了随船医生，犯人的死亡率降到了1%以下，有些运载几百人的船经过几个月的航行竟然没有一人死亡。

船主还是那些船主，为什么他们一开始偷奸耍滑，后来又变得仁慈了呢？并非他们的本性有什么变化，而是制度的改变导致他们的行为发生了变化。

不好的制度能使人事不关己，高高挂起；好的制度能使人肝胆相照，荣辱与共；不好的制度会使人感到山重水复，好的制度则能使人感到柳暗花明。尽管好的制度也有一定的局限性，不是十全十美和万能的，但没有好的制度是万万不能的。所以，我们需要建立和完善企业的规章制度，形成适应员工、适应企业、适应社会的好制度。

不合理的管理制度要改革

企业制度是指一个企业制定的要求企业全体成员共同遵守的办事规程或行动准则，良好的企业制度对企业发展起着巨大的作用，而不合理的企业制度不但在企业里造成管理混乱的现象，而且直接影响到企业的可持续发展。

如果制度本身不合理，缺少针对性和可行性，在执行起来就会遇到诸多困难。许多企业往往用一些条文来约束员工的行为，通过各种考核制度来达到改善企业管理的目的，但是制度不合理本身限制了企业的发展。

李正方在一家民营企业工作，这个企业的管理制度可谓十分严格。单位规定早上8：00上班，迟到15分钟以内，扣全天工资，迟到15分钟以后，一个月奖金全部扣发。虽然单位出现迟到的现象也很少，但是员工从内心里很反对这种制度，容易产生逆反心理，责怪企业太没人性。有一次下着大雨，公交车一路堵车，最后他在8：07才赶到单位，值班保安立刻叫住他登记科室姓名，一天辛辛苦苦就这样白干了。后来有人告诉他，迟到15分钟后，干脆就不要来了，赶快打个电话，撒个谎，说有急事请假，这样一天的工资是没了，但是全月奖金保住了。

这样的管理制度，看似十分严格，实际上有很大的漏洞，导致员工想出许多办法来对付。长此以往，会有越来越多的人产生规避心理，实在不行就抬腿走人，那么企业制度就成了人才流失的一个重要原因。

而有一些企业规定，8：00上班，如果8：15以前到单位，且一个月在规定的次数以内则不算迟到，超出规定次数，才开始惩罚，这得到了员工的认同，而且执行起来也十分有力。

制度本身的目的是为了更好地规范管理，建立健康有效的管理机制，一旦成了不合理的束缚，就会导致员工敷衍了事。

有这样一家国有企业，企业制度制定得非常不合理。比如，当承包一项工程项目时，项目经理对成本控制得无论是好还是坏都无所谓。因为赢利了上缴，对项目经理除了名誉上的奖励以外，物质上没有任何奖励，一旦工程亏损，也没有任何惩罚措施。结果很明显，大部分工程处于绝对亏损状态，只有少数工程刚刚持平。当企业的规定流于形式时，好的、合理的制度受到牵连，使得企业中许多良好的制度最终都没有执行，结果人人都在混事，有本事的一个个都离开企业另谋发展，企业的经营状况一天不如一天。如果领导还看不到问题的严重性，并采取相应的措施，那么，这家企业破产是迟早的事情。

制度不合理对一个企业的影响是重大的，导致执行力不够，直接关系到企业的成功与发展，因此，企业首先改革的当是不合理的制度。

制度不严谨危害执行

管理者出台管理制度时不严谨，没有经过认真的论证就仓促出台，经常性的朝令夕改，让员工无所适从。最后导致了真有好的制度、规定出台时也得不到有效的执行。"狼来了"喊多了，真等狼来了也没人去做好人了，其实是一个道理。战国时秦国的商鞅变法就是针对管理者因为经常改变政策而失信于民的一种改革。

解决这种问题可以从正反两个方面入手：一是选其首恶，找一个能够引起他人警觉的人，杀鸡儆猴；二是树立正面的典型，通过范例告诉大家公司的意图，通常的做法是大力鼓励表彰先进等，以改变执行者的意识。

深圳华为公司老总任正非有个非常有名的理论：在引进新管理体系时，要先僵化，后优化，再固化。用他在一次公司干部会上所讲的话作为解释最合适不过了：5年之内不允许你们进行幼稚创新，顾问们说什么，用什么方法，即使认为他们不合理，也不允许你们动。5年以后，把人家的系统用好了，我可以授权你们进行局部的改动。至于进行结构性改动，那是10年之后的事。正是因为这种对制度的尊重和始终如一的贯彻，才创造了华为的春天。所以，只有严谨的制度，才能促成华为如今强大坚毅的执行力。

制度不合理阻碍执行

制度本身不合理，缺少针对性和可行性，或过于繁琐不利于执行。经常遇到一些企业企图通过各种报表的填写来约束员工的行为，或通过各种考核制度企图达到改善企业执行力的目的，但往往是事与愿违。

企业每制定一个制度就是给执行者头上戴了一个紧箍，也进一步增加了执行者内心的逆反心理。最后导致员工敷衍了事，使企业的规定流于形式。说不定连有些本来很好的规定也受到了牵连。所以企业在设计相关的制度和规定时一定要本着这样一个原则，就是所有的制度和规定都是为了帮助员工更好地工作的，是提供方便而不是为了约束，是为了规范其行为而不是一种负担。制定制度时一定要实用，有针对性。比如公司要建立正规的咨询业务的工作流程。我们在家里能想出一套方案来，如果通过请教其他正规的咨询公司的人员，可能会做出比我们自己设想的要更合理的工做流程。再通俗一点，要想练好健美，必须请专业的健美教练才行。

文学大师郭沫若曾说过："吃狗肉是为了长人肉，而不是为了长狗肉"。拿到制度建设中来也很有讽刺意味。经常看到有些企业把西方的所谓先进管理制度全盘照搬，生搬硬套，结果导致了水土不服。什么是最好的？适合自己的才是最好的。针对性和可行性是制定制度时必须要考虑的两个原则。

国内的企业中，许多制度之所以得不到执行，是因为制度本身缺乏人情味或不够合理，导致无法执行。比如，国内企业规定8：00上班，管理严格的企业规定，迟到一次就重罚或者迟到三次就开除，这看似管理严格，但不适应中国的国情。一方面中国的职员职业心态还不到位，别的企业管理得不那么严，自己的企业管理得太严，对员工这本身就是一种付出，需要相应的成本回报；另一方面，中国的交通不确定因素太多，谁知道今天会不会交通堵塞，不可能每天都提前一个小时动身去公司。最后变成制度刚开始严格执行几天，以后就是总经理想起来就抓一下，想不起来就放任自流了，久而久之公司的制度都变成了纸上谈兵。而在真正管理得好的公司，管理制度就人性化一些，但执行相当严格。还是以作息管理为例，有的公司就规定，如果9：00上班，9：15分以前到公司的，一个月三次以内不算迟到，第四次就重罚，员工对此也很拥护，执行得也很好。

因此，在中国的企业内，制度的执行不是关键，关键是制度的制定要考虑周全。

制定合理制度的规则

要使得公司的规章制度制定的合理，一定要遵循以下的规则。

1.制度与实施过程的区别

出于保护雇员和雇主利益的制度需要包括两个方面：行为准则和实施这

些准则的规则。对于各个部门而言，必须制定出切实可行的实施条款，这也就是所说的实施过程。制度和实施过程的区别在于制度列出各种条条框框的行为准则，而实施程序则是说明实施这些行为准则的流程。

比如，你期望所有的程序员在每天下班之前都必须检查自己的代码，就应该把这一规定明确写入你的部门程序文档。如果哪位程序员不遵守这一规定，你的部门制度文档也应有相应惩罚后果的详细规定。

如果你的部门没有这些条款，而你在工作中凭自己意愿行事，这是不合理的。

2.做好计划并得到批准

制定合理有效的制度的关键在于尽可能地使制度简单、清晰、全面。当制定公司的规章制度时，你首先得把各个部门的要求和建议文档化。这也许是一个很简单的事情，但是，你必须知道公司所有员工的期望，这是最基本的；你必须文档化所有的工作规程、部门之间的联系等。

一旦这些任务完成，就可以正式地制定公司的制度了。在这一过程中，建议一定要和人力资源部、建议者、员工、用户保持密切联系。为了避免员工日后产生不必要的意见，应该尽可能地考虑到员工的利益。

制度制定者也可以查看一下以前的制度，并看一看这些制度在那个时期所起到的作用。如果有个别条款很有效，并可以在当前行之有效，不妨把它列入公司当前的规章制度。

3.正式地制定制度和实施的程序

假设你是一个软件开发咨询组的管理者，在公司里，你觉得程序员John Doe工作效率实在太慢，那么你怎么去处理这一问题呢？首先，你制定一套工作制度，规定完成哪些工作，如何完成，达到什么效果。应该注意这一制度必须包括所有事情发生的可能性。比如，如果超过最终期限，必须提前和项目领导说明不能按期完成的原因，哪些部分不能完成，什么时候可以完成。这样所有的计划才能够很好的协调。其次，你可以制定出如果不能按期完成应受到惩罚的条款：如果不能按期完成的员工必须被记入员工档案并取消远程工作的权利。最后，一些制度也可以没有具体的实施方案。比如，你可以为员工获得在家工作的权利而制定相应的制度。例如，果请求在家工作，必须提前三天用E-mail通知项目经理；如果每个月都有四天或以上的时间在家工作，必须得到上一级领导的同意。

4.不要反复制定制度

制度一旦建立起来，必须力求于完整全面。如果在员工做出不合理的行为后再做出规定，那是不公平的，而且也是很没有效率的管理方式。制度应该包含公司所有的团队、部门。

5.制度的制定和更新必须遵循相应程序

在制度的实施过程中很容易走向极端，但是你应该清楚如果不实施这些制度时所带来的风险和危害。只有掌握所有员工的详细信息，你才能有效地保护每一个人的利益，提高自己的管理水平。

管理制度就是要严格

制度是人在存在和发展过程中为了高速、规范自身的行为和关系而约定或制定的规则体系，是浓缩的、固化的社会关系。任何一种制度都是为了满足一定的社会生活的需要而产生的，制度的功能就是满足人们社会生活的需要。

同时，制度对经济发展和组织效率提升的意义不言而喻。诺思在《西方世界的兴起》中宣扬的最主要的观点就是西方经济的发展最主要得益于制度的变迁。他这里讲的"制度"，不仅包括国体、政体在内的"大制度"，也包括了商业机制、企业制度、信用制度在内的"小制度"；不仅包括了各种由长期习惯而形成的明文规则等正式制度，也包括了社会风俗、文化等隐性的非正式制度。

舒尔茨认为，制度的功能就是为经济提供服务。每一种制度都有其特定的功能和经济价值。比如，货币制度的特性之一是提供便利；期货制度可以提供一种降低交易费用的合约；市场制度可以提供信息；保险制度可以共担风险；教育制度可以提供公共服务等。制度对于区域经济的发展居功至伟，而对于个体组织，企业的执行力、严谨制度的创立等也是不可或缺的重要因素。

首先，我们要理解管理制度究竟是什么。

一般地说，管理制度是企业一系列成文或不成文的规则，或说它是企业贴上个性标签的关于经营管理的不同"打法"。

制度不仅规范企业中人的行为，为人的行为画出一个合理的、受约束的圈，同时，也保障和鼓励人在这个圈子里自由地活动；或更通俗地说，制度是一种标签或符号，它将企业中人的行为区分为"符合企业利益的行为"和"不符合企业利益的行为"。企业的管理者和决策者可以据此采取奖勤罚懒的措施，褒奖"符乎企业利益的行为"，惩罚"不符乎企业利益的行为"，从而有效地刺激企业中的人约束自己，提高组织执行的效率。在这样的奖罚中，企业的各项规章制度也得以推行和巩固。

企业推行一种规章制度的诱因在于企业期望获得最大的潜在利润，而最直接的原因则在于提高组织的协调性和管理的有效性。从某种意义上讲，企业创立、创新的一种制度是企业自身组织的一种形式，目的是协调企业内各部门之间协作效果和企业与外部衔接的有效性；用新制度学派的观点来看，就是为了追求"收益递增"和解决交易费用过高等市场不完备的问题。

其次，我们要明白制度对执行的重要意义。

企业家的执行能力与企业的执行能力是两个完全不同的概念。企业家的执行能力是个人能力，而企业执行能力是组织能力或制度性能力。企业家的执行能力是人治，而企业的执行能力是"法治"。人治的企业家能力通常是用"能人"，背后的哲学思想是"疑人不用，用人不疑"。而企业执行能力背后的哲学思想是：人是一定要犯错的，所以用人就一定要疑，要建立一套制度来规范和约束人们的行为。

美国著名管理学家、《基业长青》一书的作者詹姆斯·柯林斯从400多位声名显赫的美国企业巨头中评选出了美国有史以来最伟大的 10 位 CEO。令人意外的是，许多赫赫有名的人物并未入选，如曾是世界首富的微软前总裁比尔·盖茨、通用电气公司前 CEO 杰克·韦尔奇等。

相反，上榜的 10 位企业家中有人当初根本就没想到自己是当 CEO 的料，如波音公司总裁比尔·艾伦。柯林斯指出，这十大 CEO 的伟大之处在于：他们建立了在自己卸任之后，公司依然能够长久兴旺发达的企业机制；他们专心致志地构建一种大而持久的制度，并不刻意成为伟大的领袖；他们奠定了企业长盛不衰的基础，使企业能够持续发展。

所以，中国企业界谈执行问题的时候，千万不要本末倒置，为了速效而牺牲对企业基业长青的"基因"（制度与文化）的建设。管理者应当懂得企业持续增长的源泉，在于制度与文化对"人性中善的弘扬与恶的抑制"，只有在这样一个"道"的前提下，对执行"术"的追求才有意义。

随着企业的发展，规模的不断扩大，企业领导人再用类似车间主任管理车间的那种方式来管理企业已经彻底行不通了，要在管理模式和管理机制上下工夫，要夯实制度管理的基础。

企业领导人做企业，信誉是第一位的，但只有信誉是不够的，还要有一定的制度保障才行。因为员工需要一个更加开放、透明的管理制度，需要建立一个顺畅的内部沟通渠道，更重要的是形成规范的、有章可循的"以制度管人，而非人管人"的管理制度，增加内部管理的公平性。在企业持续发展阶段缺少"人本管理"并不可怕，而缺少行之有效、人人平等、贯彻始终的制度管理是可怕的，它会导致管理流程混乱。

因此，企业只有通过严格的制度管理，打破"人管人"的旧框架，实行"制度管人"的管理方式，才能将管理职能化、制度化，明确管理者的责、权、利，从而避免"多头领导"，提高管理效率和管理执行力。

第六章
制度不能写在墙上，要从墙上"走"下来

制度的制定原本是为了规范工作人员的行为；让各种规章制度"上"墙，是为了使工作人员熟知制度的内容，更好地执行制度。应该说制度"上"墙的目的是好的，但是问题在于，有些制度"上"了墙就成了摆设，以"墙化"代替"强化"。制度"上"墙并不能确保制度得到良好的执行，因此，制度不但要"上"墙，更要从墙上"走"下来。

让制度从墙上"走"下来

管理理论培训大师吴甘霖说过这样一句管理箴言："执行不到位，等于没执行，执行不到位，不如不执行。"我们很赞赏这种观点。在这20个字里，执行是题眼，到位是目的；同时字外之意也延伸涵盖了思想认识是关键，执行力度是灵魂的重要性。试想一下，如果只是让制度在墙上高高挂起，而不力求提高执行力的手段，在制度执行中不注重落实到位，最后执行效果充其量也只是在纸上谈兵，实有虚无。

制度对于执行来说就像植物跟阳光的关系，植物的新陈代谢和光合作用

离不开阳光，企业的发展和运营同样需要制定各方面的规章制度来做保障。提及制度，就不得不谈到执行力的问题，这也是企业家和管理者最关心的问题，但是如何把握执行力的根本，在制度执行落实过程中抓出最好的执行效果和效益，却是很多优秀管理者纷纷讨论但抓不住关键的地方。在这里，古人似乎为我们提供了一个切入点。

古语有云："工欲善其事，必先利其器。"这句话所蕴含的寓意是：要想使事情或事物达到满意的效果，必须要事先计划出确保达到效果的措施。在制度的执行上，很多公司都突出强调公司与员工的和谐和人性化管理，制度的执行依赖员工的自觉性。但是要制度的执行和责任到位，光靠自觉是不行的，必须用制度规范来保证。这需要制度执行落实到位，落实到实处。

很多时候，企业费了很大的精力制定和完善了规章制度，却往往忽视了执行过程中存在的一些问题，现实情况往往是企业的制度只是象征性地"贴"在了墙上，却忽视了它应该发挥的作用，员工视而不见，制度并没有真正落实到执行中去，制度成为了一种名副其实的摆设，最终导致制度执行力习惯性流产。如何让制度从墙上走下来，确保在执行过程中落实执行到位，应抓好以下几个方面的工作：

第一，制度必须从墙上"走"下来，不能形同虚设，切实在工作的每一个环节、工序、细节上发挥作用。制度执行所能达到的某种效果、深度和广度，从某种意义上来说与领导者的重视程度、执行力度是密不可分的。因为部门领导是推动制度执行的贯彻者、执行者和监督者，只有他们从思想意识上认识和重视制度，并身体力行地垂范执行，才能够有说服力地带动职工，推动制度的纵深化执行，充分发挥制度在工作中的指导、规范和制约作用。同时，制度也是衡量工作的一把标尺，工作的程序、标准要靠制度来规范和指导。

日本丰田公司严细全员质量管理制度，它所倡导和突出的重点和中心就是制度执行力。它要求员工要不打折扣地执行公司制定的所有质量制度，即便是某一制度存在质量欠缺、标准差别或其他方面的问题，在未确定修改前也必须毫无条件地、僵化地执行。无条件、百分百地执行使得丰田公司的全员质量管理制度走在了世界同行业的前列。

第二，制定出制度，就必须不打折扣地贯彻执行，坚定落实到执行层面上来。麦当劳就是像铁一般地执行制度，诠释和树立了为顾客完美服务的口碑。麦当劳的制度非常严格，如坚持用100％的纯牛肉，所有原料供应来源必须符合国际标准，并要通过40多项指标的严格检测；炸出来的薯条在保温箱中摆放的时间超过7分钟就必须扔掉……正是这些看似微不足道的服务细节，铸就了麦当劳帝国经营不衰的神话。

第三，提高制度执行力，不能局限于做了，更要注重执行结果，关键落脚点在做好，落实执行到位。在实际中，制度执行到位，不仅仅拘泥在"执行"两个字上，执行到位，就必须对执行过程和结果完全负责。没有过程的执行是纸上谈兵和自欺欺人；反过来没有结果的执行，就是白费力气。所以，做每一件工作或事情时，都要刻意培养和建立逆向结果导向思维，从结果倒推过程。只有以结果思维引导和控制行为，才能确保制度的执行。执行之前，先要设定达到什么目的和效果，并且确保执行到位需要做哪些准备和工作，我想这是至关重要的。

总之，管理者和执行者只要做到了上述几点，并在制度执行过程中善于、勤于动脑分析，精于用逻辑分析执行中存在的问题，及时应对和解决问题，那么制度的执行到位就不再会是问题。

制度只有得到执行才能发生效用

制度定好之后是不是就万事大吉了，当然不是，要执行而且还要常抓不懈。一位伟人曾经说过，抓而不紧，等于不抓；抓而不实，等于白抓。说的就是要有一种常抓不懈的落实精神。只有紧抓落实，严格按规章制度办事，该如何处罚的及时处罚了，制度才会有威慑力，违反制度者才会吸取教训，下不为例，逐步矫正不良习惯。只有及时处理了，才会起到杀一儆百的效果，大家就会知道今后不应该再违反了，如此一来就会慢慢形成良好的习惯，从而形成良好的规则意识，最后人人自觉遵守制度。一旦形成一个良好的文化氛围，达到自治，那么今后的管理就会事半功倍。

制度的生命力在于执行。客观地看，现在有一些企业制度定了不少，其中也不乏好的制度，但由于不善抓落实，制度的有效实施受到了严重的影响，致使一些好的制度也无法发挥应有的效用。

有一家大型国有企业因为经营不善导致破产，后来被日本一家财团收购，厂里的人都在翘首盼望日本人能带来什么先进的管理方法。出乎意料的是，日方只派了几个人来，除财务、管理、技术等要害部门的高级管理人员换成了日本人外，其他的根本没动——制度没变，人没变，机器设备没变。日方就一个要求：把先前制定的制度坚定不移地执行下去！结果不到一年，企业就扭亏为盈了。

道理就是这样简单，想要企业生机勃勃，就要注重执行，无条件地执行！

许多企业都制定了成套的管理制度、规章标准，大到厂规厂纪，小到领物规定、作息规定。制度和规章是为了用的，而不是为了走形式。有一些企业，规章制度不少，但只是一些"花瓶"，是为了给人看，为了得到上级的一句表扬，为了得到参观者的一句美言，只挂在墙上，只装订成册，却没有真正实施。规章定得再多、再全、再完善，如果不从墙上"走"下来，反而会产生副作用。

规章制度形同虚设是许多组织在管理中造成失误或失败的重要原因。

某公司财务处发生重大案情：财务室被撬，墙边的保险柜张着巨口，柜内50万元现金不翼而飞。受金融危机的冲击，公司本来就资金紧张，第二天急需的购料款一下子没有了着落。

该公司失窃的保险柜是国内最先进的保险柜之一，上面配有报警和密码装置，并且密码系统由电脑控制，还能产生电击。对于这样的保险柜，盗窃分子如何能得逞呢？

后来查清，问题出在使用保险柜的出纳身上。虽然公司对于财务室的保管定有一整套的规章和制度，但是这位出纳却置若罔闻。他觉得那保险柜虽好，但用起来太麻烦，便长期搁置不用。直到一个月前，他把旧保险柜钥匙丢了，才把这闲置的保险柜从角落里"请"了出来；可他又怕一不小心遭电击，便不接电源；又怕忘了密码，就按数字的大小顺序编了6位数的号码；再怕丢了钥匙，索性把钥匙扔在办公室的抽屉里。结果，窃贼做案时，先从他的抽屉里取出保险柜钥匙和使用说明书，随便研究了一下，便轻易地打开了保险柜。

失窃后，尽管公安部门接到报案后火速行动，并在半个月后将犯罪嫌疑人抓获。但是，该公司一时无法筹集购料所需资金，最后因不能按时交付订单而错失了商机，一个巨大的客户被附近的同行夺去了。

显然，这家公司的败局是由没有很好地执行管理制度造成的。如果公司认真落实有关管理制度，定期对财务室进行检查，可能也不会发生这样的失窃事件了。

没有人会十分在意是否有人去强调和检查制度，这就自然造成它的可有可无性，既然如此，谁还会花费更多精力去做呢？铲除这一惰性的最有效办法就是查、核。

检查与考核是管理员工的一对孪生兄弟，只查不核，检查缺乏力度；只核不查，考核便失去行使依据。强有力的查、核是推进各项制度落实的锐利武器。不检查、不督促，就难以保证制度有效的执行。因此，跟踪检查应该成为管理者一项日常性的工作内容之一。

查、核是一道强力"防火墙"，查、核的过程既是落实制度的过程，也是揭露问题和修正错误的过程。对于检查中暴露出来的问题，能当场纠正的绝不留到日后去处理；如系复杂问题不能当场解决的，应立即汇报至有关部门抓紧处理。世界零售巨商沃尔玛有一个著名的商业原则，那就是"日落原则"，即要求沃尔玛的所有员工，当天的事情必须在当天完成，也就是要在日落以前结束当天应干的事情，做到日清日结，绝不拖延。这一原则同样适用于检查工作，如果把检查工作作为日常性工作的话，暴露出来的问题就不应拖延到第二天。蚁穴也能毁堤，世界上许多本不该发生的故事就是这样发生的。

任何制度，没有了监控与考核，都会不了了之，这是人类的惰性使然，因为懒惰是人的天性。但是事业和企业要发展，就必须克服惰性，其中非常重要的一个方法就是加强监控，同时配以公正的考核，并且运用好奖惩机制进行导向。无论是谁违反规定，都要严格按地照规定进行行政的、经济的处罚，绝不能视对象不同而不同对待，甚至是姑息迁就。否则，因违背规则没有得到惩罚，即违背规则的机会成本很低，潜在收益可能很大，则大家就没有积极性去执行规则，反而有积极性去违背规则。规则一旦被破坏，哪怕只有一次，就失去了作用。要一视同仁、公平公正，坚持原则、常抓不懈，做到严制度、严要求，守者奖、违者罚，养成按章办事的优良作风，营造尊崇制度的良好氛围。

加强规章制度的宣传教育工作

春秋时期，楚国令尹孙叔敖在苟陂县一带修建了一条南北水渠。这条水渠又宽又长，足以灌溉沿渠的万顷农田，可是一到天旱的时候，沿堤的农民就在渠水退去的堤岸边种植庄稼，有的甚至还把农作物种到了堤中央。等到雨水一多，渠水上进，这些农民为了保住庄稼和渠田，便偷偷地在堤坝上挖开口子放水。这样的情况越来越严重，一条辛苦挖成的水渠，被弄得遍体鳞伤，面目全非，因决口而经常发生水灾，变水利为水害了。

面对这种情形，历代苟陂县的行政官员都无可奈何。每当渠水暴涨成灾时，便调动军队去修筑堤坝，堵塞涵洞。后来宋代李若谷出任知县时，也碰到了决堤修堤这个头疼的问题，他便贴出告示说："今后凡是水渠决口，不再调动军队修堤,只抽调沿渠的百姓,让他们自己把决口的堤坝修好。"告示贴出以后,再也没有人偷偷地去决堤放水了。

故事虽小,但背后的寓意却值得我们深思。如果在推行一项制度之前领导者就把这当中的利害关系对执行者讲清楚,他们也许就不会为了自己的私利而做出损害企业利益的事情了。

在实际工作中,很多领导者只管埋头制定制度,制度下发之后就不闻不问了,不学习、不贯彻、不领会,这就失去了执行制度的基础。

制度制定出来,并不是发布完之后就万事大吉了。执行者对制度内容的理解和认同是关系到制度执行与否、执行好坏的关键。

我们知道,各种信息在传递过程中总会发生一定的衰减,如果在传递过程中不有效地增强信号,到终端时信号会衰减得很厉害,甚至失去了使用价值。而对制度的宣传教育工作就起到了一个增强信息的作用,保证制度执行者对制度内容有充分的理解。

企业的各种制度应该通过适当的、正式的和顺畅的信息渠道发布。在发布制度时,制度制定者应提出这样的问题:我们所说的,他们能够听得见吗?能够听得全面吗?能够"原汁原味"地理解,并将其记住吗?对于架构复杂、层级众多的大型企业集团,信息链条长,信息传播的失真度高,则尤其应该注重制度的传播管理工作。

应该充分利用多种信息传播工具,特别注意信息渠道的可选择性,以避免过多无关信息而使接受对象产生选择疲劳。使用计算机网络建立制度公布和管理的信息平台,并建立制度学习的责任矩阵关系,是比较可行的方式之一。建立信息读取的责任机制,如接收签名、阅读登记等,也有利于制度信息的有效传达。

更重要的一点是,制度不但要传达到位,而且要促使管理对象理解到位,这就需要建立和完善企业制度的培训职能。要给员工创造合适的学习环境,使他们更多地接触到制度化管理的内容。只有向制度执行者提供及时的学习机会和咨询支持,才能促使其全面理解制度要求,扫清认知障碍,从而各种规章则潜移默化地进入他们的主观意识。

另外，还应建立定期的制度"应知应会"考核，强化制度执行者对制度内容的记忆，有助于其在日后工作中具体执行。这也是一件常抓不懈的工作。

总之，对制度的宣传与教育过程既是学习的过程，又是领会与理解的过程。制度宣传与教育的效果直接影响制度的执行效果。我们对规章制度的宣传教育工作要形成制度化、长期化和专业化，宣传贯彻到制度所涉及的各个部门和员工，并且让这样的学习和教育成为一种常态。通过宣传教育工作，使员工充分认识企业制度化管理的重要性，强化全体员工的制度观念和制度管理意识，改善企业推行制度化管理的环境，使广大干部、员工从被动执行变成主动自觉执行，达到从内心深处树立起规则的权威的目的，使企业逐步走向制度化管理。

让制度活起来

在现代企业管理中，很多管理者都希望企业的制度能从墙上"走"下来，走进员工们的心里，落实到实际的工作中，从而因为选择和执行正确的路径而形成好的路径依赖。然而在现实工作中，结果往往不是那样好。员工们阳奉阴违，如能少做就不多做，尽可能地不承担责任，钻制度的空子等行为，让管理者们很苦恼。

四川有一家著名的制药企业，曾经花了几十万元请专家、教授制定了一本非常详细的《企业文化制度大全》。该制度引经据典，洋洋洒洒几十万字。其中一位教授对自己的作品非常满意，并在大学课堂上将其作为案例讲解，听课的企业家们都很羡慕，教授讲到得意之处，请这个企业的一位高管将他提炼的概括企业文化的一句话经典复述一下，在大家期待的目光中，这句不足10个字的经典之语，却没有被这位高管说完整，教授也很尴尬；课后，这位高管向同学们解释，企业并没有组织大家进行培训学习，更谈不到落实了。

　　一位教授在大学里为企业家讲课时举了这样一个例子：A企业，早上8：30员工着公司统一正装，打卡上班；该企业全体员工有一周一次的升国旗活动，一季一次的评选合理化建议活动，一年一次的集体旅游活动，两年一次的员工体检活动。B企业，早上9：00上班，着装随意，可将工作带回去做，不计下班时间。C企业，不计上班时间，不过要与公司先预约，公司上班时间还提供点心、水果等。问A、B、C三个企业中制度管理最好的是哪一个。

　　大多数企业家都选择了A企业。而教授的答案是：A企业是中国一家曾经很著名的民营企业，但仅存活了9年；B企业是微软；C企业是谷歌。

　　这样的结果让企业家们很纳闷，A是制度最好的企业，为什么会很快被淘汰了？教授解释说，现在的一些民营企业，也将制度制定得细致到了规范员工的具体动作的地步，把员工当成了做事的工具，天长日久，员工形成了对这一环节的路径依赖，按照工作流程做好本职工作，不求有功，但求无过，设计和创新是管理者和专家们的事。

　　"路径依赖"对制度变迁具有极强的制约作用，并且是影响企业经济增长和发展的关键因素。如果路径选择正确，制度变迁就会沿着预定的方向推进和发展，并能极大地调动员工的积极性，充分利用现有资源来从事企业效益最大化的活动，形成良性循环的局面，促进企业的经济增长和健康发展。

第二部分

制度有威信，执行更到位

打造团队个人能力绝不等于团队价值，但一定是团队的关键价值。团队价值除了能力的塑造，还有思想的塑造；领导能力塑造；制度执行与掌握原则的塑造；管理模式与执行机制的塑造；文化环境的塑造等。凝聚力是将团队各种能力完美而有效整合在一起形成合力。不要把你的团队变成团伙。

第七章
领导是制度的首要制定者，也是制度的第一执行人

领导者或领导人才的优秀程度既取决于一些基本素质的优秀程度，又取决于这些素质融合在一起的综合质量和综合效果。要造就优秀的领导者或领导人才，就要确保这些基本素质都是优秀的，而且还要确保这些优秀素质能够用最佳的方式融合在一起。只有这样，领导者才能最终取得事业上的成功。

领导者要尊重制度

企业执行力是指企业及其组织成员贯彻战略部署、推进决策实施、实现组织目标和完成工作任务的实践活动和行为能力。在现代市场经济条件下，一流的企业必然具有一流的执行力。提升企业执行力，对于推动和实现企业战略结果化、企业管理精细化、企业运营科学化、企业发展持续化具有重大意义。

对于企业来说，领导者是最重要的执行主体，是企业执行力的第一推动者。执行是否到位，既反映一个企业的整体素质，也反映企业领导者的综合

素养。领导者以身作则，企业执行力必然就强，否则将大打折扣。提升企业执行力，首先要提升领导执行力。要求领导者要有敬业精神、重战略思维、具专业素质、讲工作方法。

但是，一个企业的领导者不管多么优秀，都不能取代制度。

制度是管理的基础。提升企业执行力，最根本的是提升制度执行力。成功的企业一定是制度化的企业，是靠制度管出来的。建立完善合理的制度，不断规范执行力标准，对于企业持续有效的发展至关重要。制度越健全，执行越充分；制度越合理，执行越有力。

强化制度的绝对权威性。制度至高无上，任何组织和个人都不能游离于制度之外，更不能凌驾于制度之上，这是企业制度化管理的本质要求。为此，必须树立制度面前人人平等，员工以执行制度为己任的意识，坚决杜绝"好人主义"，令出必行，决不搞"下不为例"。

变"手动挡"为"自动挡"，推进制度的自动运行。提升企业执行力的核心就在于推进制度的自动运行，实现制度化管理。为此，要建立健全科学完善的企业制度，使之覆盖企业全员、全过程、全方位，努力形成靠制度管人、管企业的长效机制。要切实维护和保持制度的稳定性、一贯性和连续性，不能因人而异，更不能因人而废。要大力增强全体员工的规则意识，让员工养成按制度、按规范、按程序办事的行为习惯。要严格进行制度的监督与考核，让制度落实到位。

领导者要带头遵守制度

要让组织真正实现制度化管理，作为领导者，制定原则，不仅是用来约束员工的，这只是问题的一方面；问题的另一方面是你必须率先遵守制定的原则，必须是随时随地地，要成为大家的榜样。否则，你一时的疏忽、轻率就会给你造成毁灭性的灾难。

在任何一个公司中，领导者的行为都是员工们的榜样。制度作为大家共同遵守的准则，对领导者的要求远胜于普通员工。领导者只有在制度下身体力行、带头遵守，才能维护制度在员工们心目中的权威性，才能让下属自觉地遵守制度。

领导者带头遵守执行各种规章制度，是实现制度化管理的关键，也是各项工作全面上升的关键。有句老话是"善为人者能自为，善治人者能自治"。一个公司的业务能否在激烈竞争的潮流中得到发展，关键之处还在于领导者是否有正确的自律意识。领导者只有身体力行、以身作则，才能建立起人人遵守的制度。反之，如果一个单位的领导者都不能遵守或执行单位的制度，却要求其下属去遵守，必然引起下属的不满，从而导致工作积极性不高，主观能动性差，执行各项制度只是走过场，使各项规章制度形同虚设，各项工作成绩自然也就上不去了。

领导者要认识到自己也是工作单位中的一份子，也应该处于管理运行机制之中，而不是高高在上。领导者的工作内容是有其特定性的，在管理运行机制中处于特定的地位，但不应该独立于这个机制，成为享有"特权"的阶层。列宁的做法就是对此绝好的注解。

十月革命刚刚胜利，一天早晨，朝阳透过薄雾，把金色的光辉洒在高大的斯莫尔尼宫上。人民委员会就设在斯莫尔尼宫，这天是著名演员唐·小卡列莲娜汇报演出的日子，在门前站岗的是新战士洛班诺夫。

班长叮嘱他说："洛班诺夫同志，你今天第一次站岗，而且是我们实行一次性通行证的第一天。到这里来的人很多，你的任务是检查他们的通行证，确认后就要收上来，不得第二次使用。列宁同志要来这里看演出，你千万不能让坏人混进来！而且这一次性通行证是瓦西利同志的创新，千万不要搞砸了！"

"是，班长同志。"洛班诺夫行了个军礼，"我以革命的名义保证，一定为列宁同志站好岗！"

太阳越升越高，到斯莫尔尼宫看演出的人真多，有工人，有士兵，有农民，还有学生。洛班诺夫认真地检查了他们的通行证，并一一收取。

人民委员会主席列宁来了。他一边走，一边在考虑什么问题。

"同志，您的通行证？"洛班诺夫拦住了他。

"噢，通行证，我就拿。"列宁急忙把手伸进衣兜里拿通行证。

一位来开会的同志看到洛班诺夫拦住了列宁查通行证，就生气地嚷起来："放行吧，放行吧！他是列宁！"

"对不起。"洛班诺夫严肃地说，"我没有见过列宁。没有通行证，谁也不能进！" 列宁把通行证交给洛班诺夫。洛班诺夫接过来一看，果然是列宁同志，他非常不安，举手行礼说："列宁同志，请原谅，我耽误了您的时间。"

列宁握住这位年轻战士的手，高兴地说："你做得很对，小伙子！你对工作很负责任。谢谢！"

他又回过头来对旁边那位同志说："你不该责备他。我们就需要这样认真负责的好战士。革命纪律是每个人都应该遵守的，我也不能例外。"

看完这个似乎很陈旧的故事，你的感想是什么呢？也许有人会一笑了之。但是，我们看看现实生活中，什么事在发生？某老总面对拦住他的门卫，还能像列宁那么坚持原则吗？可能一个耳光就上去了，然后门卫被炒掉。

有的人可能要说了，我自己的公司，我制定了制度，那是约束员工的，我作为领导者，那是凌驾于制度之上的。所以我破坏制度，也是合理的。

这个人说的也没错，他是企业的主人，员工是打工的，为了达到他的目的，所以他制定了制度。这样的说法，说给员工，在道理上，那是没有任何问题的。但我们的员工会怎么想，他们的职业化到了那个程度了吗？他们大多是普通人，现在被你"剥削"了很多，已经感觉不爽了。现在看你还带头破坏公司的制度，于是这些普通人，自然而然地拿自己和老板比，他们觉得你赚了很多钱，还不按时间上下班，违反公司的制度，那是不合理的。他们发自内心地希望，老板能和他们一样，努力工作，这样他们看到老板拿走了利润时，心里感觉才好一些。他们评论，老板也不容易，和我们一样辛苦，所以你拿走他们的剩余价值时，他们的怨气会少一些。你没见到在旧社会，一些开明的地主是和长工一起干活的，一方面是监督，另一方面是让长工找到了心理平衡。

领导者还是带头维护制度吧，连伟人列宁都是这样做的，难道你比他更高明吗？做不到这一点，领导者就很难体察群众的利益和疾苦，很难深入了解、合理把握管理机制的运行状况，也不容易正确处理自身利益与群众利益的关系。

作为企业的组织者和制度的制定者，领导者的价值观念、行为方式都会成为企业其他成员的行为榜样。领导在制度实施过程中的"先行"作用犹如化学反应过程中的催化剂一般，是能够加快制度实施的过程，提高制度实施的效率。相反，连管理者自己都对条例视若无物，员工又如何会将制度切实执行？

"管人先做人"，优秀的管理者，他们本身就是遵守纪律和制度的楷模，就是员工遵章守纪的带头人，要求下属做到的自己首先要做到，要求下属不做的事，自己首先不去做。这样，一方面，可以正确引导员工遵守规章制度；另一方面，也能给那些破坏规章的人施加巨大的心理压力。

既然身为领导者，就要对自身有高标准的要求，在群众面前要有模范的行为和形象。自己首先要身体力行、带头遵守。领导者的模范行为不仅能够引导员工正确地理解、执行管理制度，而且能使整个管理机制成为有生命力的、亲近员工的有效形式，从而能够激发员工的积极性，创造好的工作效益。

执行制度绝不能有例外

在平时工作中，为何我们总有这样的感觉：制度非常严密，规章也非常细致，然而，在一些领导身上还是存在不正之风，还是会产生一些违反企业制度的行为，让员工不能满意。何也？我们觉得，这主要是我们在执行制度时有了例外。因此，要阻止违纪，使领导作风建设能开展得实实在在，让员工对我们干部队伍的作风建设感到满意，真正做到以人为本，就必须做到执行制度时不能有例外！

在制度面前人人平等。领导应该是执行制度的模范，领导是决策者，更应该有执行制度的严肃性和主动性意识，而不应该超越制度、凌驾于制度之上。那样，既破坏了民主，也亵渎了制度。制度如果成为某些人随意搓揉的面团，员工便会丧失对领导的信任。因为领导执行制度时有了例外，也就会有人进行模仿，出现一批在执行制度时的例外。为何我们在办事时，不是凭制度、凭规章，而首先想到找熟人、托关系，这实际上也昭示了制度可以放在一边，通过托关系或找熟人把不能办成的事办成的不正常现象的存在。这种领导者在执行制度时的例外，具有极大破坏性的示范和教唆作用。

执行制度时，不能有任何借口。领导者不能抛开制度打招呼、批条子，更不能找借口，有特殊贡献、或为招商引资而为某些违规行为开"绿灯"。领导者嘴上要求严格执行制度，但一旦碰到特殊情况，就找借口说某某对我们有贡献、某某是上级领导，以后在资金、项目上能够多多关照我们。那么上级又凭什么在执行制度时随意而"自由"？难道奖金的下拨和项目的确定，就是个别人说了算？还不是在执行制度时有了例外，让个别人享有特权。制度执行一旦有了例外，在执行制度时就有了空隙可钻，正如大堤，一旦有了突破点或决口，那就非常危险了。

《明史杂俎》记载，朱元璋有一次问群臣，天下何人最快乐？有人说功高盖世者最快乐，有人说金榜题名者最快乐，有人说富甲一方者最快乐，而一个叫万钢的大臣回答："天下守法者最快乐。"朱元璋听后大悦，夸赞万钢"见解甚是独到"。可以说，"天下之事，成于惧而败于忽"，只有有所敬畏，才能做到"有所为、有所不为"，才能保持清醒头脑。与个人作用、个人责任相比，制度问题更带有根本性、全局性、稳定性和长期性的特点。因此，要着力在领导中树立规范面前人人平等、制度面前没有特权的意识。

把"越规者,规必惩之;逾矩者,矩必匡之"作为警戒。

有了小方面的例外,就会有大方面的借口。一些领导者就从小开始,先是为熟人开后门,办些小事,再到为亲朋好友提拔任用拍板;从为他人介绍点小业务,到直接插手工程,收受贿赂,无不是从执行制度有例外开始。也正是因为某些领导的这种"带头"精神,社会上就形成了凡事要托关系、找后门的不良风气,在企业内也就有许许多多违法乱纪的行为发生而不能及时被发觉。况且,执行制度时的例外,也不是普通人能"例外"得起来的。即使想例外,也得找领导者或权力部门才能例外得起来,这当中就会产生必然的违纪行为了。

因此,应该倡导在制度面前人人平等的精神,执行制度时,无论谁都不应该有特权和例外,领导者不仅要在执行制度上做表率,还要在全社会营造严格执行制度的氛围,让大家做执行制度的模范,做执行制度的监督者。破除例外,尽显公平,这才是我们享有尊严和体面的基础。

领导遵纪守法很重要

N公司与M公司由各自的代表谈判后签订了合作协议,协议由M公司拟定,N公司与M公司共同修改。M公司在起草协议的时候并没有充分考虑到相关的法律,而在协议中出现了一些不合法的条款,N公司也没有注意到这个问题。所以,实际上这份协议是无效的。

协议执行的过程中M公司出现了没有想到的困难,公司中懂法律的员工仔细研究了协议之后提出了该协议实际上是无效的,如果不执行可以减少公司损失的提议,M公司的领导权衡了利弊之后采纳了这个建议。由于M公司为减少自己的损失而单方面停止执行双方的协议,给N公司造成了巨大的经济损失,双方立刻由合作伙伴变成了法庭上的原告和被告。长期的打官司过程,严重影响了两个公司正常的经济活动,无意间,双方的损失都不小。

在上例中，看似N公司的损失是由于M公司的失误和毁约造成的，实际上，N公司对这件事情也负有一定的责任。协议签订的时候，如果N公司的代表对法律的了解比较透彻，能发现其中不符合法律的地方，及时要求修改协议，然后再签订。那么，之后M公司再违约就是违法行为，双方即便对簿公堂，有理的也是N公司。

作为代表公司的谈判人员，需要懂得与自己公司从事的事业相关的法律，而且要不断地更新自己在这方面的知识，这样才能用法律来保护自己，也防止由于自己的法律知识不够全面而出现违反法律的情况。

国有国法，家有家规。只有大家都按照既定的规矩办事，才能创造一个公平的竞争环境。要在所进行的经济活动中完全符合国家的法律，并不是件容易的事情。因为随着我国进一步的发展和与国际的接轨，很多法律、法规都在不断的完善中，在这些完善的过程中，有许多从前是合法的活动，现在做就变得有违法律了，而且还有一些从前的不可以做的事情，现在就有些许的放宽了。所以，要做到在经济活动中不违法，就要时刻关注国家和地方对于相关法律、法规的修改与修正。以此来作为规范自己行为的准则。

法律是一把双刃剑，用好了可以保护自己，不够了解也会把自己伤到。所以，懂得法律并为自己所用是企业经理人必备的能力之一。

如果公司一时没有懂得法律的人才，可以雇佣一个法律顾问，让他来帮助公司解决一切有关法律的问题。这样做既能减轻公司其他员工的负担，也能达到更好的效果。

懂得法律，并不意味着就会遵守它。总有一部分人钻法律的空子，用自己懂得的法律知识来从事非法的经济活动。这一部分人属于有才无德的人，不管他们多有能力，公司也不能让他们做代表，尤其是不能委以重任。有长远战略眼光，希望自己的公司能长期发展的领导，都不会雇佣这样的员工。所以，懂得法律只是遵纪守法的基础，有较高的道德标准才能做到真正的遵纪守法。

领导者要有正直的品质

周京做销售已经有几年时间了,由于他能吃苦,对待任何客户无论大小都热情、认真、负责。所以,周京的业绩一直不错。这一年,公司招聘来了新的经理,据同事们说,这个经理在从前的公司业绩很好,没有一个员工能超过他,之所以辞职是因为他想换个工作环境。

周京对新经理的事没有在意,他觉得只要做好本职工作就可以了,上司是谁并不重要。新经理上任的第一天,周京和同事们一起与经理见了个面就各忙各的去了,起初大家相安无事,经理并没有过多地干涉员工的工作,只是定期进行检查而已。几周之后,经理发现了周京优秀的业绩,情况发生了一些变化。周京发现经理总是有事没事地找他谈话,而且提出了他工作中的很多缺点和问题,可这些所谓的问题对销售工作并没有什么影响,而且有时更像是"鸡蛋里挑骨头"。这样的找茬行为严重影响了周京的工作,使得他每天拜访客户的数量没有办法得到保证,业绩自然也大不如从前了。同事们对这件事敢怒不敢言,由于销售人员的薪水是根据业绩的多少来发放的,周京自然每个月拿到的钱很少。几个月后,由于忍受不了经理的无理取闹,周京提出了辞职,离开了公司。

领导者要有正直的品质,领导者是否正直最大的体现就是他怎样对待员工的问题。上面例子中刚刚上任的经理是个嫉贤妒能的人,他自己在销售行业很出色是不可否认的事实,可他不能容忍自己的下属比自己强。当然,每个渴望成功的人都希望自己是最棒的,但是,用什么样的方法使得自己成为最棒的则能看出一个人的人品如何。正直、光明磊落的人选择努力工作,用实际的工作表现来达到目的,而上例中的新经理却选择了小人的做法,通过影响别人的工作来达到自己的目的。品质不正直的人不适宜从事任何工作,尤其不适合成为领导。领导者的一举一动直接关系到员工工作的心情、态度，最终也就影响了公司和部门的效益。在职场当中，一定存在着像上例中新上任经理一样品质不正直的领导者，他们在自己选择的职业生涯中能走多远呢？想想看，谁愿意被一个使得自己没有发展的人领导呢？当然没有人愿意。因此，品质不正直的领导者无法替公司留住有用的人才，当公司发现这一点时自然也不会留下这个经理了。

正直的品质，这是一个道德范畴。如果说一个领导者品质有问题，尽管他没有违反法律、没有违反公司的规章制度，他也是一个不正直的人。那么，从各种硬性的规定来看，他仿佛是合格的，不过，在他手下任职的人员可不这样认为，而且十有八九都打心眼儿里看不起这个不正直的上司。想想看，一个由这种形象的人领导的团队能做出什么样的成绩呢？因此，领导者的品质是否正直，直接关系到员工的工作表现，更加关系到整个部门的利益。

一个健康的组织必须强调正直的品格，而最应该拥有这种品格的就是领导层。领导者的品格如何，最有发言权的人是每天与他一起工作的员工，只要工作一段时间之后，大家就心知肚明了。当然，领导者不可能做到任何事情都正确，他也是人，只要是人就会犯错，员工会理解这一点。但是，如果经理人的人品有问题，不正直，那么，员工是不会原谅他的。虽然这种不满意不会立刻显现出来，但是，它会渗透到工作的方方面面。

德才兼备、有德无才、有才无德，这三种人中的哪一种更适合做领导者呢？大家当然都会选择第一种。但是，在现实生活中，这样的人少之又少，只能从后两者中挑出一种。有些人可能认为，才能是重要的，聘用有才无德的人作为领导者，可能在前期会看到不错的成绩，但是，这样的人给公司带来的损失也是不可挽回的。作为领导者，对"德"的要求应该大于对"才"的要求。因为，不正直的人给公司带来最大的损失是他破坏了公司最宝贵的资源架构——人才群体。

一个领导者要做到正直，首先要在道德上对自己有较高的要求。其次，再从下属对自己的评价上看看是否做到了。最了解你行为和言谈是否正直的人是员工,他们怎么看待你呢?你和他们之间是否能够互相了解呢?可以用各种方法来收集员工对你的看法和评价,如设置一个意见箱,或者定期征求一些员工的意见等。不过要切记这些方法都是为了监督你在员工心中是否正直,而不是用此来打击那些对你有意见的人。所以,在实际操作时一定要让员工感受到你的诚意。

爱岗敬业是领导执行制度的体现

日本索尼公司的产品在刚打入国际市场时销量很不理想。当时,索尼的产品在日本国内卖得很火,但在美国却无人问津。虽然国外部部长一而再、再而三地宣布降价,却并没有任何起色,反而形象越来越差,市场反应更加冷淡。

1974年,卯木肇在索尼公司美国市场最困难的时候被任命为国外部的新部长,他并没有像上一任部长那样继续降价,而是先开始调查工作,找到索尼不能被美国人接受的原因。通过调查,卯木肇发现了两个问题。第一个问题,索尼彩电大多被摆放在廉价出售的旧商品小店里,上面落满了灰尘。第二个问题,索尼没有和任何一个美国的电器销售商取得联系,尽管美国从事这方面工作的人有成千上万。卯木肇对问题进行分析之后得出索尼之所以在美国不能成功的原因是没有征服销售商,自然就不能征服消费者。

找到了问题的关键,也知道了如何解决,下一步就是行动了。卯木肇选择了芝加哥最大的电器销售商——马西里尔公司,一次次地进行拜访,直到第四次他才见到了对方的经理。虽然终于可以和对方面对面交谈了,但是那位经理的态度十分冷淡,甚至还讽刺、挖苦卯木肇。卯木肇没有和他计较,更没有放弃,他按照经理的要求将小店里的彩电全部收回,再重新刊登广告,以此来重塑索尼在美国人心中的形象。再次拜访对方经理时,又出现了新的问题,对方以索尼售后服务太差而拒绝了为其销售。卯木肇立刻开始筹建特约售后服务部，为此登广告，并向消费者保证维修人员会随叫随到。第三次与对方经理见面，责难再次出现，对方说索尼没有知名度。忍了很久的卯木肇被惹火了，他要求自己手下的每一个员工每天给马西里尔公司至少打一个电话，电话内容就是要求购买索尼彩电。由于马西里尔公司的职员并不知道这是索尼公司员工打来的，所以将索尼列入了"等货名单"，经理知道后十分生气，将卯木肇找来并责问他，卯木肇没有示弱而是据理力争，经理终于答应为索尼代销两台彩电，并说如果一周内卖不出去今后就再也不会销售索尼的产品。

卯木肇明白，第一步已经取得成功，他立刻派公司两名优秀的销售员与马西里尔公司一起推销，并要求他们只许成功不能失败。当天下午，两台索尼彩电全部卖出去，为下一步打开局面，索尼又送来了两台。当年12月，索尼创造了一个月销售出700多台彩电的纪录。看到如此骄人的成绩，马西里尔公司的经理主动要求加强合作。

在卯木肇的努力下索尼成功地占据了美国市场，成为彩电业的一大王牌。

卯木肇在索尼的国外市场最失败的时候被任命，如果他不认真分析公司产品在国外不成功的原因，而是继续按照上一任部长的方式工作，或者将在日本国内使用的销售方式照搬到美国，他会比较轻松，不用看美国销售商的脸色，也没有人会责怪他，因为在他之前的人都没有成功。但是，爱岗敬业的卯木肇并没有选择轻松的工作方式，而是将工作重点放在了怎样解决问题上，不管在解决问题的过程中有多么艰难，他依然按照自己预定的方式进行着。

爱岗敬业在什么时候最能体现？看看卯木肇的工作，堂堂一个大公司的部长，要不停地拜访其他公司的经理，还要看对方的脸色。其实，卯木肇完全可以将这个工作派给其他的人去做，他做总指挥就可以了，来给自己避免那些不必要的尴尬。然而，卯木肇深知自己岗位的重要性，也知道公司在这个时候让自己来担任这一职务的用意在哪里，于是，一心要将工作做好的卯木肇把索尼成功地打造为美国家喻户晓的名牌。

　　爱岗敬业是每一个企业、公司对于每一个员工的要求，可是，又有几个人能真正做到呢？干一行，爱一行，对于大多数人来说只是个口号而已。我们在孩提时代就有了自己的理想，这个美丽的理想中最重要的组成部分就是自己将来从事的工作。然而，当我们真正走入社会时，当我们开始直面残酷的竞争时，梦想与现实的距离一下子远得看不见了。于是，很多人在生存的压力下选择了一份自己并不喜欢、有时甚至还有些厌恶的工作，不良的心态自然被带入工作中，工作出色一定谈不上，而且很有可能都无法将基本的工作完成。

　　现实就是现实，它往往都站在理想的对立面，凭一个人的力量很难在短时间内将现实改变得与自己的理想一致，也就是说我们很难改变周围的大环境，可以改变的只有自己，而改变自己就要先从改变心态开始。不管你正在从事的是什么工作，也不管你处于哪个岗位，抛弃对它的不满，开始试着喜欢上它，才会有机会将工作做好，也就有机会将现实与梦想的距离拉近。

　　"爱岗"之后自然会"敬业"，任何人都会不自觉地把自己喜欢做的事情做得非常棒，都会总想着还有什么没有做好的地方，怎样将这些完善。所以，先爱上你的工作吧，从心里真正地喜欢它，这样不管遇到任何困难你都会有勇气和毅力去战胜它们。

　　爱岗敬业并不意味着埋头苦干，最辛苦的工作者并不一定是创造价值最多的人。在现代社会中，大部分工作都不是简单的、机械的重复，而是需要手脑并用的。如果你今天只是没有任何提高、没有任何成果地重复昨天。那么，不管你在这个岗位上工作得多么辛苦，你都不能算是个爱岗敬业的人，尤其对于公司的领导者来说，更是这样。所以，在工作中努力找到最合适的方法，并运用它，随着外界情况的变化，不断改变自己的工作方式，使得工作更加有成效，这样的爱岗敬业才更值得提倡。

　　工作中要做到爱岗敬业最重要的是调整好心态，尤其是对本职工作有排斥情绪的人，更加需要先调整好心态再开始工作。如果你经过比较长时间的心态调整还是无法消除对工作的排斥情绪，那么，建议你重新选择工作，重新选择职业。因为带着排斥的心态工作永远无法做到爱岗敬业，更不用说能在工作中取得成就了。

调整心态的第二步是要让自己对工作有责任心，也就是说从心底里认为自己是对这份工作的成败负责任的。这样，才能给做到爱岗敬业打下良好的基础。

最后一步就是要真心地爱上自己的工作，把工作当作乐趣。

第八章
选对人做对事，执行制度要用得力的人选

人才与组织这两个主体各有利益诉求，看似相互对立，实则是一个有机的整体，只有保持两者的和谐方能促进双方的可持续发展。两者又如何才能达到和谐？首先就要选好合适的人。一个人不只是在某个职位上工作，同时也在一个组织中工作。个体能否在组织中创造"持续的高绩效"，实际上取决于"人与组织"的和谐，包括人与职位的和谐（事和）、人与团队的和谐（人和）及人与内心的和谐（心和）。

把握住现代人才的标准

人才是世界上最宝贵、最有决定意义的资本。日本经济的起飞是依靠技术和领导这两个轮子，而人才是车轴，没有车轴的轮子是不能转动的。一个企业的成败，关键在于人才。只要恰当投入并善加利用人才，就能给企业带来几倍甚至几十倍的利润。

正因为人才的宝贵，所以才会出现大企业为争夺人才、培养人才不惜花费大量时间和金钱的现象。要想发现人才、培养人才、使用人才，首先要知

道什么样的人是人才。古时"德才兼备"的标准已经无法适应当今商业社会的要求。人才新配方将帮助你识别人才。

现代社会对人才最广泛、最通俗的定义是在某些方面具有才能的人。才能不仅表现在对知识的广泛占有能力上,而且还表现在运用知识的能力上;人才还应有通过独立思考,不断扩大知识的能力;寻找、处理大量信息的能力;克服困难,不断追求卓越的能力;处理人际关系的能力。今天的人才往往具有专业性,不同行业的人才是不同的。

卡内基的训练之所以广受欢迎,长盛不衰,就在于他强调并教会人们如何与人和谐共处,创建一个融洽的工作环境。西安杨森最初提倡"鹰文化",鼓励员工争做雄鹰,自豪、冒险、好胜,给企业带来了很大的发展。1996年的销售额达12亿元。但此后,"鹰文化"已不能适应大规模作战的要求,进而提倡"雁文化",强调团队合作精神,使西安杨森再创佳绩,因此,几乎所有的企业都鼓励合作精神。

"非凡的才智+敬业精神"是朗讯公司的用人标准。其中非凡的才智无法勤劳的工作来弥补。如果一个人没有创造力和主观能动性,再辛勤地工作也不能弥补才智的不足。只有具有创造力和主观能动性,才能充分发挥自己的想象力,提出新构想,开创新事业。

热情是衡量人才的重要标准。热情的人会影响他人的情绪,使别人也变得热情、乐观。热情的人会促成一种士气高涨、斗志高昂的工作环境。松下幸之助说得好:"缺乏热情的人是最没有价值的,不论才能、知识多丰富,如果缺乏热情,那就如同画在墙上的饼,丝毫没有功用。"

此外,诚实守信也是对人才提出的基本要求。诚实守信用的员工会使外界相信企业是有信誉的。因此,日本松下公司的座右铭是"诚实",要求每位推销员要机警、灵敏、富有竞争精神,但首先要求员工要诚实,诚实第一。

用人以适用为原则

早在20世纪50年代，松下幸之助就认识到，公司应招聘适用的人才，文化程度过高，不见得就适用。松下幸之助指出：各公司的情况有所不同，老实说，人员的录用，以适用公司的程度就好，文化程度过高，不见得一定有用，"适用"这两个字是很要紧的。

20世纪60年代，盛田昭夫的《让学历见鬼去吧》可谓一鸣惊人。因为，当时的日本还沉浸在一种过于重视文凭的氛围中，盛田昭夫的这一创新使得索尼人才济济。

索尼公司不仅拥有众多的科技人才，同时，还特别重视选拔和配备具有高度创新精神的经理班子。在选拔高级领导人员这个问题上，索尼从不录用那些仅仅能胜任某一个具体职位的人，而是乐于起用那些拥有多种不同经历、喜欢标新立异的实干家。索尼公司也从不把人固定在一个岗位上，而是让他们不断地合理流动，为他们能够最大限度地发挥个人的聪明才智提供机会。在这样的环境中，索尼公司的员工特别乐于承担那些具有挑战性的工作，人人积极进取，人人奋勇争先，整个企业始终充满了生机和活力。几十年来的辉煌历程清晰地表明，索尼之所以取得巨大成功，正是源于他们的用人原则。

能力比知识更重要

必须认识到，知识分子常自陷于自己知识的格局内，以至于无法成大功立大业。

汽车大王亨利·福特曾经说过这么一句话："越好的技术人员，越不敢活用知识。"福特是在企业经营上屡次发明增产方法的人。他为了增产的事和他的技术人员研讨时，他的技师往往会说："董事长，那太难了，没有办法的，从理论上着眼，也是行不通的。"

技术越好的人，越有这种消极的个性。经常令福特大伤脑筋。

在面对一个工作时，一个人如果对有关知识了解不深，他会说："做做看。"于是着手埋头苦干，拼命地下工夫，结果往往能完成相当困难的工作。但是有知识的人，常会一开头就说："这是困难的，看起来无法做。"这实在是画地为牢，且不能自拔的现象。

今天的年轻人，很多受过高等教育，所以有相当的学问和知识。由于现代社会的变迁，分工很细，新知识、新技术层出不穷，年轻人在学校中所学的知识、技能远远满足不了实际工作的需要，这就要求在平时的实践中不断地积累经验、学习新知识、掌握新技能。尤其是刚从学校毕业的年轻人，最容易被知识所限制，所以要十分留心这一点，尽可能将所学知识充分发挥出来。

在实际工作中常常可以发现，一些工程技术人员虽然学历不高，却往往具有较深的专业知识和较强的实际工作能力；相反，一些高学历人员，虽然各方面都表现不错，却没有突出的特点，与他们谈话留下的印象不深。一个人实际工作能力的高低，并不能单从学历或应聘时获得的笔试、面试成绩就可以看得出来的。具有了实际工作经验，也不见得能力就强，创造性就高。20世纪90年代初，日本企业在人员招聘中提出要注重实际能力，特别是选拔事业开发型人才时主要看他的综合基础能力，就像挑选运动员苗子一样，关键看他是不是一块好材料，有没有发展潜力。所以，高学历不等于高能力。在招聘过程中更应注重招聘那些高能力的人才。

人格比专业知识更重要

美克德公司是一家经营唱片和音响的企业集团，在"二战"前，就已声誉显赫。可是由于受战争的影响，这家拥有一流人才和高超技术的公司，迟迟不能展开重建的工作。最后，因种种的原因，由松下电器公司接管。为了使它从战败的挫折中复兴起来，松下幸之助非常慎重地思考经理的人选。最后，决定把这个重担托付给野村吉三郎先生。

野村先生在第二次世界大战期间，曾担任过海军上将，退役后转任外务大臣。在1940年，大战局势发展到最紧张时，美国考虑是否加入亚洲方面的战事，日美关系正濒临破灭的阶段，野村先生便以天皇特命全权大使的身份到了美国，为美日两国的和平，进行交涉。

可是，就在他对美国提出种种和平建议时，日本偷袭了美国珍珠港海军基地，终于引发了太平洋战争。

野村先生和松下幸之助同是和歌山县人，野村不仅是松下幸之助的长辈，也与松下幸之助有很好的私人友谊，是松下幸之助一生中最敬佩、人格最高尚的伟大人物。战后，松下幸之助正为美克德公司的领导人选伤脑筋。当松下想到自美国归来的野村先生时，就认识到如果能请这位德高望重、具有高尚人格的野村先生来出任中心领导者，做公司的精神支柱，那么美克德公司的重建工作，就指日可待了。

于是，松下幸之助非常坦率地把心中的想法告诉他，并请他务必接受邀请。想不到野村先生非常爽快地答应了。并且说："我对经营事业一点也没经验，但我唯一的长处，就是了解用人。诚如你说的，美克德公司拥有许多一流的人才，那么我的工作，就是要尽快促使那批优秀人才，发挥他们的潜力。"这个看法和松下幸之助心中所想的不谋而合，于是人选很快就定案了。

无疑这个人事决定使许多人大感意外，甚至松下幸之助周围的人也表示反对，他们认为，以美克德这样的小型公司，聘请曾任外务大臣的野村先生来担任经理，不是大材小用，太委屈他了吗？从另一角度说，以美克德这样的小型公司，想独占像野村先生这样具有伟大人格和才干的人，也实在太自私了。当然，他们都是出于一番善意，为野村先生着想。幸好，野村先生并不同意这种肤浅的看法，他认为，战后，社会最需要的就是安定和繁荣。在美国，许多过去拥有辉煌战功的名将，也都纷纷加入民间公司，以个人的工作来贡献社会。至于战败的日本人，就更不应该拘泥于以往的地位，因为真正有地位的人，是那些能透过工作，把力量贡献给国家、社会的人。

从这一点可以看出野村先生淡泊名利、勇于负责和进取向上的崇高人格。正如野村先生自己所说的，他对企业的经营完全是外行，对唱片、音响更是一窍不通，所以在主持美克德业务的过程中，也发生过一些有趣的小插曲。

有一天，在领导会议上，有人提议要和美空云雀签约出唱片，但野村先生却问："美空云雀是谁？"美空云雀以可说是当时家喻户晓的人物，她不仅是日本排行第一的红歌星，也拥有众多的歌迷。像这样有名的艺人，身为唱片音响连锁企业的领导人居然不知道，真是趣闻。后来，这段故事传到外面，往往被人拿来当作讽刺的资料，甚至有人说："一个唱片公司的经理居然不认识美空云雀，那他一生中能认识几个人呢？"

可是这些批评并没有影响野村先生的地位。诚然，他不认识美空云雀，可是，他知道身为一个领导者所应该知道的事。他博学多闻，品格高尚，美克德能有这样的一位领导者，使得具有专业技能的人都有机会充分发挥自己的长处，这的确是件幸运的事。

不可否认，美克德公司在一个不知道美空云雀的经理领导下，很快地从战后的废墟中重建起来。这个业绩，你能说它只是一个奇迹吗？这并不是奇迹，而是凭着野村先生的人格修养、经营知识和磨炼创造出来的。尽管他不知道红歌星的名字，但无损于他的成就。可见在商场上，不仅知识和技术重要，同时更应以正义的立场、公正无私的生活方式，来表现高尚的人格，这也是用人的一个要诀。在运用人才上，只要不存私心，经常考虑何者当为，何者不当为，进而发挥潜在力量，是不难迈向理想境界的。

做分配工作的内行

上司如果能干，定能将员工工作分配得极为妥当，引发他们的工作意念，否则员工会有抵触的心理。

工作分配得如果不妥当，就易造成不满的情绪。分配工作虽是小事，却与员工的士气大有关系，所以千万不可忽略。

世界上的人才成千上万，有全才，有偏才；有鬼才，有怪才；还有雄才，有奸才。但无论什么样的人才，都各有其用，关键在于领导者如何任用。任用正确，则坐拥天下，一切尽在掌握之中；任用不当，则危机四伏，大局不定，可谓"搬起石头砸自己的脚"。善于用人的领导者，适时升降，恰到好处，觉得人杰雄才遍地有；拙于用人的领导者，乱用一气，适得其反，直叹人才实在难找。可见，用人也需讲究方法与艺术，并非随心所欲。要做到善于分配工作，就要注意：

第一，经常检讨个人负责的工作内容，适当地估计工作的质与量，以求分配平均。

第二，充分考虑某份工作完成所需的时间。

第三，若派给其他员工，应先分析员工本身工作进行的状况。

领导者要看到下属的专长

一般领导者在用人时，面对一个各方面都差不多的人和在某一方面比较擅长的人，往往难以取舍；而优秀的领导者宁可任用有专长的人。据调查，有专长的人的创造性比各方面比较平均的人强，他们对自己所擅长方面的工作干得更为出色。当然，这也不是绝对的，要根据工作的需要而定。如果工作要求一个比较全面的人才，则绝不能任用一个有专长的人。那么，什么时候可以任用有专长的人呢？当某一项工作对人才的全面性要求不强，各方面都差不多的人和有专长的人都能干时，领导者就应当舍"全"求"专"了。

可能一些领导者还有疑虑：用专长之才不等于冒险吗？万一在工作中出现其他意外情况，专长就无计可施了。我们前边已经讲过，专长所任工作需是对某一方面要求较为突出的工作，就像学生学专业一样，在某一专业比较突出，而其他方面相对较弱。专长并非只会某一方面的工作，而是指其他方面相对较弱而已。

并且，任用专长也要有一定的技巧，专长之才一旦被用对了地方，就能做出常人难以做出的成绩。比如，陈景润在数学方面有专长，他被用来搞数学研究，正好符合其专长，故能有大的成就；反之恐怕他也只能平凡过一生。因此，领导者在用专长之才时，一定要给以符合其专长的工作。

领导者任人要注意协调

前面已经说过，人之为人，就会有很多个性。领导者在用人过程中应注意下属们的个性，安排合适的工作；另外还要有容人之心，不在小事上过于苛求，使组织成为一个统一团结、不可拆散的整体。

但即使如此，就一个组织来说，上下级之间、成员之间的矛盾和分歧，仍是经常发生的。其实这并不为奇，黑格尔曾精辟地指出："矛盾是无时无刻不在的。协调和排解这些矛盾，就是领导者的工作重点之一。"

让我们首先关注一下组织中易产生矛盾的几个因素：一是利益的冲突。集体有集体利益，个人有个人利益，虽然说其根本利益是一致的，但就现实情况而言，大多数人还是极关注自己的个人利益，工资、奖金、福利处理不好，极易产生矛盾。二是观点分歧。这种矛盾虽不由个人恩怨引起，但若不能及时排解，也极易变成人与人之间的对立。三是感情冲突。有些个人素质差，或出言不逊，或盛气凌人，招人反感，最终引起敌视。当然，引发矛盾的因素还有很多，但这不是本章重点，不再多说，现在把主要精力放在矛盾的解决上。

追本溯源，这些矛盾的产生，主要是由于领导者在用人方面出现了偏差。在一个组织中，领导与下属不是一对一的关系，而是一对多的关系，这就要求领导不仅要重视个人，而且要重视整体，尽量做到协调用人。比如，一个课题需要由几个人来同时完成，那么在选用人才时，一方面不仅要注意人专其才，而且应尽量选取志趣相投的人一起工作，这样就减少了产生矛盾的隐患。另一方面就是不要闲人，一个人能完成的工作，就绝不安排第二个人，这一点也是极其重要的。如果人有其责，那么就没有更多的心思去放在勾心斗角上了。

用人协调，并不是说一味地当和事佬，哪儿出现险情，就去哪儿救火，而是要合理用人，设法使组织保持一种科学而合理的结构，各种人才比例适当，相得益彰，实现相互补充、取长补短。

用人协调，一般来说要从以下几点入手：一是注意年龄结构；二是注意志趣相投；三是注意健全制度。

就年龄方面而言，一般来说老年人深谋远虑，经验丰富，但思想易保守固执；中年人思想开阔，成熟老练，但创新精神锐减；青年人思想解放，敢想敢干，但缺乏经验和韧性。如能将这三个年龄段的人才合理搭配，梯次配备，就可以充分发挥各年龄段的自然优势，获得理想的整体效果。

当然这里说的合理搭配，并不是要搞平均主义。总体比较而言，较为合理的方式是"两头小、中间大"，即以中年人为主，兼用有丰富经验的老年人和有敏锐创新精神的青年人。实践证明这种结构具有较强的耐压性，也能够保持工作的稳定性。

就志趣而言，不妨以马克思、恩格斯两人为例来说明。马克思、恩格斯之所以具有非凡建树，不仅在于两人有超人的才智，而且在于两人实现了知识、才能、性格上的互补。马克思善于思考观察，分析问题透彻，老成持重，从不讲未经深思熟虑的观点；而恩格斯思维敏锐，性格外向，性子急，能及时捕捉到新思想、新事物。马克思、恩格斯在一起工作，恩格斯能帮马克思捕捉灵感和信息，而马克思又能使恩格斯的认识得到深化和提高，两人相互配合，共同做出了伟大的贡献，堪称典范。两人之事对今天的用人者来说，是有不少借鉴之处的。

最后说健全制度。没有规矩，无以成方圆。领导用人，如果一味地感情用事，即使是再高明的领导，恐怕也无法完全解决矛盾。制定一套健全的用人制度，则是实现协调用人、优化结构的保证。

一个组织，就是一个密切联系的统一体，一个系统的根本特点就是整体性。一个组织就如同一个健全的人，各个部门就如同人的各个器官，对于一个人来说，多余的器官是毫无用处的，同样对于一个组织来说，多余的部门和人员也是无益的。

领导者要适时扩大下属的职责

每个人都喜欢有责任性的工作，在座谈会中，大部分人都有如此的想法"让我从事责任更大的事吧！"或"责任感越重之事做起来越有价值。"

为什么人们想负这么多的责任？最大原因在于越有重责则表示此人越有能力。不过给了某人责任之后，相对的地要赋予其相当的权限，在此权限内，可以依照自己的方法做事。底层工作人员或从事单纯、辅助性工作的人员，即使能圆满完成任务，也不觉得有什么自豪感，这是因为他们不能依自己理想做事。

每个人都有强烈的表现欲望，希望别人看重他，故想多负担一些责任。因为负担了责任，自己就有责任感。换句话说，给了某人责任与权限，他就可以在此权限范围内有自主性，以自己的个性从事新观念的工作，因此他就拥有了可自己处事的满足感与成就感。

1.不要做个啰唆的主管

主管若过于啰唆，无论大小细节都要说明、吩咐，只会徒增下属的烦腻，同时下属也会觉得自己根本无需负责，于是欠缺责任感，工作热情也随之降低。在啰唆的主管吩咐下的工作人员，其责任感较公司给予概括的指示，然后一切细节由工作人员自行负责者来得低。比如下面这个例子：

某公司里一位A部长调职,继任者是B部长。不到一年的时间,该部门生产量增加了16%,在此我们研究了A、B部长的作风。A部长一天到晚从楼梯爬上爬下,不厌其烦地指示下属;B部长的作风却迥然不同,任何事仅指示大纲,一切细节则由下属自行负责,他也不限制下属的自由,完全尊重他们。下属因为依照自己的想法做事,越做兴趣越浓,也希望将该事做到完美的境界,因此达到了良好的效果。因两人作风不同,工作成效也大不相同。

照这个例子看来,不仅要让工作人员负责任,而且要赋予他们相当的权限,使其可依照自己的意志做事,如此才能提高工作效率。

2. 权责必须均衡

责任与权限必须均衡。我们所说的赋予工作人员权限就是让他们在自己意识下工作。很多主管对下属只强调责任,而极少赋予权限,只是一次次地指示他们,以致下属根本没有机会依照自己的办法去做,在此状态下,无论如何强调责任都无法收到预期的效果。

在许多企业、机关中,责任与权限无法合二而一。权限都集中于上级,下属仅负责任而已。须知无论何事,一旦欠缺权限则产生不出责任,因此责任与权限必须始终一致。

那么,责任到底是什么呢?工作人员有完成工作的义务,假若无法完成或工作成果不好时,就非要负责任不可了。但所谓的责任并非要提出辞呈,或要等待受罚,而是将失败之处加以弥补,使其不良影响降至最低限度,而且要找出失败的原因,绝不再犯。

另外,下属做错了事,领导也不能免除责任。当自己的属下失误时,在处罚部属之前必须自己先反省一番,看看自己的做法是否妥当,导致失败的原因何在,并且要改正缺点,这才是主管人员的职责所在。

在与年轻人的交谈中,大家都认为:"任何一件事,上司若信任我们,可放手让我们单独去做,我们必定会更加卖力。"新来的员工在经过一段时间的锻炼之后，逐渐积累了工作经验，新鲜感再加上适当的经验，使他越做越有味道。反之，若积年累月地做同样的工作，时间一久会觉得枯燥无味、单调无比，原先的工作热忱也渐渐消失了。故领导应依照员工工作熟练程度，由最基本的D级工作晋升做C级工作，再由C级跳到B级，如此一级级地赋予较高级的工作，他们做起事来也不致有厌倦感。

但是工作编排并不只限于纵的方面赋予高级工作，有时也可在横的方面赋予范围更广的工作，其中的道理都是一样的。

只有合理分工，才能使下属心情舒畅

对下属进行合理分工，可以使下属心情舒畅，充分发挥其积极性和创造性。作为上司，其主要精力应该花在计划、组织、监督和指导上面。如果事必躬亲，必将因小失大。一方面，自己的时间和精力大部分被琐碎的事务占去，势必影响对企业发展战略的总体把握；另一方面，又会使下属觉得无事可干、束手束脚，丧失工作的积极性和创造性，不能人尽其用、人尽其才。这样即使你干得筋疲力尽，也难取得优越的成绩。

领导者必须根据发展状况和实际需要，认真研究企业对人才的需求，什么岗位要什么样的人才，要做到心中有数。同时要清楚了解员工的能力与特长等情况，尤其要善于发现那些默默无闻的人才。要根据人才的专长，扬长避短，合理使用人才，千万不要将有能力的人才闲置。领导者在用人的过程中必须牢牢记住一点：用人不疑。

领导者一定要有正确的用人态度，要有清醒的用人意识，要有坚定的用人信心。企业可以有各种监督、考核手段，但并不是在其职权范围内横加干涉。要创造宽松的工作环境，让员工安心工作，而不是花费精力来对付领导者。只有通过建立科学的选拔和用人机制，创新人才才会脱颖而出。

要做到信任下属，还应该多听取他们的建议，让他们知道，他们也在参与领导，而不仅仅是被领导。要记住：请教他们或征求他们的意见，总会使他们感到高兴的。

用人以诚，才能使组织人心一致

如何将企业治理好，一直是领导者思考的问题。有的研究有素，也就治理有方；有的研究无得，也就治理失败。要治理好企业，必须网罗人才，以诚心对待人才。

领导之道，唯在用人。人才是事业的根本。杰出的领导者应善于识别和运用人才。只有做到唯贤是举，唯才是用，用人以诚，才能在激烈的社会竞争中战无不胜。

领导者在用人过程中要讲究谋略，但是讲究谋略并不等于玩弄权术。对人才玩弄权术，是对人才的最大伤害和不尊重，是对人才的浪费，长期这样迟早会使领导者人心背离，给组织发展带来损害。对人才玩弄权术主要有以下八种表现：

（1）明升暗降——利用手中权力巧妙地夺取实权。

（2）以邻为壑——向下级转嫁困难和灾祸。

（3）声东击西——假意威胁某甲的职位，实则夺取某乙的职位。

（4）浑水摸鱼——局势混乱趁机扩充自己的实力。

（5）收买人心——用不正当手段骗取大家的信任。

（6）以怨报德——借用优秀人才的力量发迹，然后再整倒人才。

（7）以利诱人——用不正当手段拉拢下属，骗他为自己效劳。

（8）为所欲为——不择手段地达到自我欲望的满足。

上司对下属使用以上这些权术都会极大地伤害人才的自尊心和自信心，同时，其他的下属也会因此而鄙视或者害怕你，并在以后的工作中事事防范你。一旦下属对你的人品产生怀疑，你的威信就会大大降低

公平用人创造出积极向上的企业氛围

公平用人，是领导者必须具备的领导艺术。只有这样的领导者才能任用贤人，不任人唯亲，不拉帮结派；才会用人所长而不浪费人才；才能真心为组织谋良才。特别是在一些大企业里，有才华、有能力的人很多，领导者用什么样的人，用谁，都是非常棘手的，如果不加选择而贸然行事，必将引起方方面面的矛盾，不利于团结和工作。因此，现代企业领导者在用人上，要有一个正确的出发点，那就是要出于公心。要以有利于领导组织发展和组织成员积极性的调动为出发点，不讲私情，不搞妥协，不回避矛盾。真正将愿为组织做贡献而又有真才实学者提拔任用到各级领导岗位上，以推动组织目标的高效实现。领导者用人，不可能使各个方面和每个人都满意，只要是出于公心，出于事业发展所需，最终会赢得尊重，赢得人心。因此，领导者选用人才的过程中要克服以下几种不良的用人心理。

1．任人唯亲心理

任人唯亲心理指的是用人者不管德才如何，只是选择那些和自己感情好、关系密切的人，或者任用自己的亲属等，主要表现在以下四方面：

（1）"以我画线"。谁拥护他、吹捧他，就提拔谁。

（2）"唯派是亲"。凡是帮朋派友，不管是否有德有才，都优先加以考虑。

（3）"关系至上"。有"关系"的人起用，没"关系"的人靠边。

（4）以血缘关系作为用人的标准，致使组织呈现家族化的倾向。人事上的"近亲繁殖"，扭曲了用人标准，压抑了他人成长和能量的释放。

任人唯亲会严重危害企业的发展。其表现在以下四方面：

（1）阻止了优秀人才的加盟，不利于企业素质的提高。

（2）使经营者大权独揽，独断专行，顾此失彼。

（3）导致员工不思进取，缺乏创新和忧患意识。

（4）导致企业内部争权夺利，缺乏凝聚力。

很多私人企业的治理结构原始落后，用人方式是任人唯亲，企业高层领导者对亲朋好友重点提拔，而对圈外人则另眼相看，不予重任，生怕自己的权力被外人剥夺。这样的企业怎能招聘到人才，留住人才。

2．论资排辈心理

这种心理是指领导者把资历深浅、年龄大小和辈分高低作为提升和使用人才的主要依据。提拔干部时，不管他有多大才干，都机械地按年龄资历从上往下排座次。虽然资历是历史的记录，在一定程度上反映了人们的实践经验，但我们不能把它绝对化，不能把资历与能力等同起来。人的才能高低与工龄长短、资历深浅有着一定的联系，但资历并不完全与实际才能成正比，成反比的现象也并不罕见。领导者用人论资排辈会给组织带来如下危害：

（1）阻碍大批中青年人才的成长，与现代科学文化发展规律背道而驰。

（2）阻碍人才竞争，挫伤人才的积极性和创造性，使真才实学的人被压抑、被埋没，有才难展，有志难酬。

（3）易使资历深、辈分大的一些人滋长居功自傲的心理。

人才的使用有一个时效问题，一个人的才能不是一成不变的，而是一个抛物线的过程，从才能显现到炉火纯青，再到才能衰减。一般认为，领导工作的年龄曲线在50岁时是峰值年龄；技术工作的年龄曲线在45岁时是峰值年龄；科学研究工作的年龄曲线在37岁时是峰值年龄。这就要求我们破除论资排辈的旧观念，抓住各类人才的最佳年龄阶段，不拘一格地选拔使用人才。

3.偏信谗言的心理

在相当多的组织中，总是有那么一些心术不正的人，为达到卑鄙的目的，采用不正当的手法，散布流言蜚语，干扰决策者的用人决心和意图。使决策者难辨真伪，产生偏信谗言的心理状态。造成的恶劣后果是：

（1）压抑优秀人才，良莠不分。给兢兢业业、埋头苦干和有魄力、有能力、敢于冲破阻力、开拓进取的人造成伤害。

（2）使组织的氛围恶化，抑正纵邪、是非不分、忠奸倒置，好人受气、受屈，心术不正之辈弹冠相庆，使组织舆论导向、价值导向偏离正常的组织目标。

（3）损害决策者的威信。由于信、纵谗言，导致人际圈子越来越小。

4.怕担风险的心理

在一些人眼里，年轻人办事不牢靠，个性强的人容易捅娄子，这两种人被提拔进领导班子总是不那么容易的。尤其在一些国有企业里，年轻人即使进了领导班子也是往后排，个性较强的、有魄力的"野马"要进领导班子当然就更难。怕担风险的另一种表现是用人不讲时效。

以上几种不良的心理状态是领导者在用人过程中很容易出现的，领导者要克服种种不良的心理状态，选拔人才、使用人才都要出于公心，出于组织的长远利益，为了组织的发展，而不是为了自己或小团体的利益，这样才能为组织的发展储备丰富的人才资源。

第九章
掌握授权的艺术，执行起来四两拨千斤

毫无疑问，领导者手中握有权力，但是有了权力并不意味着领导者就一定能够取得事业上的成功，就一定能够赢得大家的认可。如何运用权力才能够不辜负赋予自己权力的人们，这依然是一个值得领导者深思的问题。

权力是要分配的

领导者的权力分配艺术，是融用权、用人于一体的艺术，是领导者灵活有效地运用各种权力分配方法的艺术。由于领导者权力分配方式的多样性和发展的完善性，领导者权力分配的艺术也不是一成不变的。试将领导活动过程中有关领导者权力分配方面的几种常见的艺术简介如下：

分散与集中要适度。兵法云："兵之胜负，不在众寡，而在分合。"即应分散用兵而不分散，部队就会陷于累赘，作战受牵制，成为疲军；应集中兵力而不集中，会成为孤军。这就是用兵的奥妙所在。

总之，领导者既不能全权独揽、事必躬亲，又不能大权旁落、无所用心。如何才能不走这两个极端呢？那就是分散与集中要适度。即领导者在权力分配时，既要保证下级能有充分的权力，尽职尽责，做好工作，又要保证自己在整体上的把握和宏观上的调控。要做到这点是很难的，没有定规和公式可以套用。随着社会事业的发展和变化，领导活动也日趋复杂多变，领导者只有充分发挥自己的聪明才智，总结以往的经验和教训，才能针对各种情况，采取适度的分散和集中。

根据实际而变通。兵法云："兵无常势、水无恒形，能因敌变化而取胜者，谓之神。"就是说：战争没有固定不变的规律和一成不变的打法，就像水无固定的形状一样，指挥者能因敌随机采取变化而取胜，才谓之用兵如神。军事上是这样，管理和领导也是这样。事实上，不论在哪个时期、哪个领域，自古就是：法，方法无定规变则通，不变则死法矣。所以，领导者在进行权力分配时，一定不要拘于定规、困于死法，要善于灵活运用各种原则，善于创造性地运用各种分配方法与艺术。

层级和幅度要合理。对于一定的组织和集体来说，领导者的管理幅度大，在进行权力分配时就可以减少领导层次而同样能实现有效的领导。管理幅度若小，领导者在进行权力分配时就要增加领导层次来实现有效的领导。领导层次的增加必然给领导管理带来难度，而层次太少，幅度就增大，会使领导者顾及不暇。所以，作为一个现代的领导者，一方面要通过改变影响管理幅度的因素来提高自己的有效管理幅度；另一方面，要在权力分配时，能正视自己，面对现实，确立适度的层级、合理的幅度。

放手使用。管仲认为，事无巨细，人君都要亲自过问，这是人君自恃其贤。可管理的幅度理论又告诉我们，任何一个人的管理容量都是有限的，领导者必须选择一些人以分其所辖之人、所管之事，贤者也必须如此。而且，越是贤者，越是善于放手授权。

作为一个领导者，特别是高层的领导者，应该懂得"放手授权""将在外君命有所不受"的道理，应该清楚哪些事应该自己管，哪些事应该交给下属去管。对于自己应管的事要努力管好，对于应由下属管的事就要选贤任能，大胆放手。

适当超脱。领导者权力分配是领导者的一种重要的超脱艺术。一个领导者如果长期身陷日常琐事，势必疏于领导职守。头痛医头，脚痛医脚，顾东而西乱，顾西而东扰，事倍功半。领导者必须披荆斩棘、拨冗去繁、择人授权。

只有"会当凌绝顶"，方能"一览众山小"；只有"更上一层楼"，方能"欲穷千里目"。领导者只有通过对琐事的超脱，才能做到干本职工作游刃有余，取得较佳的领导效果。

汉高祖刘邦在分析自己为什么得天下而项羽为什么会失天下时说："运筹帷幄之中，决胜于千里之外，我不如张良；治理国家，安抚百姓，调集军粮，使运输军粮的道路畅通无阻，我不如萧何；联络百万大军，战必胜、攻必取，我不如韩信。此三人皆人杰也，我能用之，这就是我能得天下的原因。而项羽他只有一个谋士范增，还极不信任他，不能任用，把他气跑了，这就是项羽失天下的原因。"

领导者若善于发现贤能之士而授以权柄，使之各负其责、各尽其职，就会成就事业，如刘邦之得天下。反之，若不能识才任能、不信任、不重用人才而且对其束手束脚，势必要严重影响事业，如项羽之失天下。领导活动之成败，往往也不在于一己之贤能，而在于他是否善于分配权力和集中权力。能否善于发现贤能而授之以权柄，往往是事业成败的关键。

发挥授权的作用

所谓授权就是领导者将自己一定的职权授予下属去行使，使下属在其所承担的职责范围内有权处理问题，做出决定，为领导者承担相应的责任。一句话，就是领导者将不必事事亲自做，下属可以完成的事情交给下属去完成。这样才能成为一个有效的领导者。授权有以下非常重要的作用。

首先，授权是领导者抓大事、管全局的需要。

领导者之所以必须授权，这是由人的体力、精力所决定的。人在成年之后随着年龄的增长，体力要逐渐减弱，精力、智力和能力也会逐渐衰退。管理学家研究的结果表明，一个人的体力和精力是有限的，多数人在限度之内工作能出速度、出成绩，能够胜任；当任务超出了能够承受的能力范围后，工作起来往往有力不从心之感，经常会顾此失彼。所以管理学家主张在同一时间内只做一件事。而事实上，需要领导者处理的事情很多很杂，常见一些单位的领导者"两眼一睁，忙到熄灯"，结果成了忙忙碌碌的事务主义者。如何解决领导者工作任务多、工作时间少的矛盾呢？行之有效的办法是授权。领导者只对直接下属行使一定的权力，不包办代替和越级处理问题。这样领导者就能够节约一定的时间，用于了解情况，进行学习，联系群众，静心思考一些大事。

其次，授权是贯彻分层管理原则的需要。

只有授权，才能贯彻分层管理的原则，实行科学管理。

现代化建设事业是纷繁复杂的事业，头绪多，范围广。在任何单位的工作中，不仅有着各项重大任务，而且有许多具体事务性工作。有些事情非常紧急，迫在眉睫，必须当机立断，及时去办；有些事情突然到来，不办不行，必须妥善安排；有些事情必须上下结合，共同去办。作为领导者，不可能也没有能力去总揽一切事务，必须把许多工作交由下属办理。领导者交给下属任务时，必须授予下属一定的权力，做到明责授权、事权分清。这就必须建立起合理的管理层次，并正确处理层次之间的关系，精心设计职位，再根据职位任职授权，实行分层领导。否则，有些人就会遇到矛盾绕着走，出现相互扯皮、相互推诿的不正常现象，致使任务很难完成。因此，授权是现代化建设事业所决定的，是管理工作的客观要求。

事实上，一个领导者要做到大事小事都办得很好，很不容易，也不可能。重要的是领导者要有全局观念和战略眼光，任何时候在大事面前都不糊涂。"议大事、懂全局、管本行"，这是所有领导者在工作中应该遵循的一条原则。古罗马的法典中规定："行政长官不宜过问琐事。"一个有成效的领导者应该是一位善于有效授权的领导者。领导者能不能分清和正确处理大事与小事，有无勇气大胆授权，是管理工作有无成效或成效大小的关键所在。

我国古代的军事名著《孙子兵法》中在讲"制胜之道"时指出："将能而君不御者胜。"就是说将帅有指挥才能而国君不加牵制的便能打胜仗。汉高祖刘邦本来只能带兵十万，而他的部下韩信却"多多益善"，刘邦能够正确运用韩信的长处，授予他兵权而不加牵制，因此韩信能率百万大军，战必胜，攻必克。这些告诉我们，如果下属有能力去执行任务，领导者应赋予他们一定的权力，不干预或牵制他们的行动。只有这样，领导者才可以充分调动下属的积极性，发挥下属的才能，才有利于领导工作预定目标的完成。

最后，授权是调动下属积极性的需要。

随着现代化建设事业的发展，被领导者已不再是小生产式的体力劳动者，而是具有现代化科学文化知识的脑力劳动者了。就是直接从事生产的工人中也有许多人的劳动带有脑力劳动的因素。体力劳动可以按照简单命令行事，劳动效果也容易考核。脑力劳动者就不同了，他们主要是运用知识和智力，这些人的积极性不是靠简单的命令就可以调动的。如何调动他们的积极性，使他们自觉地为共同目标而奋斗，是现代领导者提高工作成效的一个关键。当然调动下属积极性的方法很多，如良好的思想工作，民主的领导作风等。然而授权是一种有效的方法。现代管理工作非常强调职、责、权、利相统一的原则。有责无权同有权无责一样，都会导致管理与领导工作的混乱，影响管理与领导工作的效果。

在现实生活中，善于授权、发挥下属积极性的领导者越来越多了。但是，也确有个别领导人缺乏用人的气度，他们奉行的是"武大郎开店"的哲学——凡是我的部下，才能都不能比我高，否则就想方设法地加以排斥，或借机给"小鞋"穿。这些领导者应该借鉴历史的教训，因为凡排斥才能高的人，自己只能成为孤家寡人，最终蒙受损失的还是自己。

领导者就要学会授权

蜀国军师诸葛亮在上后主的《自贬疏》中道："街亭违命之阙，箕谷不戒之失，咎皆在臣授任无方。"诸葛亮忠心耿耿地辅助阿斗，日理万机，事必躬亲，乃至"自校簿书"。一次司马懿接见诸葛亮的使者时问诸葛亮身体好吗，休息得怎么样。使者对司马懿说："诸葛亮夙兴夜寐，罚二十以上，皆来览焉；所敢食不至数升。"使者走后，司马懿对人说："孔明食少事烦，其能久乎。"果然不久，诸葛亮病逝军中，蜀军退师。诸葛亮为蜀汉"鞠躬尽瘁，死而后已"，但蜀汉仍最先灭亡，仔细分析可知这与诸葛亮不善于授权不无关系。

西汉著名丞相陈平认为"……宰相者，上佐天子，理阴阳，顺四时，下遂万物之宜。外镇抚四夷诸侯。内亲附百姓，使卿大夫各得任其职也。"作为领导者必须学会正确授权，诸葛亮也为蜀汉丞相，且多才多艺，工作勤勤恳恳，每日起早睡晚，各种事务都要亲自处理，亲自过问，"自校簿书"，"罚二十以上亲览"，以致积劳成疾，过早离开人世。现代社会，领导工作千头万绪，极为繁杂，如果领导者事无巨细都事必躬亲，即使有三头六臂，也会应接不暇，难免事与愿违。

所以领导者必须学会正确授权。

第一，正确授权可以减少领导者的工作负担，使领导者不被琐碎事务缠身导致身心疲劳，集中精力处理更重要、更大的问题。

第二，正确授权是对下属的一种信任。事无巨细的领导不仅对领导者本人不利，还会让下属感到不被信任，下属的创造力未能得到充分地发掘。

第三，正确授权会调动下属积极性。权力是一种重要的激励方式，赋予下属一定的权力是对有权力需要的下属的满足。

第四，正确的授权有利于领导者发现人才，锻炼人才，培养人才。难怪诸葛亮死后，蜀国人才缺乏，特别是没人能主持大局，这与诸葛亮不善授权有关。

第五，正确的授权有利于团队建设。正确授权有利于各级领导者之间、领导者与员工之间沟通，加强协调，团结共事，有利于发挥专长，互补不足，提高组织的整体力量。

第六，正确授权有利于避免领导者专断，降低错误决策的风险，减小错误决策的发生，甚至减小错误决策所造成的损失。

诸葛亮不善授权的后果对现代领导而言应引以为戒，因为授权是领导职责的一个重要内容，也是一种领导艺术，所以领导必须学会授权艺术。

第一，必须克服害怕授权的心理。即使是诸葛亮这么聪明的领导者也会害怕授权，一是领导者往往自以为高明，低估了下属的能力，不信任别人，生怕别人把工作搞砸了。诸葛亮恐怕就是因为自己才智过人和为了不辜负刘备知遇之恩的心态而缺乏授权的勇气。二是怕下属能力比自己强，将来会夺自己的权，因而处处压抑下属的首创精神，导致形成"武大郎开店"的格局，这也是西方著名行政管理定律——"帕金森定律"之一。所以领导者首先必须克服害怕授权的心理。

第二，必须正确分析分解组织的目标。领导者必须根据所在组织或部门总目标进行科学分析分解，逐级分配给下属，分步完成不同子目标，最后完成总目标。

第三，正确认识下属。正确授权很关键的一步是对下属的正确认识，领导者在授权之前必须对下属进行仔细的观察，可通过被授权者的同事、直接上司、直接下属、客户或朋友及被授权者的自我评价，也即通过西方人力资源管理中的"360度"考核方法，认识被授权者的能力、工作成熟度、所处的成长阶段等。

第四，明确权责，使权责一致。授权的前提是明确职责，这也是搞好授权反馈与控制的前提。若是职责不清，各司其事，就会不断发生摩擦，相互"扯皮"或"掣肘"，这是授权的大忌。所以，授权者必须向被授权者明确授权事项的目标和范围，明确被授权者的权力和相应承担的义务及责任。这样，既可以调动被授权者的工作积极性和创造性，又利于授权者对工作进行评价。授权者应当信任并支持被授权者的工作，凡应由被授权者自己决定的事，授权者不要过多地干预，以使下属能充分地行使自己的权力，发挥自己的主观能动性，更好地独立完成任务。授权时还须保证被授权者的权力与责任相一致，即有多大的权力就应担负多大的责任，做到权责统一。

第五，讲究技巧。领导者在授权时必须因时、因事、因人、因地、因境、因条件不同，而确定授权的方法、权限大小、内容等。比如，采用目标管理方法，有利于下属形成实现目标的成就感。如果工作重要性较低或较为简单，可充分授权。如果工作重要或较为复杂，可采用弹性授权的方法。也可根据工作的不同，采用实时授权、制约授权等方法。

第六，反馈与控制。为保证下属能及时完成任务，了解下属工作进展情况，领导者必须对被授权者的工作进行不断检查，掌握工作进展信息，或要求被授权者及时反馈工作进展的情况，对偏离目标的行为要及时进行引导和纠正。诸葛亮派关云长守荆州，最后关云长大意失荆州，这与诸葛亮对荆州的信息了解不够有关。同时领导者必须及时进行调控，当被授权者由于主观的不努力，没有很好地完成工作任务时，必须给予纠正，并承担相应的责任。对不能胜任工作的下属要及时更换。对滥用职权，严重违法乱纪者，要及时收回权力，并予以严厉惩处；对由客观原因造成工作无法按时进展，必须进行适当协助。

总之，随着信息经济的不断发展，社会变得更加纷繁复杂，信息剧增导致领导工作量倍增，各级领导者尤其较高层次的领导者，必须借鉴诸葛亮不善授权的经验教训，学会正确授权，减轻人力工作压力，提高工作效率，使得组织能更好更快地发展。

领导者授权的方法

领导者授权的方法有：充分授权法、不充分授权法、目标授权法、制约授权法、弹性授权法、逐渐授权法、引导授权法七种。

充分授权法适用于工作重要性比较低，而且工作完成与否不会导致全盘工作失败的组织，也适用于系统管理水平较高，各子系统协调配合等诸种情况较好的组织。领导者在充分授权时，应允许下属自行决定行动的方案，并将完成任务所必须的人、财、物等权力完全交给下属，并且准许他们自己创造条件，克服困难，完成任务。充分授权能极大地调动下属的积极性、主动性和创造性，并能减轻主管领导者不必要的工作负担。因此，凡能充分授权的，领导者应尽量采用这种方法。

凡是在具体工作不符合充分授权的条件下，领导者应采用不充分授权的方法。在实行不充分授权时，领导者应当要求下属就重要性程度较高的工作，在进行深入细致的调查研究的基础上，提出解决问题的全部可能的方案，或提出一整套完整的行动计划，经过领导者的选择、审核后，批准执行这种方案，并将执行中的部分权力授予下属。

采用不充分授权时，领导者和下属双方应当在方案执行之前，就有关事项达成明确一致的要求，并以此统一认识，保证授权的有效性。

所谓目标授权法是领导者根据下属所要达到的目标而授予下属权力的一种方法。领导者授权的目的是通过授权激励下属去实现组织的目标。这是因为，任何组织都有自己的发展目标，这些目标的实现绝不是领导者个人所能完成的。领导者只有将组织的总目标进行必要的分解，由组织内部的各个管理层及部门的所属成员都分担一部分任务，并相应地赋予一定的责任和权力，才能使下属齐心协力，共同奋斗，努力实现组织的总目标。领导者如果按照组织目标进行授权，那就可以避免授权的盲目性和授权失当的现象发生。

弹性授权法是领导者面对复杂的工作任务或对下属的能力、水平无充分把握，或环境条件多变时而采用的。在运用这种方法时，领导者要掌握授权的范围和时间，并依据实际需要对授给下属的权力，予以变动。比如，实行单项授权，即把解决某一特定问题的权力授予某人，随着问题的解决，权力即予以收回。实行定时授权，即在一定时期内将权力授给某人，时间到期后，权力即刻收回，这种授权方法有很大的灵活性。

为避免引起下属的误解，实行弹性授权或改变授权方式时，领导者应当对下属做出合理的解释，以取得下属的理解。

当工作性质极为重要，或某项工作极易出现疏漏时，领导者不应采用充分授权法；或领导者管理幅度大，任务繁重，无足够的精力实施充分授权时，可采用制约授权的方法。制约授权是在领导授权之后，在下属之间形成相互制约的一种授权方式。它是领导者将某项任务的职权，分解成两个或若干部分并分别授权，使它们之间产生相互制约、相互牵制的作用，以有效地防止工作中出现的疏漏。

领导者在给下属授权时，不仅要充分肯定下属行使权力的优点或长处，以充分激发其积极性，而且也要指出他的缺点或问题，希望下属在工作中克服和避免。同时还要进行适当的引导，防止偏离组织的工作目标。但这却不是横加干涉，而是支持下属工作，帮助解决问题，特别是在下属发生工作失误时，领导者更应当善于引导，帮助下属纠正失误，决不能施加压力，或恶意苛求。当然，领导者发现下属确实不能履行权力时，就要采取果断措施，或收回权力，或派人接管，以避免组织遭受更大的损失。

领导者要做到视能授权，在授权前就要对下属进行严格考核，全面了解下属成员的德才情况。但是当领导者对下属的能力、特点等不完全了解，或者对完成某项工作所需的权力无先例可参考，就应采取见机行事、逐步授权的方法。比如，先用"助理""代理"职务等非授权形式，试用一段时间，以便对下级继续深入考察。当下属达到授权的条件时，领导者才能授予他们必要的权力。领导者这种稳妥的授权方法，并非是要权责脱节，而是最终要使两者相吻合。

总之，领导者实行授权，应该根据实际情况，决定授权方法。但是领导者无论采用哪一种授权方法，都应具体问题具体分析，使授权真正围绕组织的工作目标的实现来进行，以达到授权的目的。

领导者授权的步骤

领导者要恰如其分地授权，还要明确授权的过程以及授权过程中应注意的问题。它包括物色好授权对象，明确授权的内容，选择授权方式以及授权之后的交代四步。

权力授给谁，领导者要考虑的因素很多。首先要考虑的当然是授权对象的思想品德和工作能力，这在选才用人中已有详细论述，这里着重讲的是授权对象愿意不愿意接受领导者授予的权力。下属对领导者授予的权力，并非都会欣然接受。应当明白，下属也是人各有志，不可勉强。领导者勉强授权，很难取得成效。前几年的机构改革，有一批专家、学者被选进党政机关，分别被授予领导党、政、财、文的权力。一方面由于他们并非都懂得行政领导；另一方面有些专家、学者不愿意放弃原来的专业，改行从政，结果有些人陆续辞去了行政领导职务，回到了原来的工作岗位。这就需要领导者把权力授予愿意接受权力的人。领导者要警惕的一点是不要让那些削尖脑袋、投机钻营的人，骗取权力，以达到其不可告人的目的。

领导者向下属授权，必须明确哪些权力可以下授，哪些权力不可以下授。领导者的权力保留多少，要根据不同任务的性质、不同环境和形势以及不同的下属而定。就一般情况而论，领导者应保留事关区域、部门、单位的重大决策权；直接下属和关键部门的人事任免权；监督和协调下属工作的权力；直接下属的奖惩权这四种权力。这些权力属于领导者本人工作范围内的职权，不能下授。除此之外的许多权力，可视不同情况灵活掌握。大体来说，凡是分散领导者精力的事务性工作，上下都可支配的边界权力，以及因人因事而产生的机动权力等都可以下授。从当前机关、学校、企业、商店的实际情况看，将权力授过者甚少，抓住权力不愿下授者较多。因此，各级领导者应该研究授权艺术，把应授的权等力授予下属。

一般来说，授权方式主要有一般授权与特定授权，书面授权和口头授权，正式授权和非正式授权几种形式。

特定授权是指领导者对某一特定的下属，给予十分明确的工作、职责和权力。特定授权又可称为刚性授权或制约授权。这是指领导者对下属的工作、责任、权力均有明确的指定和交代，下属必须严格遵守，不得失责。

一般授权是指领导者只授给下属一般的权限，无特定的指派。一般授权有柔性授权、模糊授权、惰性授权三种做法。柔性授权，又称弹性授权，领导者对下属仅指示一个大纲和轮廓，使下属能因地制宜地处理问题；模糊授权中领导者一般只说明工作范围和事项，提示所要达到的目标，下属有很大的自由度去选择完成任务的具体途径；惰性授权是指领导者把自己不愿处理的纷乱琐碎的事务交给下属去处理。

口头授权是指领导者对下属用语言宣布其职责，或依据会议所产生的决议口头传达。这种方式不适于责任重大的事项，因为它会造成职责不清、互相扯皮、玩忽职守等弊端。

书面授权是指领导者颁布正式文件或文字指令，对下属工作的职责范围、目标任务、组织情况、职级职等均有明确的规定。

正式授权是指依据法律和有关规定授予的权限。即工作人员依据合法权限所得到的职位。大多数授权均属此种类型。

非正式授权是法律规定以外或组织机构以外的权力运用，情况较为复杂。

无论是哪种方式的授权，领导者都要进行交代。交代是授权双方权力转让的一种沟通方式。能否实现授权目的，领导者交代情况是重要的影响因素。

授权时，要选择合适的场合并创造融洽的气氛，使授权活动既显得庄重又充满热情与和谐。领导者通常容易出现在极不严肃的场合，（如酒席宴上、娱乐场所）授权和表情过于严肃，令下属有惶恐不安之感这两个毛病。

授权交代最好在办公室，尽量减少外界干扰。领导者的语言力求明白准确，不能含糊其辞，更不能朝令夕改，使下属始终朝着一个目标前进。

授权交代的成功与否，取决于双方沟通的结果。如果领导者采取居高临下的态度，就会使下属紧张，而心情紧张是不能很好地领会授权意图的。

领导授权要注意三点

领导者在授权时要做好以下三点。

1. 学会对下属的管理

在一个单位或部门里，总有一些喜欢做"墙头草"、顺风倒的下属。虽然当今社会中许多人都在忙于追求名利，但这种人并不是那种"向上爬"的类型。他们只想平平安安工作，不愿耗费精力，也不愿承担责任，这种思想比较传统和保守，不会给部门的发展带来很多的麻烦，对于这种下属，作为领导者大可以放心，这种下属对你来说，是安全的、合格的。你只要按照正常的上下级关系与其相处就足够了。但一些重大的工作最好不要安排给他们。

还有一些下属，工作效率高，才能出众。但同时，他们自身又存在着一些小毛病、小缺点，如忽视工作纪律，常做一些违反工作纪律的错误事情，之所以常犯一些小错误，是因为他对本单位的贡献很大，想摆一些资格给大家看。遇到这种下属，显然容忍绝对不是一个周全的办法，也不是一个长久之计。凡事只有做得公平合理，才能得到大家的信服。对于这种下属，处理事情的办法是耐心地开导、说服，和他讲明利害关系，说清道理，让他知道，他这样做于人于己都不是一件好事。然后，你可以用协商的语气，确定一下解决问题的办法，并征求一下他的意见。如果他是一个精明的人，肯定会买你的账，就势下台阶。但如果谈话之后，他的缺点并没有改正，毛病照犯，那么，你就需要以一定的形式向其施加一些压力了。如果他冥顽不灵，你也大可不必顾虑重重，应当按照规定给予其处罚，以保证本部门、本单位甚至整个机体的健康。但是，当你对其施加压力或进行处罚时，必须让他知道，这种压力是对事而不是对人的。

另外，的确有一些下属是不可理喻、恶习难改的人。他们对自己的毛病和缺点也了如指掌，顺口能说出大堆的不是。可是，不管你花费多大的气力，三令五申或苦口婆心，他们总不能改掉自身的缺点和毛病。而事实上，他只要稍微对自己要求严一点，加强一点意志，这些缺点和毛病是容易摒弃的。对这样的下属，如果其缺点和毛病已经影响到他们所承担的工作，并对其他下属形成了不良影响，那么，解决的办法只有一个——解雇。当然做出这样一个决定时应当慎重考虑并多方征求他人的意见。

作为领导者，你的下属中也许还存在这样一些人：当你成为他们领导的那一天起，就对你不太服气，他们认为你的能力并不比他们强。对于这样的下属，不能硬碰硬，你应当以平等甚至尊敬的语气和态度，多与他们进行沟通和交谈。对一些有嫉妒心理的人，你可以把他摆在一个比较高的位置上，自己以低姿态、谦恭地对待他，他也许会得到一种满足和补偿感，消除对你的隔阂。

当然还有这样一种人，你必须时刻防备，他们不会满足于你对他的谦恭态度以及种种称赞，他们只想让你早一天从自己的职位上下来，自己取而代之。因此，在与他们交谈中，要掌握分寸，留有一定余地，小心被对方抓住把柄。这种下属通常不露声色，却暗藏杀机，笑里藏刀，且在平时工作中，该干什么就干什么，该说些什么话就说什么话，还可能会同你关系打得火热，但这一切只不过是掩盖其贪图名利的内心。所以，与这样的下属在一起时，你办什么事都要小心，小心，再小心。如果你觉得实在惹不起这种人，可以通过适当的方法，寻找一个合适的理由，把他调到其他的部门或单位去。

如果你与下属发生了矛盾，不管错误在谁，为了缓解紧张的关系，你不妨首先道歉。总之，不管对待什么样的下属，领导者都要掌握一定的方法和原则，不能感情用事，凭感觉去做事。做个有心人，你会发现控制你的下属并不难。

2. 领导者要精于授权

领导者是部门的行政长官，处于部门中心地位，在权力的运用上，应做到大权独揽，小权分散。任何领导者，对那些全局性的、重要的、关键的、意外的问题必须亲自处理，对那些局部的、次要的、一般的、正常的工作，则尽可能地让下属去处理。如果领导者做工作不讲科学，一味地蛮干，虽然忙忙碌碌，但到头来很可能"捡了芝麻，丢了西瓜"。古今中外领导者在集权和分权问题的处理上，留下了许多经验和教训。

有一次皇帝问丞相陈平："全国一年判决多少案件，收多少钱粮？"陈平回答："这些事，可问主管部门。丞相只主管群臣，不管这些事。"日本松下电器公司的集中统一领导下的分权管理，曾被美国人誉为"东洋魔术"。松下电器公司从1932年起实行"产品分类事业部体制"，以后又不断地完善这种体制。在这种体制下，各事业部有极大的经营管理自主权，在规定的资金使用范围和获得利润额的条件下，对所管产品的开发和人、财、物与产、供、销有权自主经营，全面管理。总公司不干涉事业部部长的正常工作，这样就大大激发了事业部的积极性。当松下电器公司开始制造电热锅时，东芝公司的电热锅早已独占鳌头，雄踞市场。此时，按常规的办法，松下电器公司就会利用别的产品的利润来补偿电热锅的生产，以促进它的发展。可是，松下电器公司却与众不同地把它从原来的电热器事业部中分离出来，成立了一个独立的事业部，使得电热锅事业部不得不绞尽脑汁，苦心经营，以图生存和发展，这样分离出来的结果，终于使松下电器公司的电热锅占有了50%的市场份额。

诸葛亮被后世誉为智慧和忠诚的化身，但他的致命弱点便是"政事无巨细，咸决于亮"。他为了报答刘备的知遇之恩，完成先帝的托孤之重，"寝不安席，食不甘味""夙夜忧叹"，终于积劳成疾，只活了54岁就谢世了。连他的对手司马懿也曾预料到"孔明食少事烦，岂能久乎？"，后人在推崇他"鞠躬尽瘁，死而后已"的忘我精神和运筹帷幄的超人才华之余，又对他事必躬亲的作风不胜惋惜。把大小事情都自己包揽过来，日夜拼命干的领导者，一方面自己忙得团团转，甚至像诸葛亮那样累死；而另一方面，下属被夺去了应有的权力，其积极性大受挫伤。《韩非子》中"乐池用门客"的故事就是一例。中山国相国乐池，奉命带领百驾车出使赵国，为了管好队伍，他便在门客中选出一个能干的人带队。走到半路，车队不听指挥乱了行列，乐池责难那个门客说："我认为你是有才能的人，所以叫你来领队，为什么弄得半路上就乱了阵脚？"那门客回答："你不懂管理技术，要管好队伍，就要有职有权，能根据各人的表现对他实行必要的奖惩。我现在是下等门客，你没有授给我这方面的职权，出现失误为什么要怪我呢？"

所以，领导者要腾出精力、时间抓大事、想全局，就必须使用分权术，要想调动下属的积极性，就必须坚决授权。授权，用一句通俗易懂的话来说，就是领导者将应属于下属的权力授给下属。对领导者来说，授权是应该掌握的一项基本的领导技能。

授权是一种重要的用人艺术，是分层管理的需要，是成就事业的必要手段。大胆授权对领导者来说，既是必要的，也是有利的，它可以使领导者从琐碎的日常事务中解脱出来，专心处理全局性的重大问题。可以提高下属的工作积极性，增强责任心，发挥其特长，提高工作效率。凡是高明的领导者，无不精于授权。刘伯承同志历来强调各级干部要"执事者各执其事"，他最反对两种做法：一是领导者"包打包唱"，不注意发挥下级和群众的积极性。二是工作"踢皮球"，自己不动手，专叫别人干。他在主持军事学院工作时，就提出了"集体领导，分工负责""共同学习政治，各自钻研业务""机关横宽纵短，单刀直入基层"三个口号。美国前总统里根也非常精于授权之道。他曾对美国《幸福》杂志记者说："让那些你能够物色到的最出色的人在你身边工作，授予他们权力，只要你制定的政策在得到执行就不要去干涉。"

美国著名企业家、国际出租汽车公司总经理罗伯特·汤森德曾举例说明应如何授权。面临一份需要重新签订的合同，有两个竞争厂家，一个是老主顾，一个是新客户。该经理应如下授权：一是物色一个人，把签订合同的权力给他，让他全面负责谈判。二是把合同中各项条款的最低和最高要求写在纸上。三是给有关专家几天时间，讨论一下你所提出的要求，然后把意见汇总，反复修改，最后重新写出来。四是让谈判人守在电话机旁，你给每个厂商的最高领导打个电话，寒暄几句后就说："我已决定让某某去谈这份合同了，无论他提出什么意见，我都同意，一切由他拍板，我的要求是30天内签好合同。"

3. 防止权力异化

领导者在运用权力中，一方面要自我约束，不要把权力商品化，造成自己越权现象。另一方面，又要对被授权的下属进行适当控制，防止其放任自流，尾大不掉，发生越权现象。

（1）学会自我约束。任何一个领导者，都有一定的权力。但是无论什么权力，毕竟上下有限，左右有度，不可越权。领导者能行使多大的权力，应该有一种权力约束机制，以免丧失行使权力的有效途径。日本最佳电器株式会社社长兆田光男为了约束自己的权力，创造了一套"金鱼缸"管理方法。他在解释这套管理方法时说："下属的眼睛是雪亮的，当老板的，一举一动，下属都看在眼里，你如果用公司的钱花天酒地，偷税漏税，下属知道了，就一定会瞧不起你。在这种情况下，你还能要求他们努力工作和操守清廉吗？"所谓"金鱼缸"管理，就是我们所说的"透明度"和"公开"。办任何事情，透明度高了，自觉将行为置于众目睽睽之下，就会有效地防止权力的无度使用。领导者要达到自然约束的效果，必须做到以下几点：①克服权力欲。一些领导者认为权力到手，便可主宰一切。有了权力，就有了权威、权势，就可为所欲为，独来独往。于是把人、财、物等各种权力集于个人一身，主观、专断，个人说了算，建立自己的小王国，这种想法必须克服。②增强自我角色意识。任何领导者都要意识到，在权限范围内是领导者，权限范围外是普通工作人员。要按客观实际认识自己，有自知之明，把自己放在适当位置，在不同场合，对不同事情扮演不同角色。③在权力范围内活动。领导者要明确自己的权力极限，不可越过，应在权力范围内行事。为了防止越权，领导者要安排好自己的工作日程，按部就班地工作，这样可以克服工作随意性。

（2）防止下属越权。《韩非子》里有这样一个故事：鲁国有个人叫阳虎的，他经常说："君主如果圣明，当臣子的就会尽心效忠，不敢有二心，君主若昏庸，臣子就敷衍应酬，甚至心怀鬼胎，但表面上虚与委蛇，然而暗中欺君而谋私利。"阳虎因此触怒了鲁国国君，被驱逐出境。他跑到赵国，赵王十分赏识他的才能，拜他为相。近臣向赵王劝谏说："听说阳虎私心很重，怎能用这种人处理朝政？"赵王答："阳虎或许会寻机谋私，但我会小心监视，防止他这样做，只要我拥有不致被臣子篡权的力量，他岂能伤害到我呢？"赵王在一定程度上控制着阳虎，使他不敢有逾越，阳虎则在相位上施展自己的抱负和才能，终使赵国威震四方，称霸诸侯。

领导者在授权的同时，必须进行有效指导和控制，防止下属越权。当然对下属的越权现象，要根据不同情况，区别对待。

第一，先表扬后批评。有的下级越权，是做了应由上级领导者决定的事。这和他较强的事业心、责任心有关。这种越权精神倒显可贵，对这种出于正当动机而越权的下属，应该既表扬又批评，先表扬后批评，这样下属才为领导者的公正、体贴、实事求是所感动，才会领悟到什么该做，什么不该做。

第二，下不为例。有时下属越权决定而处理的事情，可能是正确的，甚至干得很好，即使这样，可以维护现状，领导者也一定要指出下不为例。

第三，因势利导，纠正错误。有时下属越权，对事情的处理是错误的，这时领导者要根据实际情况及时补救、纠正，"亡羊补牢"，力争把损失减少到最小，并教育下属吸取教训，警诫其越权行为。

避免授权的失误

领导者授权容易犯"截留式"的授权、"牧羊式"的授权、"空头支票式"的授权、"完美式"的授权、"遥控式"的授权以及"无反馈式"的授权等几种毛病。

"牧羊式"的授权是指领导者在授给下属权力后,像牧羊人放羊一样,一切听其自然。这种看似给下属以完全自由的做法,实则滑入了放任不管的泥坑。

"截留式"的授权是指领导者在授权时总是不适当地担心下属会滥用职权,或者认为完成那项任务不需要那么多的权力,因此在授权时,往往不授给完成任务所需的全部权力。

"空头支票式"的授权是指领导者名义上将权力授予下属,但实际上却千方百计地阻挠下属运用已授予的权力。这类授权只不过是有名无实的空头支票。

"完美式"的授权是指领导者在奢求十全十美心态的支配下,总是为防止下属发生失误而找借口者过多地限制下属的行动,他要求下属不能有任何的工作失误。

"遥控式"的授权是指领导者混淆了对下属开展工作实施建设性的、积极的监控与放手让下属开展工作之间的界限。

"无反馈式"的授权是指领导者无意于亲自建立和实行有效的对下属开展工作的反馈控制。这种"无反馈式"的授权使领导者既不能及时获得各方面的最新信息以便修订本部门的发展战略、策略,也不能使领导者根据各种变化,积极地、有效地指导下属的工作。

做好授权后的控制

领导者进行明确授权后，其主要职责就是进行有效的控制，即要牢牢地掌握总目标，放手不撒手，对下属应多指导。

领导者授权的全部目的，就在于激励下属为实现组织的总目标而分担更多的责任。现代的任何组织，无论是企业、事业、机关、团体以及军事单位，都是一个多因素、多层次的有机整体，整体与局部、整体与环境、局部与局部之间都有着密切的联系，任何局部出现偏差都会妨碍组织总目标的实现。领导者的根本任务是要保证组织总目标的实现。因此，授权以后的领导者，就要把精力主要放在议大事、掌握全局上，时时综观全局的各个过程，及时掌握变化中的新情况，发现领导决策和执行中出现的偏差、矛盾和问题，并对可能出现的偏离目标的局部现象进行协调和纠正。

下属有了职权之后，计划如何制定，工作如何安排，任务如何完成，派谁去完成，这些都是下属分内的事，领导者不宜再去过问。领导者要过问的是下属的目标能否如期或提前实现。领导者要善于发挥导向作用，根据形势的发展，为下属提供切合实际的观点、方法和措施。要多协商，少强制；多发问，少命令。领导者要大力支持其工作，不要强迫下属做力所不能及的事情。

领导者的授权，是让下属分担责任，要放手让他们对各自职权范围内的事进行决策和处理，只有当下属之间不协调或发生矛盾时，领导者才应出面解决。但授权不是让权，授权以后领导者照样负有全部责任，不能撒手不管，任其自流。如果领导者授权是图省事，享清闲，自己当"甩手掌柜"，那就错了。领导者在其位，就要谋其政，行其权，负其责。

放手，但定期检查不可少

一旦领导者把一项任务授权，就要让员工有充分尝试的机会，不要干涉。让员工去做，哪怕做得并不好。一旦把任务授权出去，就千万不要越权。要明白领导者委托给员工的是整体的、重要的工作，而且的确已经授权了这些工作。授权就像是放风筝，要给它足够的空间去翱翔。如果把任务收回或是简化了，领导者的干涉只能挫伤员工的积极性，使他们难以圆满地完成任务。

犯错不是放手的必然结果。

领导者作为上级，在一些问题上，给员工及时的指点是必要的，但必须明确区分越权和指导的界线。

策划一系列的成功授权来帮助员工成长和提高，并不是说领导者授权的时候要寻找一切机会避免犯错。不是所有的授权任务都能正确地完成。实际上，错误是领导者从经验中学习的一个必不可少的部分。它告诉领导者什么是不能去做的。知道什么不该做的人比从来不被允许去冒险而犯错误的人要明智。从不犯错误的人往往听命于犯过错误的人。当然，领导者不希望员工因犯过多次的错误而失去信心，领导者会限制他们犯错的机会。

员工没能正确地完成任务可能意味着授权没有进行彻底，领导者的控制有可能也不管用。如果员工没有完成授权任务，应该寻找原因，回头看看所设的目标是否陈述清楚，是否现实，在整个授权过程中是否进行了督导。正确的督导体系可以防止大的或严重的失败。

一旦员工意识到他们犯了错误，就不要反复地提及。这样会让员工感到沮丧，要多强调正面的东西，对他们做得对的方面要及时地肯定，然后再帮他们分析错误的原因。假设卡车司机在最后期限内把急需的货物送到了最重的要客户手中，但是回工厂的时候因快速行驶而发生了交通事故。这时，对他及时送货而让客户满意要表扬，但要和他认真谈谈他的开车习惯。领导者只能给自己几分钟的生气时间，过后就让它结束。不要揪住一个人的错误不放，这样做是愚蠢的。

同样，要注意的是主观的努力，而不是客观的环境。当批评完员工以后，不要忘了表扬他做得好的地方，这样会促使员工重新思考他们的行动。在任何时候，人们一次能接受的批评是有限度的。如果超过了这个限度，他们就会开始自卫，开始否定批评的正确性并把它拒之门外。因此，当有人真正把一件事情办糟的时候，尽量去帮他逐渐把事情弄妥帖，而不要把一切责任一股脑儿地往他身上推。

当领导者授权时，要放手让员工有展示自己才华的空间。这表明对他有信心，对增强员工自己的信心也大有好处。但是必须继续定期检查，以确保被授权的任务在正确轨道上运行。从逻辑上来说，这是合理的。

辛西亚是《华盛顿邮报》的编辑。正如管理类书中教给她的那样，她相信授权。作为一名工作繁忙的女性，她十分希望她的手下能为她分担一部分工作。

麦克是一个特别项目的统筹。他非常着急，因为一篇评论没有写出来，可他又不想照以前的方式来写这一部分。这时，辛西亚向麦克做出保证，她会如期做好这件事情，尽管时间很紧。

辛西亚马上把有关这个题材主要的论题收集整理出来，列了一张单子。她把这张单子放在道格的桌上，还用红笔写了一张很大的便条："道格，马上着手写这篇稿子。时间非常紧急。"然而，她怎么都没有想到，道格——她的得力助手，因为家里出了事，请了一个多礼拜的假，根本没来上班。

两个星期后，辛西亚去参加一个编辑会议，在路上碰见了道格，便问他工作进展得如何。看到道格一脸的茫然，辛西亚知道不妙。当她解释了是哪项工作时，道格说："哦，是那个呀。我4天前才看到你留的条子，那时我刚参加了家人的葬礼回来。顺便说一下，在做这件事之前我需要向你确认几件事情……"

听到此话，辛西亚对道格发了一通脾气，她当着其他记者的面，在编辑部把道格好好地训了一通，虽然她知道这样做是不对的。其实，她是在生自己的气，因为，她没有想到要早点检查一下项目的进展。这就是在那些希望做到最好却因为没有定期检查而失败的人身上所发生的事情。

领导者有很多方式可以监控授权，如口头会议、书面总结、正式报告、流程图、核对表、日历等。关键的因素是：必须要有个时间进程表。要控制它以避免发生重大的失误，这个责任要由领导者来负。

领导者要牢牢记住在授权之前和授权之后所承担的责任是什么。定期检查是授权过程中的关键。应该建立一个自动检测系统。这样就会得到规律性的简短报告，每周、每天、每月或者任何适当的时间，告知被授权任务的完成情况。从这些报告中得来的新数据可能你会重新调整这个项目。或者，会发现这个项目正处于混乱之中，领导者可以选择适当的时候介入，使其重上正轨。把握定期检查的正确尺度。

在多大程度上，关注一项已被授权的任务，取决于以下四个因素：

（1）完成任务的难度和重要性。

（2）如未能如期完成，会有什么后果。

（3）被授权员工的能力。

（4）被授权员工的士气和发展。

忽略了以上任何一项都会带来麻烦，或者至少会削弱整个授权的效果。领导者需要全面地权衡这四个因素，然后决定在多大尺度上来监控授权。

比如，琼斯是一家化妆品单位的销售领导，负责组织一次消费者调查，以评估一个新一代护肤品的受欢迎程度。杰克是合作社的学生，在琼斯这一组工作。琼斯决定让杰克来组织这一次调查，这对杰克会是一次很好的锻炼机会，调查的结果必须在10月1日前出来。

6月15日，琼斯和杰克在她的办公室碰面，讨论授权的事情。琼斯向杰克描述了整个任务，还开了一个完整的授权会议，因为这会帮助杰克正确地起步。琼斯同意杰克访问50名消费者以确定他们对这种护肤品的看法，然后

9月1日之前写一份总结报告。

当杰克离开琼斯的办公室的时候,他说:"琼斯,你有一件事情没有提到那就是你将如何监控这项工作的进展。"琼斯回答说:"我明天给你一个答复。"琼斯制定了定期检查计划,并制成表格形式:当琼斯完成这张表格时,她复印了一份给杰克。这样他们就可以按照这个定期检查的日程来开展各项工作。

第十章
让员工"跑"起来,引入竞争机制刺激执行力

管理的重点是控制,领导的重点是激励与授权。减少控制,增加激励与授权,即"少管理、多领导",这符合新世纪简约管理的大道与趋势。通过有效的授权与激励,优秀的领导者得以用简约的、低成本的方法让员工自发地、创造性地工作。

绩效管理要公平

有这样一个假设:如果你在一个大型企业中就职,你每天都辛苦地工作,处处为企业着想,而另一个人每天工作清闲,整日无所事事,但老板却以同样的态度、同样的待遇对待你们,你的内心会平衡吗?你还会努力工作吗?

这些问题的答案必然是否定的,为什么?原因很简单,因为领导这样对你实在不公平。

通过这个假设,我们可以看出公平的绩效管理模式对员工的影响有多大。如果绩效管理公平,大家自然会努力工作,反之则会引起员工的怨言。

所以当企业的管理者发现企业的绩效管理有问题，就需要马上改进，使员工更积极地去落实自己的工作。

江西有个工厂，由于产品质量有问题，连续亏损了17年。后来改进了产品质量，工厂扭亏为盈。但随着订货数量的加大，工人常需要加班加点。星期天加班不算，就连过春节，厂长还宣布不休息，只是发些奖金作为补偿。

这一措施引起许多职工的不满，男的都说："我们好不容易找了个对象，你星期天不休息，也就算了，春节还加班，要是对象吹了，怎么办？"女的抱怨："家里还有好多衣服没有洗呢，都过年了，到现在还什么都没有买呢，这年怎么过啊？"而厂长却说："我体谅你们的困难，但订货多，任务紧，你们说怎么办？"

工人说："如果我们超额完成任务。你能不能给我们假日奖励。你们当领导的天南海北都跑遍了，让我们工人也出去开开眼。"

厂长采纳了这条意见，宣布只要完成任务，超额30%的给三天假期，超额200%的给两个星期假期。这个措施一宣布，中午吃饭，食堂人少了，带上两个馒头在车间吃；五点钟下班，你往外轰职工也不走，他要利用一切可以利用的时间完成工作任务。

为什么没有了加班费，工人的积极性反而更高了呢？原因很简单，就是绩效管理及相关的奖励制度的改变，使员工对工作又充满了希望和激情。

有一则管理寓言：

一只猫因为没有抓到老鼠而被主人训斥："这么大的一只猫却跑不过一只小小的老鼠，真是可悲！"猫听了之后，做出的回答很简单："我这样拼命地跑只是为了一顿饭，即使我抓不到它，我还可以吃别的；而它跑是为了保住自己的性命，如果它没有跑过我，那它丢的就不是一顿饭了。"

主人听了很气愤，于是决定再买几只猫，引进了竞争机制。并对它们说："谁抓到一定数额的老鼠，我就会奖励它一定数量的鱼，而没有抓到的，我就不允许它吃饭。"于是，每只猫都纷纷努力地去抓老鼠，因为与挨饿相比，它们更希望品尝到美味的鱼。

过了一段时间，主人发现一个问题，猫们虽然每天都能够捕捉到几只老鼠，但个头却越来越小。原来猫在捕捉老鼠时，发现大一点的老鼠跑得比较快，而且逃生的经验也比较丰富；而那些小一点的老鼠，不但跑得慢，而且逃生经验不足，相对好抓一些。更重要的是，主人是按照老鼠的数量来进行奖励的，与老鼠的大小没有关系。

一天，主人终于对这种情况忍不住了，就问："为什么你们最近抓的老鼠这样小啊？"一只猫边吃鱼边回答说："反正你是看个数，又不是看个头，为什么我们不抓容易捕获的小老鼠，而去抓难以对付的大老鼠呢？"主人听了感觉很有道理，于是决定改变制度，修改奖励办法，按照它们捕获老鼠的总重量来奖励它们。改变制度之后，猫也都改变了策略，主动去抓大一点的老鼠了。

一次偶然的机会，主人发现邻居家的猫和自己家的一样多，但是抓到的老鼠却比自己家的猫多。于是主人就向邻居请教，学习新方法。

邻居说："我的猫中有的能力强一点，有的能力弱一点，所以我让他们互相帮助，让能力强的帮助能力弱的，并且我将他们分成几组，并且每一组都让组长分配工作，所以很快他们抓到老鼠的数量及质量都上升了。"于是主人将学习来的心得融入到对自己家猫的管理上，他也用邻居的办法去管理猫。初期还是有所成效的，但过了一段时间，猫与猫之间就出现了矛盾，主人问这是为什么？

一只猫生气地说："我们每天都在努力地抓老鼠，已经很辛苦了，但你还让我们学习，这浪费了我们很多的工作时间，时间少了，捉的老鼠也就少了，而你还是按以前的方法分配鱼，所以我们每个小组内部常因为分配不均而大动干戈。"主人听了，感觉讲得很有道理，于是又着手进行改革。

在这个寓言故事中，主人不断改革制度和很多企业的绩效制度是相同的。透过这个故事，我们能够清楚地看到企业绩效要不断完善的必要性，如果出现了不合理的奖惩，必然会使员工产生消极情绪，无法更好地落实工作，而只有改善绩效管理，才能使员工更好地落实工作和责任。

同时，在不同时期制定的绩效管理发挥着不同的作用，而绩效的完善性也是伴随着企业的发展与壮大而不断改进并增加新的内容。

就上面的寓言而言，初期只有一只猫的时候，无论你制定怎样的绩效制度，对它都没有多大意义，因为它没有竞争对手，所以后期制定的绩效制度在前期是无法实施的；而前期制定的绩效制度在后期更是无法起到增进落实效果的作用，因为前期的绩效制度在实施过程中已经不能再满足新的管理需要了。

因此，完整的绩效管理应当是循序渐进的。只有不断地去完善，不断地去修正，才能够使其更具全面性，更能促进员工对工作的落实。

考核是落实之匙

既然谈执行，就要有具体的执行指标，对具体的执行目标进行考核，有利于对具体执行情况的把握，进而从整体上对执行效果进行评估。对于一名员工来讲，参加执行绩效的考核，有利于督促自己积极地去执行任务目标，并把执行情况回馈给有关部门，实现落实群体的双向交流。

绩效考核的目的首先是为员工聘岗聘职、收入分配、选优评先、岗位调整、教育培训、职位晋升等提供依据，终极目的是为了不断提高员工的工作绩效，提高劳动生产率和员工在工作中的主动性。

各级管理者要作为业绩改善和提高的有效推动者，而不仅仅是员工业绩和能力的评定者。对员工的工作落实情况进行管理，是对企业落实效力评估的一部分，这样可以使管理层对员工的工作落实情况有更加直观和具体的了解，为公司制定下一步的执行计划提供依据。

人的潜能是难以估计的，但在通常情况下，人的潜能得不到足够的刺激，就难以发挥潜能的优势。适时地对员工的执行绩效进行考核，就是对员工执行潜能的有效刺激，使员工的工作取得更大的成绩，进而推动整个企业的发展。所以绩效管理也可以产生压力管理的效果。

没有压力就没有动力，没有绩效目标的约束，执行也会成为空谈。对绩效的要求能够使员工产生一种紧迫感，使员工自动、自觉地对自己的执行行动进行评估，促进企业执行文化的深入展开。除此这外，绩效管理也可以与激励管理相结合，用激励的方式满足员工的荣誉感、责任感和成就感等方面的心理需求，使员工在执行工作的同时得到一定的报酬，这是对执行型员工的一种激励，也是对其他员工的一种鞭策。只有把压力与激励两种不同的管理方式与落实绩效管理结合起来，并达到一定的平衡才能产生最佳的落实效果。缺少其中的任何一个方面，或者其中的任何一个方面没有做到位，都不能促使员工将工作落实到位。

除此之外，绩效管理还可以与竞争机制相结合，通过对优秀员工的认可与奖励，和对不能完成落实指标员工的处罚，使执行团队的内部形成一种执行光荣、不执行可耻的价值观，使员工在两者之间进行取舍，有效地建设落实型的企业文化氛围和团队理念。

那么应该如何进行员工执行效绩的考核呢？

对企业管理者而言，如何做好员工执行情况的绩效管理一直是他们研究探索的课题，绩效评估在员工绩效的提升、人才的正确选拔以及工资、奖金的合理分配方面的重要性是不言而喻的。适时的绩效评估方法主要包括走动式绩效管理、奖惩积分制与员工绩效袋的运用。

适时地对员工的工作执行绩效进行评估，要求企业的管理者走出办公室，通过与员工进行面对面的沟通交流，及时发现员工在落实工作中的困惑及失误，并及时予以解决，做到随时考核，适时培训，从而逐步提高企业员工的落实效果，将公司的管理风险降至最低。

与传统的绩效评估方法相比，适时绩效评估法有以下三个优点：

第一，适时绩效评估法更有利于及时发现员工在执行工作过程中出现的问题，并及时解决问题，降低员工工作失误造成的资源虚耗和成本损失，提高员工的绩效执行效率。绩效评估的最主要目的是尽可能地提升员工的执行绩效，进而从整体上提升企业的执行力。

通过走动访问式的绩效管理，企业的管理者能在与员工面对面的沟通中及时了解员工的落实表现，并及时给予方法上的指导，这将有利于员工及时认识并改正自己在落实工作中出现的错误，从而使企业由于人为造成的损失降至最低。

第二，适时绩效评估法使执行绩效评估更具科学性。传统的绩效评估方法一般结合员工的绩效执行计划或执行承诺，采用定期的考核方式进行绩效沟通、总结，以及采用季度述职及年终考核的方式。这一方面需要设计、使用多种专业性较强的绩效评估表格，浪费大量的人力、物力；另一方面，由于对员工日常执行的关注度不够，缺少必要的绩效记录，往往会造成员工自评分数高于实际执行情况，同事碍于情面打人情分，主管凭印象给分的现象，使绩效评估结果常出现偏差，难以让员工信服，也难以对员工的具体执行情况有全面、真实的了解。适时绩效评估法无需设计繁琐的绩效评估表格，可直接根据员工的绩效落实计划指标，运用奖惩积分与员工绩效袋对员工的表现适时记录，然后根据公司的实际情况，与相应的奖励政策相结合，从而鼓励和带动团队的落实效力，最终通过统计出来的分值给员工全年的工作表现做一个科学的评价。

第三，使沟通更顺畅，员工关系更融洽。通过采用走动式绩效管理，企业的管理人员有更多的机会与员工交流，适时地对员工中优秀的执行分子予以表扬、肯定，对员工在落实工作中的不足及时予以纠正、指导，有利于团队内部各部门与各成员之间增进了解，及时消除隔阂和误会，增强团队协作的落实精神。

重视绩效就是重视执行的结果，如果在执行过程中没有取得预期的结果，就证明这样的执行是无效的，或者说是执而不行的。对员工的执行结果进行适时的评价考核，既是对员工已取得成绩的认可与鼓励，也是对员工下一步工作的期望和勉励。考核评价能使员工对自己的工作产生新的认识，获得新的动力，为更好地执行工作做好准备。

所以无论从哪种意义上讲，对员工进行执行绩效的考核，都有利于员工将工作落到实处，进而实现企业总体的落实目标。

用人们的好胜心有效地激发员工潜能

艾尔·史密斯曾任美国纽约州州长，他曾经成功地使用好胜心而创造了一个奇迹。

一次，史密斯需要一位强有力的铁腕人物去领导魔鬼岛以西最臭名昭著的辛辛监狱，那里缺一名看守长。这可是件棘手的事。

经过几番斟酌，史密斯选定了新汉普顿的刘易斯·劳斯。

"去领导辛辛监狱怎么样？"史密斯轻松地问被召见的劳斯，"那里需要一个有经验的人去做看守长。"

劳斯大吃一惊，他知道这项任务的艰巨。他不得不考虑自己的前途，考虑这是否值得冒险。

史密斯见他犹豫不决，便往椅背上一靠笑道："害怕了？年轻人，我不怪你，这本就是个困难的岗位，它需要一个重要人物来挑起担子干下去！"

这句话挑起了劳斯的好胜心，他最终接受了挑战，并在辛辛监狱待了下去。后来，劳斯对监狱进行了改革，帮助罪犯重新做人，成了当时最负盛名的看守长，他创造了奇迹。

这奇迹本身也可说是史密斯巧妙地利用了好胜心，激发下属的潜能而创造的。

一位成功的领导者应善于使用好胜心，因为这确实是振奋人们精神、使人们接受挑战的可靠办法。

好胜与挑战是人之天性。对于许多工作，只要你善于激励，他们一定会以最大的热情去干，并干好这些工作。

领导者要使工作圆满完成，就必须形成竞争，激起人们超越他人的欲望。

一个成功的领导，应当经常"制怒"，不论什么时候都要保持冷静的头脑，不让一时冲动的感情扰乱理智。但从激励角度来说，领导者又应当学会"激怒"，随时点燃员工的"心头之火"，使自己的团队有高昂的斗志和良好的战斗力。

原谅，更能激发员工的奋进心

张政在一个规模不是很大的食品公司做销售主管已经四年了。在四年的销售工作中，他一直勤勤恳恳，好学上进。每年他的销售业绩都是全公司第一名，是其他业务人员的榜样，深受老总的喜爱和赏识。可是一次他出差收公司的货款时，接到了家乡母亲的紧急电话，告诉他父亲不幸得了胃癌，急需手术，家里已经尽了全力，也凑不齐手术费，要他想办法筹钱救命。张政此时脑子一片空白，突如其来的不幸消息使这个遇事从未退缩的小伙子掉下了伤心的眼泪。他没来得及多想，狂奔到邮局，从公司货款里拿出两万元寄回了家，在汇款单上的留言处写下了：两万元为了救爸爸。

在回公司的路上，张政害怕了，作为销售主管的他，十分清楚公司严格的财务制度和铁的销售纪律。挪用公款是销售人员的大忌，轻则退赔开除，重则要绳之以法。四年销售工作中从未出过一分钱差错的他，不敢再往下想了，似乎已看到了一双冰冷的手铐摆在了他的面前。

在公司老总的办公桌上，摆着剩余货款和一张邮局汇款收据，张政和老总足足谈了一个多小时，老总始终是一副冷峻的面孔，最后老总说："你先休息一下，叫刘助理通知销售部全体人员，一小时后开紧急会议。"张政心里想：这一下肯定完蛋了。

当全体销售人员坐在公司会议室时，会场鸦雀无声，老总在会上重申了公司严格的销售纪律和财务制度之后，向张政表示深深的歉意。老总检讨自己对下属的关心不够，并告诉大家张主管家里出了大事，自己拿出两万元钱借给张政，并让张政签了借条并写明从每月工资里归还的具体金额。这下由挪用公款变成了老总和张政私人之间的债权债务的关系，公司的货款分文未少，交到了公司的财务科。在企业工作四年之久的张政，被老总这种宽容的处世方法深深打动。

第二天，销售部办公室贴出了两份新的公告。一份是《某总经理向张政的致歉信》，大致内容是由于老总对下属的关心不够，导致张政同志在很急的情况下挪用了公款，主要责任应由老总承担，并向张政和全体销售人员道歉，并希望大家能够吸取教训，不能再出这种事情。另一份是《销售部门新增加三条措施的规定》，第一条，从即日起每月的销售工作汇报不仅是产品的销量、客户的领导、市场信息等情况的汇报与总结，特别增加重要的一项，就是销售人员自己本身的情况，包括父母亲生活状况，身体状况，结过婚的人还要包括他们夫妻之间和子女情况的汇报。第二条，从老总开始，每个人每个月按照一定比例，从工资中拿出一定数额的钱，建立一个"爱心"互爱互助基金会，以应对销售人员本身或家庭的突发事情。基金会的会长由销售人员自己选定，老总只是一名会员而已。基金的支出需要向大家完全公开。第三条，如果有人因各种原因离开公司，可以按比例取走相应部分的钱。整个销售部的全体人员被老总的做法所感动，其中一位销售人员说："我们公司不大，产品也不是很畅销，但是我们有可信的公司作依靠，有'爱心'基金作保障，我们没后顾之忧，大家团结一致全身心地投入市场一线去拼搏。"张政留下了，销售人员的心更齐了。

现实中，很多领导总是习惯于对自己的错误采取一种极其宽容的态度，每次自己犯错时，总会以失败是成功之母聊以自慰；而对于员工的错误，往往又会是另一副嘴脸，"我们追求完美！我们不允许失败！"孩子们都是通过不断地摔跟头才最终学会走路的，又都是经过说错话才学会说话的。通向成功的路上一定会布满荆棘，不犯错就到达成功的路是没有的。

用真情打动下属，使员工自觉执行

有时候，人们常常会遇上这样一种人：我行我素，独来独往，好像对一切事都漠不关心，对人也是冷若冰霜。尽管见面时客客气气地与你寒暄打招呼，但随后又恢复常态，对什么都无所谓，好像他永远不会有你所期待的反应。

和这种人打交道，总是让人不自在、不舒服。如果是同事，你可以和他若即若离，不冷不热。可是，作为他的上司，出于工作上的需要你必须与他经常来往，他的冷若冰霜肯定会让你感觉不舒服。这时，你该怎么办？怎样做才能使他愿意同你沟通，并提高他的工作热情呢？

某单位分配来一名大学生。因为这家单位是一个小型科研机构，最近几年人才外流严重，而吸收进来的人才几乎为零，终于有大学生愿意到这安家落户了，而且，据说他还是名牌大学的高材生。大家都为他的到来感到高兴。可是没几天，大家对他的看法都来了个180度的大转弯。他总是上班一个人来，下班一个人走。无论是谁都没见过他的笑脸，无论对谁他都是一样的表情，而且大家很难听到他说话的声音。于是，同事们都觉得他是在摆架子，认为他因自己是名牌大学毕业生到这儿来就是权威，谁也不服。

渐渐地，同事们对他开始有意疏远。而他呢，还是看不出有什么变化，依然和从前一样，我行我素。

这一切都被这名大学生所在科室的科长看在眼里。科长为人忠实、厚道，深得同事们的拥护。凭直觉，科长觉得这名大学生心里面一定有什么说不出或他不愿说的痛楚，才造成今天这种局面。于是，科长处处留意观察他。每天上班时，虽然同事们对他视若不见，没有人愿意同他打招呼，但科长总是热情地问他："哎，小伙子，今天很帅呀。"而他总不置可否，面无表情地冲科长点下头。每次下班，科长也不忘问他一句："怎么样，晚上有什么活动？"而他依旧是那副冰冷的表情，依然是沉默无语。

就这样日子一天天过去了。科长每天都在寻找一切可以和他接近的机会，每时每刻都在想办法融化他心中的那块坚冰。渐渐地，大学生开始愿意同科长说话了。虽然话不多，但科长明白，他的工夫没有白费，他快要被感化了。

这一天是中秋节。下班后，科长叫住了他，诚恳地对他说："过节了，你在这儿还是一个人，干脆上我家坐坐吧。"

他冲科长苦笑了一下，没有吭声。于是，科长赶紧搂着他的肩膀说："走吧，走吧，别客气。"就这样，科长连拉带拽硬是把他带到自己的家里。

吃饭时，科长对他说："别客气，就把这当你家吧。"还不时地往他碗里夹菜。最后，小伙子被打动了，他感受到了科长长期以来对他的关心并不是做样子给下属们看的。于是，他也向科长敞开了心扉，把他压在心底的苦水全倒了出来。

他原是一所名牌大学的高材生，可是，毕业分配的时候，因为种种原因最终来到了这个小城市。看着其他同学或留北京或下南方，都有不错的归宿，而自己却背井离乡来到这里，而且，更重要的是他相恋多年的女友也离开了他。于是，他觉得这个世界对他很不公平，觉得他的天空总是灰色的。从此，他开始变了，变得沉默寡言，对任何事情任何人都没有丝毫的兴趣，有时候，他甚至问自己：在这个世界上究竟还有什么是值得自己留恋的？

听完他的倾诉，科长拍拍他的肩膀，语重心长地说："你错了，生活并没有对你不公平，虽然你没有留在大城市，可是，凭你的才干在这个小城市更利于你的成长。在这里你可以很容易就脱颖而出。等到你有了一定的基础，再想向外发展，出去闯荡岂不是更容易。为什么不好好利用你现在的机会呢？失恋对你来说是个打击，但你就一辈子躲在这个阴影下面不出来了吗？你可以不善待你自己，但你必须善待别人，尤其是你的同事，他们对你没做过什么吧,你为什么要把你的不快强加在他们身上呢?"

经过科长一番耐人寻味的教导,他茅塞顿开:"是啊,我已经浪费了那么多的时间,还能再浪费吗?"从此,大家看到了一名真正的、充满青春活力的大学生。

如果按照一般人的思路,一个人怎样对待你,你就会用同样的方式对待他。如果那位科长也以冷淡的方式对待那位大学生的话,也许一个人才就这样浪费掉了。

尽管有些人看起来很死板,兴趣和爱好都很少,也不愿意和别人沟通。但作为一名领导者,不能用普通人的眼光来看待他。你要尽可能地关怀他,注意他的一举一动,从他的言行中,找出他真正关心的事情来。这样,他可能会一改往常的那种死板,而变得热情起来。

倾听能使下属感到被尊重而奋发

波音公司总裁康迪说,员工所表达出来的以及我所听到的,远远比我要说的更重要。作为上司,你是一个下属的好听众吗?

你有过这样的情况吗?当下属汇报工作时,不管他说完没有,只要你觉得听懂了他要表达的意思,便打断他的话,开始滔滔不绝地发表自己的意见,然后以某些指令结束谈话。

要做一个好上司,你有没有扪心自问一下:对于下属的需求,你认真倾听了吗?对于他们工作中出现的问题,你站在他们的角度上去理解和分析了吗?你愿意放下架子、腾出时间去与他们促膝谈心、互动交流了吗?

如果这些你都没做到,那么你和下属的沟通就可能会出问题。有效沟通是高绩效团队的一大特质。在有效沟通中,言谈又是最直接、最重要和最常见的一种途径,而有效的言谈沟通很大程度上取决于倾听。所以作为领导者,要想在团队中获得成功,最重要的素质是懂得倾听。

领导者进行真诚的倾听具有如下五大功效：

（1）倾听能激发下属的工作热情。耐心地倾听下属的想法，让其有一种被尊重和被欣赏的感觉，下属会非常高兴。因为人们往往对自己的事情更感兴趣，能够有机会在领导面前阐述自己感兴趣的或者是专长的事情，对员工来讲是一种荣耀，这种愉悦的心态能激发他更愿意为团队服务的热情。

（2）倾听能取得信任。认真、专注的倾听，表明你对对方的重视和尊重。正是你的这种诚恳谦逊的态度，才令下属更加信任你、尊重你、拥戴你。

（3）倾听有助于指导。通过倾听，领导者能更了解下属，更容易掌握每个人的思想动态，这样才能针对每件事、每个人做出恰当的指示，才能保证团队取得高绩效。

（4）倾听有助于学习。职位的高低，取决于一个人的综合素质，但每人都有优于他人的长处。通过倾听，可以向他人学习所长，获得更准确、更真实的信息。

（5）倾听有助于化解矛盾。下属因某件事愤愤不平，跑来诉苦，即使你没从实际意义上帮他解决问题，但只要拿出耐心，听他把牢骚发完，他的情绪也就慢慢地缓和了，可以化解冲突和矛盾、消除抱怨。

沟通的目的是理解，不仅需要被理解，而且还需要理解对方。使沟通有效的另一半是倾听，忽略倾听将会使沟通失败。一位擅长倾听的领导者将通过倾听，从同事、下属、顾客那里及时获得信息并对其进行思考和评估。有效而准确地倾听信息，将直接影响领导者的决策水平和领导成效。

企业运行的复杂性、多变性、竞争性，决定了光靠领导者个人是难以做出正确的判断和制定出有效的决策方案的。有句希腊谚语说得好，"多听少讲有利于统治国家。"对领导者与领导者要求虽有区别，但重视倾听这一点应该是一致的。

领导过程就是调动人的积极性的过程。善于倾听的人能及时发现他人的长处，并使其发挥作用；倾听本身也是一种鼓励方式，能提高对方的自信心和自尊心，加深彼此的感情，因而也就激发了对方的工作热情与负责精神。

欧美和国内一些著名企业的领导人员常常在工作之余与下属职员一起喝几杯咖啡，就是让下属有一个被倾听的机会和相互理解的机会。

尊重员工的建议会让员工积极性更加高涨

雷诺公司是专为核动力潜艇生产噪声降低设备的，公司的信誉有口皆碑。但在一次订货合同中，由于各种原因，工程进度大大慢于预想的要求，如果继续让这种情况持续下去，公司将不能如期履行合同，此后果导致的直接经济损失将是8亿美元。公司领导亲自来到施工现场，督促全公司上万名员工加快施工进度。经过一年的努力，公司终于弥补了丧失的时间，并按期交送买方第一批订货。随后到手的3亿美元缓解了公司紧张的财务状况，公司上下都为此松了一口气。当完成第二批订货的时候，公司技术部对仓库中即将装运的设备进行了最后一次预检，结果大出意料。技术人员发现有一件设备的主机动力线被剪断了，如果就此安装到核潜艇的核反应堆上，超标准的排水水温会使核反应堆的核材料达到临界状态，在一秒钟内就会因连锁聚合核反应带来大爆炸，其后果是不堪设想的。技术部立即封存了这批订货，并将情况详细地向公司总裁做了汇报。对于这样的事故，常规处理方法是将设备转移到安全地区予以全部拆毁。但如果这样做，不仅失去抓获嫌疑犯的线索，而且公司数十年的金字招牌就有可能被砸得粉碎，"雷诺"将永无抬头之日。

总裁决定召集全公司职员开会，把问题公之于众，谋求最完善的解决办法，并且时间只有2天。上万名员工来到装配车间，总裁向他们说明了公司面临的危机："伙计们，如果我们不能顺利渡过这场劫难，不只你们，还包括我，全都会流落街头，到贫民窟去寻找我们的立足点。这个棘手的问题关系到公司上下万名员工的共同利益，我没有权力独自做出决定，所以把你们召集起来，就是要寻求一个两全其美的办法，来保住公司的信誉，保住你我的饭碗。好了，大家努力吧，上帝赐福我们。"

总经理立即成立了几个机动小组，分别负责问题的几个关键环节。他们花了5个小时，明确了事故责任的归属问题，这涉及具体任务执行人员和他们的直接授权人。又花了3个小时，找出了每个环节的责任人。

在这次危机事件的处理上，领导者把处理问题的权力下放，让每一名职员有机会提出自己的意见和建议，它的适用性和价值会超过董事会对此做出的决定。据事后统计，在危机处理过程中，关于各环节问题由员工提出的成功行动计划超过了1.5万个，这是集体智慧的结晶、团体协作的积极效果。

从领导角度讲，领导者应该为员工创造一个宽松的环境，它包括物质环境和心理环境两部分。心理环境的建设是领导者容易忽视的部分，而这部分内容对员工是否能够出色地完成任务，是否能够从工作中得到满足感起着关键的作用。作为一名优秀的领导者，应该对员工表现出信任，并且重视员工的建议，尊重员工的工作过程，不随意干涉具体工作。另外还需要对员工不断地鼓励和赞扬，以提高工作士气。正如美国领导学家杜拉克所指出的，要调动工人的积极性，重要的是使职工能发现自己所从事的工作的乐趣和价值，能从工作的完成中享受到一种满足感。这样职工个人的目标和欲望达到了，整个企业的目标也同时达到了。

第十一章
倡导全员执行精神，建设高效执行团队

随着社会分工越来越细化，个人单打独斗的时代已经结束。团队合作提到了管理前台，团队作为一种先进的组织形态越来越受到领导者的重视。因此如何才能建设一个优秀的团队，并且使成员甘愿为团队而奉献，成为领导者必须面对的课题。

组建一支有效的领导团队

当组织发展到一定的规模后，便需要有一个由多人组成的领导机构来负担整个组织的领导任务，即通常所说的领导班子。作为领导者，可能必须由你来进行组阁，那么你首先应当明白领导机构中的成员各有不同的职能分工，就像机器的零部件一样，各有不同的规格和作用。制造一台机器需要总体上的设计，那么由你组阁的领导机构同样也需要总体设计，当你为自己选拔助手时，不仅要看每个人的责任和能力，而且应按照群体优化组合的要求，进行合理搭配，使自己身边形成一个"全才型"的领导群体，发挥其整体的功效。

同样是碳原子，由于结构组合不同，则形成性质迥然不同的物质。一个领导机构也是如此。同是那些人，按照不同的方式组合，表现出来的效能也大不一样。如果领导者能将不同特长的人合理地搭配起来，便能做到单个人在孤立的情况下做不到的事情。我国最早的一部神话书《山海经》里有一个故事说，"长臂国"的长臂人和"长腿国"的长腿人，各有自己的长处，同时也各有自己的短处：下海捉鱼，一个涉不深，一个够不着。可是当长臂人骑在长腿人的肩上时，就既能涉得深又能够得着了。俗话说："人心齐，泰山移。"还有句话说："三个臭皮匠，赛过诸葛亮。"前者说的是全力组合，后者说的是智力组合。可见，我国古人对群体组合的好处早就有了认识。

作为现代的领导者，如果你进行组阁，建立自己的领导机构，就更应该认识到这一点的重要性，那么究竟该怎样去组阁呢？这就必须了解领导机构结构的组成方式，一般来讲，领导机构的结构是由专业结构、年龄结构、智能结构、知识结构和素质结构五个方面组成的。

1.专业结构

专业结构是指领导机构内各类专业人员的比例。作为组织的领导集团，比较理想的是按其负担的职能，形成一个合理的比例构成。但是，如果把专业理解为科技专家化，那就不对了。领导机构里清一色地配备科技干部，并不等于构成了最佳结构。某位科技干部具有某一专业特长，并不意味着他有科学管理的才能。许许多多的事实告诉我们，技术上的权威并不等于管理上的权威。合理的专业结构应该包括思想政治工作专家、财务管理专家、技术管理专家以及全面行政管理专家。由这样的专业人员组成的领导机构，才是理想的专业结构。

2.年龄结构

年龄结构就是指在一个领导机构内应由不同年龄的人按一定比例组成。根据生理学的试验，一个人的年龄、智力存在着相关关系。以知觉能力而言，最佳的年龄是10~17岁；以记忆能力以及动作和反应速度而言，最佳的年龄是18~29岁；以比较和判断能力而言，最佳的年龄是30~49岁。这种年龄界限当然不是绝对的，每个个体之间也是有很大差异的，但是可以肯定的是随着年龄的增长，人的各种机能都在退化。因此，领导机构内的成员不宜老化。老化的领导机构是难以担负起领导的重任的，但也并不是说领导机构内的成员越年轻越好。这就要注意纠正两种现象：一种是对老年人无原则地照顾迁就，另一种是将年轻化理解为青年化，过早地提拔尚不成熟的年轻人。一般而言，一个合理的年龄结构，应是经验比较丰富、年龄稍长些的人和奋发有为的年轻人以及他们的中间层形成的一个菱形年龄结构。这样，既保证了领导机构总体的年轻化，又能够做到逐步更替、相对稳定，从而发挥出最优的效能。

3.智能结构

智能是指人们获取知识和运用知识、经验解决问题的能力。大体来说，人的智能主要包括理解能力、研究能力、观察思考能力、综合判断能力、文字表达能力、获取信息的能力、社交能力和创造能力等，人的这些能力是互相依附、互相制约、互相影响的。作为一个人，有的在这方面突出一些，有的在那方面突出一些，这就出现了各种不同的智力类型。智能结构，就是指领导机构中各种不同智能类型的人的有机组合。有些人善于观察，推理，有很强的想象力、分析力和判断力，擅长在实际工作中发现问题、分析问题。这种人属于"探索型"，可以把他们称作"思想家"；有些人善于根据任务和要求，率领和组织各方面的力量去加以实现，表现出很强的组织能力，这种人属于"组织型"，可以把他们称作"组织家"；还有些人能很快地理解领导者的意图及当前组织的需要，在工作中能踏踏实实地干，有较强的实践能力和实施能力，这种人属于"执行型"，可以把他们称作"实干家"。作为一个组织的领导机构，如果大家都是"执行型"，只擅长于实干，不善于做决策，可能是忙忙碌碌、劳而无功，这样的领导机构是不理想的。如果都是"探索型"，大家都善于构想，不善于组织实施，这样的领导机构也不是有效的。理想的智能结构，应该由思想解放、敢于开拓的"思想家"，具有组织指挥能力的"组织家"和忠心耿耿、埋头苦干的"实干家"组成。

4.知识结构

一个领导机构不可能也不需要所有成员都具有同等的知识水平。倘若如此，则只能构成知识的平面结构。人的知识总是有多有少，有深有浅，只有由不同文化结构，不同专业特点的人组合起来，才能形成一个完整的知识立体结构。实践证明，领导和管理现代企业需要有一大批"T"形人才，即知识面广博（用"—"来表示），同时在专业上渊深（用"｜"来表示），综合起来就构成一个"T"形。在知识渊博的人中，同时具有较强的组织能力和统率能力的人，就是比较理想的"领导者型"人才。然而，在现实当中这样的人才极少，相比较而言，"—"形和"｜"形人才还是不少的。我们就可以采用知识组合的办法，把知识面较宽，接受事物较为敏感的，但缺少专业深度的"—"形人才和专业上有相当深度的"｜"形人才，组成紧密配合的"T"形领导机构。这样，便能较好地适应现代企业在各方面的要求。

5.素质结构

素质结构是指领导机构的成员要在性格、志趣、气质和风度等方面保持协调一致。作为组织的领导者必须先有自知之明，有冷静的头脑、不断创新的进取心，不怕风险的决断魄力，办事公正、赏罚分明并有豁达大度的宽容精神等。完全具备这些素质的人显然是很少的。这就要求在组织的领导机构中配备具有这样或那样素质的成员进行相互补充，在领导作风、性格气质等方面讲究巧妙的搭配。比如，在性格上，有人性格外向，说话直爽，办事果断；有人性格内向，处事谨慎，考虑问题周到。在作风上，有人大刀阔斧，雷厉风行；有人慢条斯理，有条不紊。在气质上，有人足智多谋，果敢决断；有人骁勇善战，能冲敢闯等。由这样一群人组成的领导机构，才是一个管理能力强，工作效率高，团结协作好的理想集体。领导机构内部绝不允许存在那些八面玲珑、左右逢源、投机钻营、耍阴谋诡计或思想意识不好的人，或是那些在工作上主观武断、刚愎自用，很难与人共事的人。这样的人哪怕选用一个也会严重影响集体作用的发挥，使整个领导机构的离心力和破坏力增大。

有些领导机构，就其每个"零件"而言，都还不错，但组装成"机器"后，却运转不灵。这种现象表明，问题很可能出现在"组装"上，形成了"内耗型"结构，其整体工作效能用一个数学式子来表示，就是 $1+1<2$。把一些开拓型的干部组成一个"清一色"的领导机构，其糟糕程度不亚于一个全是由优秀"独唱家"组成的"合唱团"。有时"内耗"不一定仅指产生了矛盾，团结状况不好，凡是由于组合不科学，搭配不合理，影响发挥领导机构整体功能的现象，都可以称之为"内耗"。有这样一个例子，组织领导机构的三个成员都具有大专以上文化水平度，在专业技术上都具有工程师职称。然而，这三个"零件"组装成"机器"以后，领导机构的整体功能却很不理想，工作长期打不开局面，下属意见很大。究其原因，毛病还是出现在"组装"上。这个领导机构至少在知识结构、专业结构、智能结构和素质结构这四个方面产生了"内耗"。它的知识结构是明显的平面知识结构；专业结构也有明显缺陷，三个领导成员没有一个擅长行政领导和管理；在智能结构上，缺少一个具有战略眼光的开拓型的领导成员发挥主导作用；而在素质结构方面，三个人都有魄力不够的弱点。因此，这样组合成的班子，尽管表面看不仅达到了标准，团结状况也不错，但握不成一个强有力的"拳头"，他们各自具有的长处得不到发挥，短处也得不到弥补，领导机构的整体功能比较差。像这样的"内耗型"领导机构，在组阁时，应该力求避免。由于这是一项十分重要而复杂的工作，领导者不能坐在办公室里靠冥思苦想来拼凑最佳组合方案。唯一的正确途径，就是深入到下属中去，多方面听取意见，做好调查研究工作。

总之，当你组阁时，要用系统的观点，对整个群体结构做全面考虑，整体设计，不能只强调某些方面而不顾其余。组建领导机构要有一个共同的要求，但不等于说，任何组织都只能千篇一律，分毫不差。不同职能、不同层次的群体，应有所侧重,并且在要求的程度上也应有所不同。这些应根据不同的需要妥善地加以确定。

团队精神是高绩效团队的灵魂

建立"梦幻组合"的团队是所有管理者的期待,企业强大的竞争优势不仅在于员工个人能力的卓越,更重要的是体现在团队合力的强大,体现在那种弥漫于企业中无处不在的团队精神。

在F1赛车比赛中,赛车需要有几次交替加油和换轮胎的过程。在紧张刺激的比赛中,每辆车都要分秒必争,因此,赛车每次加油和换胎都需要勤务人员的团结协作。一个环节出了问题,整个赛车组就前功尽弃了。

一般而言,赛车的勤务人员是22个人,在这其中,有3个人是负责加油的,其余的人都是负责换轮胎的,有的人拧螺母,有的人压千斤顶,有的人抬轮胎……这是一个最能体现协作精神的工作之一,加油和换胎的总过程时间通常都在6~12秒之间,这个速度在日常情况下,再熟练的维修工人也是无法达到的。

在如此快的过程中,团队成员不可开小差,更不可有情绪,需要的是全力以赴的配合,配合,再配合。可以说,这样的比赛,其胜利是通过团队成员充分的协作来实现的,而不只是个人的胜利。

这就是所谓的团队精神。其核心是协同合作,最高境界是全体成员的向心力、凝聚力,团队成员为了团队利益与目标而相互协作,共同承担责任,齐心协力,会聚在一起,形成一个团结、高效的集体。

大家都知道的"拔河"比赛,也是一种最能体现团队精神的运动,每个人都必须付出100%的努力,心朝一处想、劲朝一处使,紧密配合、互相支撑,才能形成一股强劲的凝聚力和战斗力。

20多年前,当沃尔玛、丰田、通用等公司把团队精神引入它们的生产过程中时，曾轰动一时，成为新闻热点。现在，团队精神已成为企业管理过程中受到普遍关心的问题，通用电气、惠普、克莱斯勒、波音、摩托罗拉、联邦快递、苹果、百事可乐等许多企业都特别强调团队精神。

通用电话电子公司董事长查尔斯·李说："最好的CEO是构建他们的团队来达成梦想，即使是迈克尔·乔丹也需要队友来一起打比赛。"

芝加哥公牛队在20世纪80年代一直是NBA中的一支普通的球队，没有显山露水，大家也从来没有想过这个球队会名扬天下。直到1984年乔丹的加入，在之后的6年中，这支球队努力想成为一支冠军球队。一开始，乔丹平均每场能得到40多分，但他那时比较矛盾，他喜欢自己投篮，不愿意传球给他的队友。尽管个人成绩很好，团队成绩却不容乐观。在教练的不断劝说下，乔丹才试着把球传给别人，当乔丹这样做时，团队成绩立马改观。这个时间是1991年，长达7年的磨合。磨合好之后，这个球队立即一日千里，团队成绩一直遥遥领先，在之后的8年中6次拿到了总冠军。这正是团队精神运用的结果。我们来看一下这个团队几个主要成员的肺腑之言：

"我们紧密地团结，大家也尊重他人的意见，我们围拥成圈，大家心手相连，共创辉煌战绩。"——罗德曼

"我们的关系更加紧密，它已经超越篮球的关系进入了私人友谊了，那是一种良好的关系。"——皮蓬

"最难忘怀的是我们身心两方面都能与球场紧密相连，日复一日，这是最难得的。"——乔丹

《榕基之歌》里面有一句歌词非常好，"协作是竞争大道，英雄是团队脊梁，一起超越自己，进步有谁能阻挡"。事实证明，如果某项工作任务的完成需要多种技能、经验，那么由团队来做通常比个人来做要好。通过团队成员的共同努力，能够产生积极协同作用，团队的绩效远远大于个体成员绩效的总和。

韦尔奇曾说："我深刻地体会到，比赛就是如何有效地配置最好的运动员。谁能够最合理地配置运动员，谁就会成功。这一点对商业来说没有任何

不同。"

衡量一个企业是否有生命力，关键的决定因素是企业是否有团队精神，企业的员工和企业的带头人是否具有团队意识。没有"团队精神"的企业，一切美好的想法和愿望都将为零。没有团队意识的员工，无论学识有多高、技术有多精、学历有多深，都将不会朝着有利于组织的方向发展，一切才华、学识对于这个企业来讲或许都是零。而没有团队意识的企业带头人，就会成为"光杆司令"，无法将无数的个人精神，凝聚成同心协力、团结共进、群策群力、众志成城的团队精神。

团队精神是团队能够取得高绩效的灵魂，是成功团队身上难以模仿的特质，没有多少人能很清楚地描述团队的"精神"，但每一个团队成员都能感受到团队精神的存在，能够感到令人振奋的力量。应当说，高效团队所具有的强大竞争力的根源，不在于成员个体能力的卓越，而在于其成员形成的整体合力，其中起最关键作用的，就是那种弥漫于其中、无处不在的团队精神。

团队精神对任何一个团队来讲都是不可缺少的精髓，否则就如同一盘散沙。"一根筷子容易弯，十根筷子折不断"，这就是团队精神强大力量的直观表现。

高效的合作是同向同步与共振共鸣。一个好集体应该是一个优秀的团队，而一个优秀的团队，一定是上下左右认知水平一致的集体。在一个团队中，只有大家彼此配合，充分发挥团队精神，才能使团队的力量发挥到极致。

高凝聚力团队带来高团队绩效

凝聚力是一种看不见、摸不着的东西，但是你一走到它身边，就会不由自主地被它吸引过去。凝聚力像一块磁铁一样，吸住所有它想吸取的东西。

团队凝聚力是无形的精神力量，是将一个团队的成员紧密地联系在一起的看不见的纽带。团队的凝聚力来自于团队成员自觉的内心动力，来自于共识的价值观，是团队精神的最高体现。一般情况下，高团队凝聚力会带来高团队绩效。

团队凝聚力主要表现为团队成员对团队的荣誉感及团队的地位。团队的荣誉感主要来源于工作目标，团队因工作目标而产生，为工作目标而存在。因此，必须设置较高的目标承诺，以较高的工作目标来引领团队前进的方向，使团队成员对工作目标形成统一和强烈的共识，激发团队成员对所在团队的荣誉感。同时，引导团队成员个人目标与工作目标的统一，增大团队成员对团队的向心力，使团队走向高效。

团队凝聚力在内部表现为团队成员之间的融合度和团队的士气。人是社会中的人，良好的人际关系是高效团队的润滑剂。因此，必须采取有效的措施来增强团队成员之间的融合度和亲和力，形成高昂的团队士气。团队是开放的，在不同阶段都会有新成员加入，高团队凝聚力会让团队成员在短期内树立起团队意识，形成对团队的认同感和归属感，缩短新成员与团队的磨合期，在正常运营期间，促使团队的工作绩效大幅提高。

团队默契，凝聚出高于个人力量的团队智慧

彼得·圣吉在《第五项修炼》一书中说："未能搭配的团队，许多个人力量一定会被抵消浪费掉……当一个团体能整体搭配时，就会会聚出共同的方向，调和个别力量，而使力量的抵消或浪费减至最小，发展出一种共鸣，就像凝聚成一束激光，而非分散的灯泡光；它具有目的一致性及共同愿景，并且了解如何取长补短。"

作为团队的管理者，你固然要让每位成员都能拥有自我发挥的空间，但更重要的是，你要培养大家破除个人主义，形成整体搭配、协调一致的团队默契。如果能做到了这一点，自然就能凝聚出高于个人力量的团队智慧，随时都能造就出不可思议的团队和成绩来。

近年来在国内十分盛行的拓展训练,主要是通过体验式训练和模拟场景训练来提升团队合作精神,其中有一个项目十分经典,叫盲阵。在一块空地上,将一队人(人可多可少,越多越难)蒙上眼睛,交给他们一根长绳子,要他们在规定时间内把绳子拉成一个正方形。起初大家往往会乱成一团,每个人都有自己的主张,自由走动,你推我撞,你叫我喊,乱成一片。经过漫长而无为的争吵后大家才渐渐明白必须确定一名优秀者为领袖,还要有一名智者为助手,统一意志、统一目标、统一行动,大家都要自觉地做到令行禁止,各负其责,才能完成这个简单的游戏。看似简单的游戏做好并不容易,这里就有一个团队从组建、合作到完成任务的过程。

培养成员们整体搭配的团队默契,是增进团队精神的另一个不二法门。

将团队定义为"一个联合而凝聚的团体"的管理大师威廉·戴尔,在《建立团队》一书中一针见血地指出近15年来,管理者在组织内的角色所产生的重大改革。他解释说:"过去被视为传奇英雄,并能一手改写组织或部门的强硬经理人,在今天日趋复杂的组织下,已被另一种新型经理人取代。这种经理人能将不同背景、训练和经验的人,组织成一个有效率的工作团队。"

英国著名策划专家博比·克茨在《公司协作中的用人术》一书中认为:"公司领导的责任不是仅考虑员工个人才能的释放问题,而是应该根据每个员工个人才能的特点,加以组织起来并形成团体协作力量。没有团体协作的个人才能,仅是局部的效应;如果要真正构成重大的竞争优势,必须有效地把彼此分散的个人才能组织起来,构成团体协作的结构力量。"

对企业组织内管理内涵有丰富第一手经验的,以负责教育训练工作而闻名的威廉·希特博士提议,经理人要用"参与式"管理来替代专断式管理。他认为:"与其试着由一个人来管理组织,为何不让整个组织一起分担管理的功能?"希特说得可谓直指人心,因为在专业分工发展的环境中,我们越来越需要大家一起互动运作、通力合作,唯有这样,才能快速、顺利、有效地完成工作。

海尔集团的团队是优秀的。有一个平凡的故事令人感动:1999年4月5日下午两点，一个德国的经销商打来电话，要求"必须在两天内发货，否则订单自动失效"。而两天内发货意味着当天下午所有的货物必须装船，而此刻已是星期五下午两点，如果按海关、商检等有关部门下午五点下班来计算的话，时间只有3个小时，按照一般程序，做到这一切是没有可能的。如何将不可能变为可能，此时海尔人优良的团队精神产生了巨大的能量，他们采取齐头并进的方式，调货的调货、报关的报关、联系船期的联系船期，全身心地投入到工作中，抓紧每一分钟，使每一个环节都顺利通过。当天下午五点半，这位经销商接到了来自海尔"货物发出"的消息，他非常吃惊，吃惊再转为感激，还破了"十几年"的例向海尔写了感谢信。

一个团队的建设，关键取决于发挥团队的协同效应，协同效应的发挥在于部门与部门之间、员工与员工之间的良好合作。

团队协作好比是人的手，五指虽然有长有短，有粗有细，虽然各司其职，但它们只要紧密合作，挥出为掌，则能裹挟一股劲风；握紧为拳，则蕴蓄虎虎生气。团队可以是拳头或手掌，它的威风来自于每根手指的紧密合作。

人与人的合作不是人力的简单相加，而是一种优势互补，精诚协作的过程。在人与人的合作中，假定每个人的能力都为1，那么10个人的合作结果，有时比10要多得多，而有时又比1还要小。因为人不是静止的动物，具有方向各异的能量，相互推动时事半功倍，相互抵触时一事无成。

合作才能产生巨大的力量。因此，经常教导、灌输团队成员了解只有相互依存、依赖、支援才能完成任务的观念，是管理者责无旁贷的重要职责。

集众人之所长，让集体的智慧闪耀光芒

张瑞敏说："企业是什么？说到底就是人。管理是什么？说到底就是借力。你能把许多人的力量集中起来，这个企业就成功了。如果全体员工愿意把力量借给我一起完成同一个目标,这就是成功的管理。"

"小成功靠个人,大成功靠团队。"一个人的力量是有限的,无论你多么优秀,无论你有多么大的能力,一个人的力量与集体力量相比也是渺小的。

优秀的企业向来都十分重视集体的智慧,"不拘一格降人才"。每个平凡的员工身上都有其长处,集众人之所长,这种力量是非常强大的。

松下幸之助经常对下属说:"我做不到,但我相信你们能做到。"这种领导方式,就是向下属求助,请求下属提供智慧,也就是利用员工的智慧。他还曾经说过一个著名的观点:

当他的员工有一百人时,他要站在员工的最前面,以命令的口气指挥下属工作;当他的员工增加到一千人时,他必须站在员工的中间,诚恳地请求员工鼎力相助;当他的员工达到一万人时,他只要站在员工的后面,心存感激就可以了;而当他的员工达到五万人或十万人时,心存感激还不够,必须双手合十,以拜佛的虔诚之心来领导他们。

松下幸之助的这段话,充分表达了"企业靠大家"的精髓。

有人问松下幸之助先生:"请你用一句话来概括你经营的诀窍。"他的回答是:"首先细心倾听他人的意见。"松下幸之助在"松下电器制作"创建之初,尽管买卖很小,然而未到年末他就要将所有的人召集在一起,将全年的财物实情讲出来,讲明赢利多少,征集下一年的经营意见,年年如此。他总是在倾听完各方面人员的意见后,再确立下一步的经营计划,做好思想准备,雷打不动,越挫越勇,向着目标迈进。由于总是及时倾听别人的意见和建议,因此松下幸之助每前进一步,每上一个台阶,他都已想到下一步、下一个台阶。松下公司的精英、员工们都表示,"无论多重要的问题,经理松下幸之助先生都当机立断,不管到何时,他那超人的判断力都令人佩服"。

杰克·韦尔奇说:"我的成功百分之十是靠我个人旺盛无比的进取心,而百分之九十,全仗着我拥有的那支强有力的团队。"

李嘉诚说:"我之所以能有今天的成就,单靠自己的力量是办不到的,没有公司其他成员的共同努力，我不会取得今天的成就。"

任何组织的成功靠的都是团队，而不是个人。

我们发现一个可贵的事实：每位成功的管理者几乎都拥有一支高效的管理团队。在某种程度上，我们可以说，杰出的团队造就了杰出的领导；反过来，也可以说杰出的领导造就了杰出的团队。

提高领导者个人的效率

身为领导者，自然是日理万机，但有时常会有这样的感受，感觉自己一天有许多事情没有完成，常常会为自己的计划无法完成而懊恼不已；常常自责自己忘记了某件事情，虽不太重要，但终为憾事。

许多人感觉自己好像一整天都在处理突发事件中，这种情况有时是无能为力的。但如果你经常遇到这种情形，其中一部分原因就是缺少组织和安排。

上帝给我们每一个人的时间是一样多的。我们常常对某人能自如地应付事情，轻松地过活而艳羡不已，其实你也能够安排好自己的时间。

领导者安排好时间，还可以带动下属，提高时间的有效利用率，即有效工作时间与工作总时间之比。

请记住：一切节约归根到底是时间的节约，这是首要的经济规律。

在你做计划之前，首先要问一问自己，能否完成？完不成的计划还不如一张白纸用处大。

领导者总是遇到这样的事情：按照规章制度，它不属于秘书或职能部门需要做的事情。此刻领导者不妨专门处理此类"例外"事件，而已有规定的事情，则由秘书或职能部门按规章处理。例外事件总是少数的，如果某类例外事件多起来后，就不妨交给某部门处理。这样既显示了领导者的工作能力，还为自己节省出了不少时间，集中精力抓大事。

在处理任何工作时，必须快速自问：第一，能不能取消这项工作；第二，能不能与别的工作合并；第三，能不能用简便的办法代替。

可做可不做的事坚决不做，自然节省了时间和精力。与别的工作合并起来做，自然就提高了工作效率。用更简便的方法去做，自然就缩短了工作时间。

美国管理学家建议每天到办公室的第一件事，就是在办公桌上放一本便笺簿，然后在上面写下你希望当天完成的每一件事。整整一天，这张表就一直放在你的办公桌上，每当一个项目完成时，他就在上面画一条直线。当天完不成的项目就移到第二天的表上。

当你在便笺上写下你当天想完成的项目时，就觉得有一种压力，一定要去完成它。也许这就是采用这种办法的最大优点。

当你完成一个任务在项目上画上一条线时，心理上会有一种轻松感。一天下来当表上的项目大多数已被画掉时，自己就能坐下来喘一口气，心里感到非常高兴。

当你离开办公室时，不要把表丢掉。第二天，你昨天的表可以起到两个作用：一方面它可以提醒你上一天完成的工作，这并没坏处；另一方面它可以告诉你哪几个项目尚未完成。未完成的就再列在新表上。要特别注意不要漏掉那些需要很长时间才能完成的项目，不要忘了再次抄下来。很多创造性的思想和项目往往因为我们没有写下来而遗忘了。

把事情列一张表的同时，不妨把时间也列一张表。这样你就会更清楚还有多少时间来供你用，给你一种紧迫感。计划之后就把计划放在一边，努力去完成它，千万不要总盯着计划，三番五次地计划时间，而把时间浪费掉。

抓住现在。常常看到有的人对自己说，从明天开始，要如何如何，而今天就暂且这样。这样的人弄不好明天还得重复今天所说的话，却做不出实事来。抓住现在最关键，如果现在你都不知该如何去做，那谁知道以后你会怎么做呢？把"现在"浪费的人是不会抓住"以后"的。

身为领导，往往会遇到下列情形：再过十分钟就开会了，而这十分钟怎么过。如果你利用这十分钟来喝咖啡或与下属闲聊，那你一定不是一位珍惜时间的人。

十分钟可以做许多事情，可以计划一下工作安排，考虑一些问题，看几页书。即使聊天，也应是有目的的，绝不能浪费这开会前的几分钟。

当你正忙于一项工作时，你好久不见的一位好朋友来看你，并打算和你闲谈。拒绝他，多少有些不好意思，而你又确实很忙。这时如果你一边工作，一边听别人说话，往往会使对方认为你不尊重他。不如安静地听他说上几分钟，当他的话有个小结时，委婉地提出你的请求，告诉他你正忙于工作，作为领导，工作时闲谈影响是不好的，并约他下班后在酒吧见。料想他是不会生气的。

面对无聊的宴会，如果不参加，可能是很不礼貌的，会使你失去人缘。那么你就尽量在无聊的聚会上去办你需要办的事情，而事情办完后，马上告辞。这样既没有驳主人的面子，又办了自己的事情，一举两得。

如果你苦于没有一段完整的时间用来筹划工作，那么不妨实行"关闭时间"的方法，如办公室可以定出两个小时的关闭时间，对外业务一切照常，但在此时间内办公室内部人员不得随意交流。工作人员在此段时间不能互通电话，也不召开任何会议。真正紧急的事仍要处理，重要的来访者及电话都照常接待。

这种办法有许多好处。这意味着在此两小时内，内部的人员不会打电话给你，也不会到你办公室来。这样你可以利用这段时间完成你要做的事。如果你曾经在周末到办公室来工作，你就能知道同样一段时间内，周末无人打扰时会比平时完成更多的工作。关闭时间方法的作用也是如此。这对整个公司有利。

当两个或几个问题可以在同一时间内完成时，最好一起完成，这样你可以节省不少时间。比如你出办公室一趟，最好把需要做的所有事情全部列在一张纸上，并计划一下行动路线，先做什么，后做什么，一目了然。做起事情就有章可循，避免无谓地浪费时间。把同类的事情，或者相关的事情，放到一起考虑、讨论和解决。避免一事一议，一事一做。

是否能抓住有利时机多办事，直接反映出领导者统筹安排的能力，做好这事比领导者亲自做几件漂亮事儿更能使下属服气，而且也只有这样做，才能使领导者从事务性工作中解放出来，轻轻松松地去应对其他事。

取消不必要的会议，消除多余的协调和讨论。当然开会可以互通信息，统一认识，安排工作，但协商和讨论往往是会议中占时间最多的阶段。

没有明确议题的会坚决不开。

议题太多的会不开。

没有充分准备的会不开。

可开可不开的会不开。

重复性的会不开。

可以用其他方式代替的会不开。

不请无关的人参加会议。

参加会议的人不要做离题的且不受时间约束的发言。

总之，少开会，开好必须开的会。会开得太多，不仅浪费自己的时间，也浪费他人的时间。

当你在单位的工作无法完成时，不妨把工作带回家，带回家的工作最好不是很繁琐的文字性材料，而是把那些需要思考的事带回家，因为一般来说，家里环境比较安静些，有利于思考。

带工作回家实际是单位工作的延续，当你在家中有闲暇时间时，可以继续完成你的工作。利用闲暇时间，可以做许多你工作时做不好的事情。

但注意不要把所有的工作都带回家，只带一两件就足够了。不然你的家人会对你有意见了。

有一个建议，也许对你在公司办公并无实用，但如果你正在回家的路上它可以帮助你想起一些事情，然后马上停下来去做——在你的口袋里放一张提示单，最好和汽车钥匙放在一起。这样当你下班走向停车场，伸手摸到汽车钥匙时，你会立刻想起要做什么了。

还有一个建议是关于如何安排好你的时间。每天最好安排一段安静的时间，也许你不可能每天都安排出来，但留出一些时间来好好想想并反思一下十分重要，这对一个人的精神面貌很有利。有时一些难解决的问题在这段安静时间内反思一下会变得容易解决些。

最后，当你的时间安排好之后，还要要求你的下属也同样提高效率。这是一个成功的领导者必须要做的。不然，你的效率很高而下属的效率却不佳的话，你一定无法工作，整个公司的效率也不会很高。只有整个组织里的人员都能像领导者一样合理、高效地安排好自己的时间，你的工作才会富有成效，才不会出现曲高和寡的情况，才会使整个组织形成严谨、务实、高效的工作作风。

总之，要想轻轻松松当好领导者，必须安排好自己的时间。

提高领导机构的效率

一个部门和单位工作的效率如何，关键在于领导机构。如果有一个能够和谐、高效地研究和解决问题的领导机构，就没有克服不了的困难，没有解决不了的问题，工作上也就一定能够出成绩。那么，怎样才能使领导机构和谐、高效地研究和解决问题呢？主要应该注意以下几点：

（1）意见要尽量表达得清晰明白。为了使领导机构中的每一个成员都能很好地理解你所提出的意见，表达要力求不用繁琐的语言，就能把复杂的事物、观点表达清楚。说话要单刀直入，一开头就有吸引力，不啰唆、不重复，主要论点要精益求精。这样，既可以避免别人对你的意见的误解，又有助于他人了解你整个意见的中心意思，可以使问题更明确，意见更集中，讨论更顺利。

（2）凡是需要领导机构集体讨论和解决的问题，在讨论前要做好周详的准备。要责成有关的部门和人员拿出初步的意见和方案。也可以把几种意见和方案同时拿出来交给领导机构的成员,给他们一段思考和研究的时间。然后初步了解一下他们对这些对策有什么意见和看法,在哪些方面比较一致,在意见分歧比较大的地方进行初步的沟通。在讨论之前,再根据他们的意见,修改一下对策方案,然后再拿到集体会议上进行讨论。这样的周详准备可以使领导机构中的成员对所要解决的问题做到心中有数,也可以给他们一种印象,这个问题是经过深思熟虑后才提出来的。这样能引起他们的重视,并慎重地发表自己的意见。

(3)要善于发问。发问是领导机构内的成员平等协商的有效方法,它既可以发掘问题,开阔思路,同时也能够提出质疑,促进领导机构内部更为谨慎地思考和决策。

(4)要及时做出全面评价。及时做出全面评价对于领导机构中的主要领导者来说是十分重要的。主要领导者应该懂得,在讨论和研究问题时,一种有倾向性的决议,或者多数人赞同的意见的形成,总是源于各种不同意见的相互启迪。因此,在问题讨论中,不管每一位成员发表的意见是否被采纳,主要领导者在最后的综合、归纳中,都应当婉转地给予评价。这样做能够造成一种民主气氛,否则,以后就会有一些人对问题的讨论和研究不感兴趣。

(5)要注意创造轻松、和谐的气氛。领导班子讨论和研究的问题往往多是非常规性的,又由于各自所站的角度和所管辖的领域不一样,认识、看法有分歧是难免的。每个领导机构的成员都应该有一种幽默感,当讨论中出现紧张的气氛时,往往能及时地用一个笑话或一个小插曲来解除大家的紧张感,从而使大家能够继续平心静气地、轻松地讨论问题。

(6)要善于抓住问题的关键。要保证领导机构研究和解决问题的效率,就必须注意抓住问题的关键进行研究讨论,不要在细枝末节上争论。只要在大的方面、在关键环节上取得一致就可以了,不要企求在每一个方面、每一个细节上都一致。

(7)要能够服从多数。当领导机构中多数人的意见占上风时,就应当服从多数人的意见，而不能总是考虑照顾主要领导者的情面。切记，领导机构中最基本的前提就是牺牲个人的利益，来完成组织的目标。

维护团队"人和"的环境

历代儒家都肯定并十分重视"和"在管理中的作用，强调人际关系和谐的重要性。儒家思想把"和为贵"作为待人处世、管家治国的基本原则，"和"既是人际行为的价值尺度，又是人际交往的目标所在。

兵家也认为，"和"是人际关系的理想状态，是力量的源泉和成功的保证。有了"和"，才能集合群体的力量，提高工作效率，实现理想的目标。

在IBM，每个人都在努力缩短人与人之间的距离，创造一个良好的人际关系氛围。小托马斯·沃森曾经说过："没有任何事物能够代替良好的人际关系，以及这种关系所带来的高昂的士气和干劲……建立良好的人际关系说起来很容易。我认为，真正的经验就是，你必须始终坚持全力以赴地塑造这种良好关系，此外，更重要的是，所有的人必须形成一种团结的力量。"

在IBM公司工作，光埋头苦干是不行的，员工之间必须团结、互助、合作。在IBM公司，一件事往往会关联到很多部门，有时候他们会从全球的同事那里得到帮助，所以，员工间的友好互助意识非常普遍，工作中随时准备与其他同事合作。

良好的人际关系有利于沟通，使人心情愉快；亲和的文化氛围，有助于凝聚人心，培养团队精神。

玫琳凯·艾施是20世纪美国企业界的一个新秀。她在20世纪60年代用5 000美元的积蓄办起玫琳凯化妆品公司，开业时雇员仅9人。20年后，该公司发展成为员工5 000多人，年销售额超过3亿美元的大企业。

玫琳凯·艾施是如何将一个小公司做成一家大企业的呢？最重要的是她"精通人际关系学"。

艾施之所以特别重视人际关系，是因为她从实际工作中得到的启发。

在她还没有独立创业的时候，为了能同自己所供职的公司副总裁握手，艾施排队等候了足足三个小时。最终她等到了这个影响了她一生的握手——副总裁同她握手、打招呼，但眼睛却瞧着她身后等候接见的队伍还有多长。

时至今日，她仍然对当初的情形耿耿于怀："直到今天，我一想起那件事还伤心，当时，我暗暗对自己说，假如有朝一日我成为被人们朝觐的人，我一定要把注意力全部集中在站在面前同我握手的人身上。"

因此，成为企业领导者之后的艾施，总是尽力处理好与每一个团队成员的关系。

当有人问，"你是怎么做到这一点的？你难道不觉得累吗"？

艾施说："当然，做到这一点很不容易，但是，我从来没想过要放弃，因为我曾亲身体验被一个对于你来说很重要的人冷遇是什么滋味。处理好上下级关系永远是至关重要的。切记，永远不要用你不喜欢被对待的方式对待任何人。"

每逢圣诞节、公司周年纪念日，艾施都给职工寄发祝贺卡片。他们过生日时也会收到艾施寄去的祝贺信。

她在每张卡片上签名，并亲笔写下一句贺词。

她还规定，凡是加入公司届满一年的员工，都可以得到一条镶有饰物的金链。当进入公司3周年、6周年、9周年……的时候，他们得到的纪念品是其他首饰。当他们在公司工作15周年时，他们得到的是一件镶有钻石的首饰。

对于那些高级管理人员，艾施同样也会给他们送圣诞礼物和生日礼物。有一年，她在圣诞节送给销售主任每人一只"熊小姐"。拉一下它身上的线，它就会说："你是好样的。"或者"我爱你，你了不起。你什么都能干。"

在玫琳凯化妆品公司，团队成员间的融洽更体现在公司内部如家庭般的气氛上。玫琳凯化妆品公司中的人从不互称先生、夫人或小姐。公司办公室的门上也没有职位标志，而且除了开会之外，门总是敞开着的。虽然这样做可能会因别人的突然闯入而影响工作,但是,阿什认为,重要的是人们知道他们可以来找她讨论任何重大问题。她愿意公司的姑娘和小伙子们定期来看自己,向她诉说他们的抱负和梦想。

实践证明,和谐、融洽的上下级关系能够激起员工的自尊,使员工感到温馨。团结互助的同事关系会让团队成员心情愉悦,工作更加高效。

德国西门子公司的历代领导人都坚持这样一个信念:"一个公司要兴旺发达,每一个员工都必须团结一致,愉快而高效地工作。"和谐的人际关系正是这家历时150多年的著名公司长盛不衰,并保持着强大活力的重要原因。

美国的惠普公司提出"你就是公司"的哲学,使员工与公司心心相印,人企一体。结果是每一个员工都把自己的才干和智慧施展出来,使每一件新的产品都凝聚了每一位员工的才智和汗水,因而使他们获得了成功。

很多日本企业把"和睦"当作企业文化来宣传,如"柯尼卡是富有人情味的企业""新日铁公司就是我们的家""日立亲如一家"等企业口号,就是注重以和为贵精神的体现。

松下幸之助说:"事业的成功之首在人和;一群人在一起做事情,最重要的是同心协力,团结一致;公司上下团结一致,朝着共同的目标努力,是企业成功的关键。"

松下幸之助在企业管理中,十分重视"人和",他认为,当团队内出现矛盾甚至闹得不可开交时,团队的领导都负有解决矛盾、迅速"熄火"的责任。而最有效的方法就是遵循人类心理规律,通过心理疏导,唤起理智感,让矛盾双方自己解决矛盾,并实行自我教育,摆脱消极情绪对心理趋向的左右,在心理相融的气氛中和平解决冲突,化干戈为玉帛。

索尼公司创造的"五间房熄火法"是一种饶有趣味的化解冲突的办法,当员工之间发生矛盾时,闹矛盾的员工需要先后进入5个房间。

第一个叫"哈哈镜室"。满脸怒容的员工进入后,先照哈哈镜,看到哈哈镜中扭曲变形而又怪模怪样的自己,员工会忍不住笑起来,一笑解千愁,在笑声中他们自然消了些气,脸色开始有所缓和。

第二个叫"傲慢相室"。里面有一个橡皮造的塑像斜眼看着你，表示蔑视和看不起，这时工作人员让闹矛盾的员工拿橡皮榔头去打橡皮造的那个傲慢塑像，让闹矛盾者尽情宣泄还未消尽的怨气，以达到心理的平衡。

第三个叫"弹力球室"。房间内的墙上绑着一个球体，连着强力橡皮筋，工作人员叫闹矛盾的员工使劲拉开球后放开，球打在墙上马上反弹回来，击中闹矛盾者的身体，工作人员会问："你痛不痛？""为什么会痛？"然后告诉闹矛盾者，这叫"牛顿定律"，有作用就有反作用，你去惹人家，人家就会报复你。

第四个叫"劳资、劳工关系展览室"。让闹矛盾的员工认真观看过去劳资方怎样关心劳工以及职工之间互助友爱的实例，以加强对闹意见者的心理触动，引导他们反思自己的言行。

第五个叫"思想恳谈室"。经理在此等候，征求双方的意见，看矛盾如何解决。经历了四个房间的员工这时大多已冷静下来，双方一般情况下自然会主动解决矛盾，心平气和地接受批评和自我批评。矛盾解决好以后，经理对他们还要勉励一番，并给予物质奖励。

维护团队"人和"的环境，使企业员工在共同价值观念和共同的企业目标基础上，形成相信相存、和谐温馨的氛围，产生出对企业的巨大向心力和认同感。"人和"的团队使每个成员的力量得到有效的发挥，凝聚所有人员的力量，发挥神奇的力量，保证团队的高效执行。

融洽的组织气氛可以提升士气

通用电气公司前总裁斯通努力培养全体职工的"大家庭式的感情"的企业文化，公司领导和职工都要对该企业特有的文化身体力行，爱厂如家。从公司的最高领导到各级领导都实行"门户开放"政策，欢迎本厂职工随时进入他们的办公室反映情况，对于职工的来信也能负责地妥善处理。

公司的最高首脑与全体职工每年至少举办一次生动活泼的自由讨论。通用电气公司像一个和睦、奋进的"大家庭",从上到下直呼其名,无尊卑之分,互相尊重,彼此信赖,人与人之间关系融洽、亲切。

1990年2月,通用电气公司的机械工程师伯涅特在领工资时,发现少了30美元,这是他一次加班应得的加班费。为此,他找到顶头上司,而上司却无能为力。于是他便给公司总裁斯通写信,说:"我们总是碰到令人头痛的报酬问题。这已使一大批优秀人才感到失望了。"斯通立即责成最高领导部门妥善处理此事。

三天之后,他们补发了伯涅特的工资,事情似乎可以结束了,但他们利用这件为职工补发工资的小事大做文章。第一,向伯涅特道歉;第二,在这件事情的推动下,深入了解那些优秀人才待遇较低的问题,调整了工资政策,提高了机械工程师的加班费;第三,向著名的《华尔街日报》披露事件的全过程,在美国企业界引起了不小震动。

事情虽小,却能反映出通用电气公司的"大家庭观念",反映了员工与公司之间的充分信任。气氛代表一种士气,存在于企业的团队组织日常运作过程中。

气氛建设也就是氛围营造,与绩效共存于团队活动之中。有些组织,在提高绩效方面舍得花大钱,采用外聘咨询机构、专家等方法,力图达到业界最佳水平。但他们却常常忽视在组织气氛方面的建设,认为自己的下属会一直工作热情高涨,甚至认为"如果谁不认真干就辞掉谁"。忽视了团队的气氛建设,结果可想而知。在现代企业中,随着知识型员工所占比例的不断加大,技术创新永无止境,竞争也趋于白热化,团队组织如何能适应高速发展的世界,在竞争中不断取得优势、赶超竞争对手呢?

团队的组织气氛对团队的产出效率产生重要影响,世界范围内成功企业的具体实践以及与之相关的研究表明,组织气氛的质量,直接影响着每一位员工的业绩水平、发展定位、工作满意度,同时也影响着每一个组织的绩效。在良好的组织气氛下,目标明确、流程简洁高效、沟通顺畅、奖罚分明、积极进取,员工有良好的成就感、自信心,能及时认识自身的不足,并具有自我推动的能力;整个团队富有高度的责任感、凝聚力与向心力,每一个人都能够充分发挥自己的潜能,都愿意为实现组织目标而加倍努力。这就是我们追求的高绩效的组织氛围。

融洽、和谐的工作环境可以使员工全身心地投入工作,并充分发挥潜能,同时这也是营造高效型团队的必要条件。相反,如果员工工作士气低落,员工与员工之间、员工与主管之间存在隔阂,工作在剧烈摩擦阻碍下进行,其结果必然导致整个团队处于消极状态,产出率大打折扣。

作为领导者,驾驭团队运作必须关注组织气氛,从小事做起,从自己做起。抽出一些宝贵时间,开个民主生活会,促进彼此沟通;用典型事例激励一下员工;写一篇文章,勾画团队美好的未来……团队的威力在于每一个人力量的尽数发挥,并叠加在一起形成"共振"效果。作为主管领导,要最大可能地引导这种"共振"效果的产出,假如领导者经常把好建议抛在一边,久而久之员工的积极性就衰减殆尽。主管是组织氛围的主要营造者,组织氛围建设在很大的程度上取决于主管的领导作风,主管要高度重视组织氛围建设,把它纳入团队的工作计划,营造一个良好的组织氛围,不仅有利于提高员工的工作积极性和稳定性,促进部门工作绩效的提高,还能为推行各项领导工作提供保障。

让企业文化融入每个人的血液

"人管人累死人,文化管人管住魂。"文化是一种软性的力量,一个王朝不能仅靠刀马治天下,一个团队也一样,要想实现长久的发展,就必须使文化的统合力融入每个人的血液。

有人说,文化就好像弥漫着某种味道的物资,只要你走进这间屋子,不论你愿意不愿意,都能闻得到。西方企业的领导者说,文化是一种"难以用物捕捉到它，却又无所不在"的东西。它像一根纽带，把员工和团队的追求紧紧联系在一起，使每个员工都产生归属感和荣誉感。

仁达方略企业管理咨询公司董事长王吉鹏先生认为，"企业文化像空气一样存在于企业之中。作为一种氛围，文化看似无形，却渗透到企业管理的每一个细节当中，它不是管理方法，而是形成管理方法的理念；不是行为活动，而是产生行为活动的原因；不是人际关系，而是人际关系反映的处世哲学；不是工作状态，而是这种状态所蕴涵的对工作的感情；不是服务态度，而是服务态度中体现的精神境界。总之，文化虽然流溢于一切企业活动之外，却又渗透于企业的一切活动之中，员工的一切行为都可以在这里找到标准和方向"。

良好的团队文化可以使团队成员在轻松愉快的环境中工作，这样，团队成员之间就会彼此信任，且有共同目标，团队的创造性和潜力会得到极大的激发，业绩当然也会显著增强；相反，如果是不好的团队文化，则成员之间就有可能出现关系冷漠，上下级之间缺乏沟通和信任，部门之间互相推卸责任等现象，很容易导致团队的内耗，使团队目标无法实现。

星巴克对自己的定位是"第三去处"，即家与工作场所之间的栖息之地，因此让顾客感到放松舒适、满意快乐是公司的愿景之一。与绝大多数企业不同，星巴克从不强调投资回报，却强调"快乐回报"。他们的逻辑是：只有顾客开心了，才会成为回头客；只有员工开心了，才能让顾客成为回头客；当两者都开心了，公司也就成长了，持股者也会开心。而团队文化则是他们获得"快乐回报"的最重要的手段。星巴克是如何创造这种平等快乐工作的团队合作文化的呢？

首先，领导者将自己视为普通一员，他们并不认为自己与众不同，应该享受特殊的权利，不做普通员工做的工作。比如，该公司的国际部主任去国外的星巴克巡视时，也会与店员一起上班——做咖啡，清洗杯碗，打扫店铺甚至洗手间，完全没有架子。

其次，星巴克以商店为单位组成团队，每位员工在工作上都有较明确的分工，有人专门负责接受顾客的点菜、收款，有人主管咖啡的制作，有人专门管理内部库存……但每个人对店里所有工种所要求的技能都受过培训，因此在分工负责的同时，又有很强的不分家概念。也就是说，当一个咖啡制作员忙不过来时，其他人如果不算太忙，会主动帮其缓解紧张，完全没有"莫管他人瓦上霜"的态度。这种既分工又不分家的团队文化是有针对性地进行强化训练的结果。

再次，鼓励并奖励合作，培训合作行为。所有在星巴克工作的员工，无论你来自哪个国家，在商店开张之前，都要集体到西雅图（星巴克总部）接受3个月的培训。学习研磨制作咖啡的技巧当然用不着3个月，这3个月中的大部分时间是用于磨合员工，让员工接受并实践平等快乐的团队工作文化。由于各个国家间的文化差异，平等的公司文化有时会遇到很大的阻碍。比如，日本、韩国的文化讲求等级，很难打破等级让大家平等相待。最简单的例子就是彼此之间直呼其名，因为习惯了加上头衔的称呼，不加头衔称呼对方对上下级都是挑战。为了实践平等的公司文化，同时又尊重当地的民族文化习惯，结果就想出给每个员工起一个英文名字来解决这个矛盾的办法。另外，公司还设计了各种各样有趣的小礼品来及时奖励员工的主动合作行为，让每个人都能时时体会到合作是公司文化的核心，是受到公司管理层高度认可和重视的。

团队能否做大、做强，最重要的因素在于这个团队是否有一种积极向上的、优秀的文化作支撑。有优秀文化支撑的团队，就会培养出一支团结协作、精干高效的团队，这个团队必然拥有强大的生命力和战斗力。

"沃尔玛"从一家不起眼的小店发展成为当今世界上最大的零售企业，必定有其独特的经营之道。约翰·科特在进行企业文化与企业业绩关系的研究中惊奇地发现，沃尔玛这家服务性公司在企业文化力量方面平均得的分值排名第一，而与此同时的企业经营业绩增长指数排名也位居前列，排名第二。在众多成功因素当中，沃尔玛的文化和因其文化而聚集的团队起了首屈一指的作用。在美国管理界，沃尔玛被公认为是最具文化特色的公司之一，最适宜工作的公司之一。可以说，沃尔玛文化打造的团队是沃尔玛其他战略得以成功实施的肥沃土壤。

毋庸置疑，在今天的新经济环境下，深入人心的团队文化对团队的成功、高效具有至关重要的意义。如果没有良好的团队文化，团队成员之间没有凝聚力，整个队伍就会像一盘散沙，团队的生命也就无法再延续下去了。

"三流企业卖产品，二流企业卖品牌，一流企业卖文化。"我们看看历史悠久、卓越不凡的团队，如IBM，它的产品在不断地更新换代，经营模式在不断地改变，CEO也经历了很多代人，但它始终能抓住机遇。为什么？就是因为它有自己优秀的、独特的团队文化。

第十二章
法治大于人治，将自我意识从执行中清除出去

"人治"是中国传统文化的一个特点。中国的文化历来崇尚个人魅力，重人不重制度，人治时常大于法治。人治根据人的主观意志做出抉择，具有灵活性和可变性，但同时也会导致主观随意性，导致制度形同虚设，这正是许多管理问题的根源所在。

领导人的管理恶习会毁掉企业

企业管理者对一个企业来说有着决定性的作用，目前，国内大多数企业的管理者都精于业务，偏重经营，强调业绩，而疏忽管理，从而导致部分企业发展缓慢或停滞不前，甚至经营寿命不长。尽管他们也知道制度管理的重要性，并建立了各种制度，但往往不能持久地执行，有时制度的制定者竟然成为制度的率先破坏者。究其根源，还是企业管理者身上的某些不良管理习惯在作祟。

（1）藐视制度，执行不力。一些企业的管理制度，时常会出现前后矛盾、左右冲突的尴尬状况。大多数企业管理者这时不是考虑怎样系统地完善制度，而往往会告诉执行者：制度是死的，人是活的，不能死抱着制度不

放，原则性应该和灵活性相结合。言下之意，制度不必事事、时时执行。于是制度被打了折扣。

（2）增删制度，随心所欲。有些企业在制定制度时，不是根据企业的实际情况和需要，而是一味地仿效成功企业所用的制度，或东搬西抄，或简单拷贝。这样制定出来的制度，科学性、系统性、准确性都存在问题，一旦执行，先天缺陷即暴露无遗。于是企业管理者又会发出增删制度的命令。其实世界500强成功企业，各有各的特色，各有各的企业文化和管理机制，因此，切忌生搬硬套。

（3）各搞一套，常换制度。伴随管理者的新老交替，企业管理制度也不断变更，名曰体现个人管理风格和经营理念，却忽视建立真正适应并促进企业发展的制度。

有些习惯，在管理者看来可能是小事一桩，但对员工来讲，制度的严肃性、真实性就会大打折扣。管理者随心所欲的管理习惯对企业的危害有时是致命的。只有克服这些陋习，才能把企业做大。

（4）会议决定，绕开制度。遇到一些没有把握或不便个人表态的"棘手"问题，企业管理者通常会召开会议讨论，说是尊重集体的决定，其实是将一班人凌驾于制度之上。这是权大于法在企业里的一种表现形式。我国现行的有关法律规定，涉及员工切身利益的制度，得由员工代表大会或企业工会组织按一定的法律程序通过才能变动或废除，但有些企业并不如此操作，显然，这已经不仅仅是个遵守企业规章制度的问题了。

（5）执行制度，网开一面。某些业务骨干、领导的爱将出现了违规行为时，企业管理者往往不愿执行制度，或网开一面，或从轻发落，并美其名曰：特事特办，个案处理。管理者也意识到这种做法对企业的制度化管理不利，所以还会补充叮咛一句"下不为例"。

（6）轻易承诺，随意反悔。有些企业管理者往往会在情绪好的时候轻易承诺奖励下属，或答应一些平时不肯松口的事情，可是冷静下来又会反悔，或装糊涂。这样做的结果，自然只能给员工留下说话不算数的坏印象。

让法治代替人治

美国土木建筑业大王比达·吉威特成功的关键在于他那独特的经营哲学："倘若可以多赚1美元，只要有这种机会，我绝对不放弃。"他有一种近似天才的先见，当一件事尚未来临，他便能预见它将在何时发生；他还有一种严肃而实际的人事管理专长。

比达·吉威特作为经营者，能够制定很巧妙的人事政策，激发手下的才能和工作热情，因此工作效率非常高，人人愿为他奋斗。

1950年前后，比达·吉威特在同一时间拿下了两项工程。一项是在俄亥俄州建设原子炉，一项是在怀俄明州建设克林利马堤防工程。在这两项大小难易不同的工程同时中标且同时进行施工的情况下，比达·吉威特便表现出他那独特的用人专长。土木建筑工程师一般都有共同的特性，那就是越面对困难的情况，越能提起工作兴趣，干起来越能发挥所长。何况对于原子炉建设，既能体现出站在时代的尖端，又含有国家意义，因此他们的情绪的确都非常高昂。而对于堤防工程，大家无不认为是举手间的小事，觉得干起来不够过瘾。

比达·吉威特对于这两项工程的进行情况，时刻关注着，并且根据从事堤防工程的技术人员在工作中的实际表现，随时调配他们去从事原子炉工程。相反地，对于在从事原子炉工程方面能力表现较差的，便送去干堤防工程。这种人事管理办法实施的结果，使得每个从业人员竞争意识大大增强，个个争先，也使得这两项工程保质保量很快完工。

比达·吉威特在用人方面表现出来的过人之处还在于他所经营的事业上，自己并不亲自参与，始终只指示做法，然后把一切完全托付给实际负责人，至于工作效果，更能迅速地给予评价，丝毫不放松，这就是他的一贯作风。作为领导者，应当以有效的手段保证规章制度得以贯彻落实，注意宣传，而不要以为这些规则谁都知道。规章制度中若有什么碍于情面而不方便宣布的，要及早解决，别等到出了什么后果才去亡羊补牢，恐怕那时已来不及了。

制度的作用是引导

联想集团有个规矩，凡开会迟到者都要罚站。在媒体的一次采访中，柳传志表示："我也被罚过三次"。他描述说，"公司规定，如果不请假而迟到就一定要罚站。但是这三次，都是我在无法请假的情况下发生的，比如，有一次被关在电梯里边。罚站的时候是挺严肃，而且是很尴尬的一件事情，因为这并不是随便站着就可以敷衍了事的。"

在20个人开会的时候，迟到的人进来以后会议要停一下，静默看他站一分钟，有点儿像默哀，真是挺难受的一件事情，尤其是在大的会场，会采用通报的方式。第一个罚站的人是我的一个老领导。他罚站的时候，站了一身汗，我坐了一身汗。后来我跟他说："今天晚上我到你们家去，给你站一分钟。"不好做，但是也就这么硬做下来了。

据说在联想被罚过站的人不计其数，还能说明这个制度的有效性吗？柳传志非常肯定地回答："当然有效，而且非常有效。在不计其数以后，出了问题就要受罚的观念就深入人心了。并且不管谁犯了错误都会受罚，公平感才会产生，你的团队才会精神百倍。"

独具特色的松下"七精神"

著名的松下电器公司有八万员工，每天早上上班的第一件事，就是全体起立，齐声朗诵公司的"七精神"，很多年过去了，松下的这个仪式一直还都延续着，有些年轻人不了解公司为什么要这样做，但是随着这个仪式每天的进行，松下的精神还是潜移默化、不知不觉地影响了他们行事的方式。

这个著名的松下"七精神"具体就是以下的七条：

一是产业报国的精神。产业报国是松下的经营宗旨。从事产业工作的员工，必须十分重视此种精神。

二是光明正大的精神。光明正大是为人处世的基本准则，即使学识才能如何优异，但如缺乏此种精神，则不足为法。

三是亲爱精诚的精神。亲爱精诚为松下的信条之一，即使各部门内都有优秀人才，但如缺乏此种精神，即等于乌合之众，不可能产生任何力量。

四是奋斗向上的精神。彻底奋斗才是达成使命的唯一要诀，如果缺乏此种精神，即无法获得真正的和平与进步。

五是遵守礼节的精神。如果不重礼节、缺乏谦让，就无法维护社会的秩序。唯有拥有礼让和谦虚的美德，才能美化社会，形成人情味的人生。

六是顺应同化的精神。除非顺应自然法理，与其融成一片，否则就不易发达、进步。如果不能适应社会的大趋势，固执己见，则绝不可能成功。

七是感恩图报的精神。感恩图报的心意，能为人们带来快乐和活力。只有秉持着这种观念，才能克服困难，创造真正的幸福。

这样一个价值观体系是由创始人松下幸之助提出后，以理念的形式注入每个成员的精神中，使大家愿为企业的共同目标而努力奋斗。当这家企业还是一个街道弄堂小厂的时候，创始人松下幸之助就制定了公司的纲领，"努力为社会生活之改善提高以及世界文化之进步做出贡献""生产广泛需要的贵重生活物资，要像管理中心流水线一样，源源供应于世，以消除贫困，带来繁荣"。正是这一纲领的延伸和发展，逐步形成了上述的"七精神"。

始终强调组织行为

有这样一个实验：一副扑克牌，牌面上有各种漂亮的图案，把在场的许多人分成A、B两组，请A组的每人从中选取自以为最好看的两张；请B组每人选取两张红桃，并对点数做了明确的要求。最后，请两组人员把牌亮出来。于是，出现了下面的结果：A组：黑桃2，方块A，黑桃8，梅花Q，红桃3……B组：红桃A，红桃K，红桃Q，红桃J，红桃10……两组的结果是完全不同的，A组是一副杂牌，B组却是一手红桃同花顺。为什么会这样呢？这是因为，对于A组没有明确的指令，所以A组的人都是按照各自不同的审美观念来选牌。

我们不必评判他们的选择孰优孰劣，但很显然，他们每个人的做法都是一种个人行为。个人行为与个人行为混合在一起叫什么？叫"乌合之众"。再看看B组，清一色的同花顺，这才是组织行为。领导者不可能拿一副杂牌去打败对手的同花顺。所谓"世有三亡，以邪攻正者亡，以逆攻顺者亡，以乱攻治者亡"。公司处于A组状态，不是员工的过错，而是决策层有问题。

如果想要得到一副同花顺，必须达到两个条件：第一，决策层一定要思路清晰；第二，要给员工发出明确的指令。否则，员工们要么茫然失措，要么自行其是，就像刚才的游戏一样，形成一手杂牌。

著名管理学家亨利·艾伯斯说，上级领导的职责是把下级的行为纳入一个轨道，有利于实现组织目标。

每个企业都有一套严格的管理制度，其中不乏规范而完善者。企业制度是整个企业有序运作的核心机制，它管理着企业向既定目标前进，无人能凌驾于制度之上。即使是制度的制定者，同样也要在制度允许的范围内工作，亦即制度面前人人平等，没有员工与领导之分。

第三部分

八个到位，确保制度获得有效执行

制度到位，执行才不会缺位。执行到位，结果才不会错位。

一个团队绩效低的特征主要表现为：①关注公司业绩的人少，关心自身利益的人多；②制度执行不力，却无法改善；③假设减少20%的人力，公司或部门还可以正常运行；④公司投诉较多的都是内部协作之类的问题；⑤多数岗位实行相对固定薪酬；⑥工资费用率居于高位；⑦缺乏目标管理；⑧正激励少负激励多，做减法多过加法。

第十三章
责任到位,责任一缺位执行必缺位

想要执行到位,责任意识是基础。强烈的责任感和事业心是提高执行力的内在动力,只有拥有"在其位、谋其政、尽其责"的责任意识,才能尽心尽责地做好每一件工作。有责任心的人一定会努力、认真工作;一定会工作细致,富有创新精神;一定会按时、按质、按量地完成任务,解决问题;一定能主动处理好分内与分外的相关工作,无论是否有人监督都能主动出色地完成工作而不推卸责任。

责任一缺位,执行必缺位

执行要到位,首先责任要到位。责任不到位,执行必定缺位。只有责任落实到了每一个细节当中,才会打造出一流的执行者。

近年来,有关"豆腐渣工程"的报道不时见于报端。

2007年8月20日的《报刊文摘》上刊载了一篇名为《老城经600年不倒新墙才数月已塌——明皇故城午门修建工程被指"豆腐渣"》的报道。

报道中称:国家重点保护文物、安徽凤阳县明中都皇故城午门修建工程7

月9日大面积倒塌，引起当地群众普遍不满："明皇故城历经百年风雨，整修城墙却因一场梅雨坍塌！"这不仅使国家数百万元投资付诸东流，也使这一宝贵文化遗产遭受损毁。

明皇故城午门修建工程总造价820万元。据事故调查小组介绍，东、西翼楼几面墙体完工最早的仅年余时间，最晚的才半年多。

与此形成鲜明对比的是，午门西边不远，是600多年前修建的皇故城西华门，尽管已历经几百年风雨，但城墙整体仍相当完好。

为什么一边是历经600年而风雨不倒，另一边却是刚刚建成就已倒塌？按理说，现在的建筑技术、材料远远超过600年前，但质量为什么反而不如以前？

答案只有一个：责任一缺位，执行必缺位；执行要到位，责任先到位。

在南京一面建于明朝的古城墙上，有细心的游客发现了一个非常特别的现象：每一块砖上，都标有名字。后来经导游介绍才知道，这面城墙建于明太祖朱元璋时期，砖上的名字，就是负责砌城墙的工匠的名字。几百年过去了，城墙还保存得非常完好，恢宏的气势、坚固的墙体，依旧可以让人感受到当年工匠砌墙时的用心。

当责任已经刻入了每一块砖里，执行就不可能不到位，墙体就一定能坚固，就绝不会出现"豆腐渣"工程。

在古城墙砖上刻下名字的做法，确实值得我们借鉴和学习。不仅重大的工程要责任到位，工作中每一件事都要责任到位。

责任不到位的执行，就像一盘散沙，散掉的不仅是执行的效果，而且还会散掉人心，造就一支松松垮垮的团队。

那么，如何才能让责任不缺位？

第一，明白"所有人都有责任，实际上就是所有人都没有责任"。

执行中最怕说"这是你们所有人共同的责任"。所有人都负责，结果往往是所有人都负不起责任：有了问题你指望我、我指望你，结果是谁都不去解决；出了问题则互相推诿。

第二，明确"这就是你的责任"。

也就是将执行的责任分解到每一个人,明确告诉执行者执行的范围和标准,哪一点、哪一个环节出了问题,那么"就是你的责任"。

第三,出了差错,一定要有相应的惩罚措施。

尽管南京明故都古城墙的砖上只标出了工匠的名字,但毫无疑问,这背后必然跟着相应的惩罚措施,哪块砖出了问题,都能查到相应的责任人,进行相应的处罚。责任细到了每块砖上,谁敢掉以轻心。

如果有了上面这三点作保证,那么,责任就必然到位,执行就不再缺位。

将责任"种"在脑袋里

吉列公司的董事长兼CEO吉姆·基尔特斯是一个善于拯救那些濒于崩溃的企业的行家里手。

当基尔特斯在2001年2月接手吉列时,吉列已经是一个生产消费品的烂摊子。这家Mach3剃刀、金霸王电池和Oral-B牙刷的制造商曾经业绩辉煌,但却连续14个季度没有盈利。5年来,销售收入和盈利均没有增长,2/3的产品市场份额下降。这家位于波士顿的公司的股票已从过去的热门变得无人问津,其价值在1997年和2000年间下降了30%。

基尔特斯认为,处理问题的第一步就是:让公司的问题成为你个人的问题。到吉列的第一天,他就试着让人们了解这一点。"你必须有责任感",他安然地坐在位于波士顿培基大厦48层的吉列总部的办公室里,双手交叉放在桌上,神情严肃,这样解释道:"人们总是喜欢说,'是管理层让我这样做的'。好吧,我们全都是管理人员。"

在一次各部门全体负责人参加的会议上,他要求大家举手发表意见:"你们中间有多少人认为我们的成本过高?"房间里的每个人都立刻举起手。然后他问:"你们中间有多少人认为自己的部门成本过高?"没有一个人举手，基尔特斯认为，这是"问题"。企业经理们的一个普遍回答：每个人都知道存在问题，但是没有人认为是自己的问题，而这就是基尔特斯开始的地方——他要使问题成为每个人的问题，如果你还打算保住工作的话。

所有与基尔特斯共事的人都知道，这位芝加哥人非常严格，要求非常高。现在和原来的同事们都使用同样的形容词描述他，"要求严格""要求高"和"高效率"等词语一再出现。基尔特斯对预算的审核极其严格，不论一个项目花费500万美元还是5 000美元，他都会仔细审查所花的每一分钱；如果你的业绩不能达到他的要求，他就会去找能够达到这一要求的人。

在他30年的职业生涯中，基尔特斯设计出了一个拯救"问题"企业的"蓝图"。基尔特斯坦率地谈论了这一"蓝图"，以及他如何将其应用到吉列。正像他本人承认的那样，这不是尖端的火箭科学，但这也是一个一丝不苟和步步到位的过程。他没有仅仅梦想吉列宏伟的远景，而是晚上工作到深夜，考虑卖电池应该使用6只还是8只包装。他没有集结全体员工大讲吉列如何能够改变世界，基尔特斯做的是放幻灯片，与竞争对手比较费用的高低。这并不引人入胜，也没有特别的吸引力，这仅是一个正统的经商之道，而这的确奏效了。

在正式上任6个星期以前，基尔特斯就对吉列以及吉列的问题进行了详细调查。他审查以往的年报、华尔街的研究以及业界的评论。他行程数百英里，与吉列的销售人员一起出差，走访商店，视察仓库和制造厂。他研究吉列的广告，并仔细阅读消费者的反馈。

在拜访吉列的一家大的零售商时，一位客户坦率地告诉他，如果要从吉列那里采购，他会等到每季度结束的那周。"因为我知道，为了成交，吉列在那个时候总会压低价格。"正像基尔特斯发现的那样，吉列的销售人员普遍采用一种被称为"快速交易"的有害商业行为。为了完成每季度的定额，他们乐于做任何事情——在交易时提供大幅度的折扣，提供新的产品包装以及其他的种种优惠。这种做法并不违法，在许多行业也很普遍，但通常不是一种精明的商业行为，所以吉列不应该采取这种做法。

吉列开始了基尔特斯式的严格管理。在最初上任的6个月里,基尔特斯推出评分制度,停止"快速交易"行为,彻底检查公司的财务报告系统。每天早晨,基尔特斯和他的高级管理层都会得到前一天刀片、电池和牙刷销量的准确报告。为了增强财务约束,基尔特斯还实行了他称之为"人头费零增长"政策。

现在各部门负责人必须与同行业中最强的竞争对手在费用方面进行比较,结果,基尔特斯发现公司财务部门的费用比竞争对手高出30%~40%,人力资源部门的费用高出15%~20%。基尔特斯让每个部门自己想办法,将费用降低到行业水平,每个部门都必须做到。

这位首席执行官也彻底检查了吉列的供应链,在他上任前,吉列各部门单独采购厚纸板、铝、钢和塑料等原材料。事实上,直到基尔特斯要求各部门进行统计之前,没有人准确了解公司在全球各地采购的支出(接近几十亿美元),各个部门间缺乏协调。这意味着吉列各部门如果现在统一采购,可省大约2亿美元的开支。

通过这一系列的改革,吉列公司走出了困境,步入了迅速发展的快车道。

"你必须有责任感",基尔特斯的话语可谓一语中的。工作就意味着责任。在这个世界上,没有不需承担责任的工作,相反,你的职位越高,权力越大,你肩负的责任也就越重。将公司问题视为你个人的问题,你才能全身心地投入到问题的解决当中去,你也才能将问题出色地解决掉。

一个合格的管理者首先要有责任心和使命感,既然公司授予了我们职权,我们就要承担起相应的责任,为公司解忧,把公司当作自己的公司来做。责任感不仅是管理者立足于社会、获得事业成功的必要条件,也是管理者至关重要的人格品质。

把责任放在第一位

任何执行要到位,最重要的都是责任要到位。

责任到位包括单位的工作,更包括执行者本身的努力。更明确地说:执行者的责任感到位,是执行到位的最重要保证。只有把责任感放在第一位,才能责无旁贷地承担起任务,才能想尽千方百计、想尽一切可能,保证执行完成、到位。

很多人永远都不会忘记1976年7月28日这个特殊的日子,这一天,唐山发生大地震,24万人被这场突如其来的灾难夺去了生命。

在很多人的印象中,这次地震的第一报信人一定是唐山市委、市政府的领导。但实际上,给党中央报信使党中央准确了解震中位置和情况的,是一位煤矿的普通干部,一个叫李玉林的唐山人。

整个报信的过程是这样的:

当天凌晨三点多,正在熟睡中的李玉林被地震震醒了。跑出去一看,他立即被眼前可怕的景象惊呆了。当时他的第一个念头就是赶紧去矿上看看工人怎么样了。

在去煤矿的途中,他经过自己父母的家,但是为了争取时间,他没有进去。一路上,四周静得可怕,房子全倒了,只剩一片废墟,到了矿上,又是一片狼藉。他转身又朝市委大楼跑去,到了那里,他才发现市委大楼也已经被夷为平地。

军人出身的李玉林突然意识到:必须尽快向党中央汇报灾情,只有部队才能应付眼前的局面,而只有党中央才能调动部队。这时,矿上的救护车正好开了过来,李玉林马上将车拦住。

碾过瓦砾,救护车驶上起伏不平的道路,在寂静与黑暗中颠簸、摇摆,拼尽全力一路奔驰向西,直奔首都北京。

经过千辛万苦，李玉林终于到了中南海，向几位副总理汇报了唐山的情况，而在此之前，中央没有收到关于唐山地震的任何具体情报。不仅如此，李玉林还迅速地画了一张地图，标明了出入唐山的各个路口，还大致标明了各机关、厂矿的位置。就这样，李玉林的报信为党中央指挥开展救灾工作赢得了宝贵的时间，也因此挽救了无数唐山人的生命，而他自己，却在这场地震中失去了14位亲人。

在这个故事中，我们看到了一个如何用责任感保证执行完成的典型。

1.责无旁贷："这就是我的责任"

为什么那么多人中，只有李玉林想到了要去向党中央报信？因为面对突如其来的灾难，李玉林首先想到的是：让党中央知道情况，赶紧开展救援工作，是我责无旁贷的责任！

2.当仁不让：主动执行

按常理，发生这么大的灾难，首先报信的应该是唐山市委、市政府，但当时市委大楼已夷为平地，而交通和通信又全部中断，这时候，哪怕有一个人能早一分钟去报信，多一个人汇报情况，对党中央早一点开展救灾工作，进行更周到的部署都是极为宝贵的，于是，他当仁不让地主动承担起了执行任务。

3.先公后私

李玉林在地震中失去了14位亲人，甚至在路过父母家时，他都没顾得上进去看一眼，这并不是他没有感情，而是因为肩上那份沉甸甸的责任。

责任到位，执行才能到位

实际工作中，之所以会出现一些重大决策没有很好地落实到位，一些重要政策在落实过程中打了折扣，一些重大工程在实施过程中进展缓慢等现象，究其原因，往往不是方向不明、道理不清、招数不对，而是失之于用心不够、责任不清。

广州一个家电制造有限责任公司曾发生过这样一起事故：

3号车间有一台机器出了故障，经过技术人员检查，发现原来一个配套的螺丝钉掉了，怎么找也找不到，于是只好去重新买。

在购买时发现市内好几家五金商店都没有那种螺丝钉，采购员又跑了几家大型的商场，也没有买到。

几天很快就过去了，采购员还在寻找那种螺丝钉，可是工厂却因为机器不能运转而停产。于是，公司的管理者不得不介入此事，认真听取事故的前因后果，并且想方设法地寻找修复的方法。

在这种"全民总动员"的情况下，技术科才想起拿出机器生产商的电话号码。打电话过去对方却告诉他："你们那个城市就有我们的分公司啊。你联系那里看看，肯定有。"

联系后半个小时，那家分公司就派人送货来了。问题解决的时间非常短，可是寻找哪里有螺丝钉，就用了一个星期，而这一个星期公司已经损失了上百万元。

很快，工厂又恢复了正常的生产运营。在当月的总结大会上，采购科长将这件事情又重新提了出来，他说："从这次事故中，我们很容易就能看出，公司某些工作人员的责任心不强。从技术科提交采购申请，再经过各级审批，到最后采购员采购，这一切都没有错误，都符合公司要求，可是结果却造成这么重大的损失，问题在哪里？竟然是因为技术科的工作人员没有写上机器生产商的联系方式，而其他各部门竟然也没有人问。"

企业组织中的岗位与岗位之间、员工与员工之间，都是责任与责任的关系，他们之间就犹如一台高速运转的机器中一个个相互啮合的齿轮，每一个齿轮的运转，都对整个机器的运转担负着重要的责任。很可能一个齿轮的缺失，将导致整个机器停止运行；小螺丝钉缺失，产生机器运营的缓慢和危险。责任不落实，一个小小的责任就可能酿成大祸，使企业蒙受巨大的损失。吉林中吉百货大厦就是毁在一个小职员没有踩灭一个小小的烟头上！

最宝贵的精神是落实的精神，最关键的落实是责任的落实。落实任务，先要落实责任，因为责任不清则无人负责，无人负责则无人落实，无人落实则无功而返。落实责任，是抓好工作落实的重要保证。

只有落实责任，才是落实任务、对结果产生作用的真正力量；只有靠落实责任，我们的单位和企业才能更加欣欣向荣；只有靠落实责任，战略才能隆隆推进，崭新的未来才能扑面而来；只有靠落实责任，个人的潜力才能得到无限的开发，个人才能一步步走向成功。

信守责任，让执行更完美

一位战败的将军牵着受伤的战马走进了树林，他带领全族的人出城杀敌，然而只有他一个人幸存了下来。悲伤至极的他决定了却自己的生命。当他拿起宝剑时，突然听到有人喊："将军，请先不要死，你死在这里会挡住我的去路，让我先过去！"将军回头一看，原来是一个上山打柴的老翁，他挑着柴担向山下走来。

老翁打量了将军一眼，放下柴担，坐在旁边用帽子扇起风来。"老先生，您怎么不走啊？"将军苦着脸问道。"那你又是为何呢？堂堂男子汉，为什么要自杀呢？"老翁反问道。将军对老翁讲明了原因，老翁听后不但没有同情他，反而哈哈大笑。

将军疑惑地问："您何故发笑？"老翁看了将军一眼，说："我每天到山上砍柴，我的责任是供养妻儿，即使刮风下雨也不能阻止我。供养妻儿是我的责任，我要信守我的职责，就算我老得担不动柴了，都不能改变！"老翁继续说道，"驱逐侵略者，让百姓过安定的生活是你的责任，你的士兵都是为这个责任牺牲的，你不能信守责任就是背信弃义之人。"老翁站起身，"将军，你现在可以死了！我的家人还在等着我呢。"老翁说完转身离去。

将军突然感到他要坚守自己的责任：为国家，为人民，驱逐侵略者！

他走遍附近的村庄，召集了很多人，再次举起了反抗侵略者的大旗。他经历了多次失败，但都没有放弃责任，在最艰难的时刻，他总能记得：信守自己的责任，就一定能达到目标。逐渐地，他的队伍不断壮大，终于赶走了侵略者，实现了他的目标。

对于一个成功的人来讲，他身上所体现出的最耀眼的光芒是强烈的责任心，能信守自己的责任，并将责任落实到自己的工作中。正是这种负责的精神，才能使他在工作中充满动力，能以一种愉悦的心情工作。这样，不但提高了工作效率，而且能使自己的工作成绩更加完美。这样既为未来的发展铺平了道路，又赢得了老板的青睐，使自己得到提升。

一辆列车高速行驶着，突然，车厢中响起了广播声："各位旅客，7号车厢中有位孕妇要临产，哪位旅客是医生，请马上到7号车厢。"林娜听到广播后站起来，走到7号车厢。"列车长，我是一名外科医生，但我刚毕业，在医院实习期间发生过医疗事故，刚被医院开除。"林娜对列车长说，"我很想帮忙，希望能给医生做个副手。""不！这里只有你一个医生，虽然你离开了医院，但你还是一名医生，你有能力完成你的使命！我们相信你！"列车长鼓励她。

"是的！我有能力，重要的是医生是我的职业，救死扶伤是我的使命，是我的责任。"林娜对自己说。她决定为孕妇接生，孕妇的丈夫告诉林娜："大夫，我妻子以前生过一次孩子，但因为难产，孩子没有保住。"林娜听后感到负担更重、责任更大了。作为医生，她应该让母子平安。林娜说："我会努力的！"过了半个多小时，车厢里传来了婴儿的啼哭声。

林娜成功了，她凭着强烈的责任心完成了工作和使命。她信守责任，经历过医疗事故后，重新振作了起来，证实了自己的人生价值。

在面对困难和挫折的时候，我们应该挺起胸膛，信守自己的责任，凭借责任感闯过难关，这样，我们将取得更加卓越的成就，表现出更加完美的人格。

其实一个人本身就是一个责任的集合体，身上肩负着对工作、家庭、亲人、朋友的责任，一个人的价值的展现就在于能信守自己的责任，完成自己的责任，只有这样，才能使自己的人生更有价值。

无论是企业，还是社会，都如一台高速运转的机器，其中的人如同机器中的相互啮合的齿轮，每一个齿轮都肩负着自己的责任，都直接面向与自己啮合的其他齿轮，如果某个人没能坚守自己的责任，停止了旋转，那么将导致整台机器停止运行。即使是缺失一个小小的螺丝钉，整台机器都将出现故障。

责任心为执行撑起一片天

现如今，很多企业、单位、团体都讲"提高执行力"，但为何成效不大？这很让人深思。执行力不好的原因是多方面的，管理没有常抓不懈，出台的管理制度不严谨，缺少针对性和可行性，缺少科学的监督考核机制等。

多年来，我们一直在学习新的管理理念和经验，其最终目的还是为了提高执行力，实现高效管理，真正从管理上出效益。我们的企业有着从严治厂的优良传统，"三老四严""四个一样"，至今在许多单位仍发挥着不可替代的作用。说到底，无论是继承发扬老传统，还是学习引进新理念，都是为了提高执行力。然而，有了这些理论经验，执行力就真的能提高吗？

说到底，理论经验是要变成实实在在的行动，才谈得上加强企业执行力；而加强执行力，就是加强人的执行力。如此一来，人的因素是最重要的。提高执行力不在于管理经验的新老，重要的是依靠每个人对制度措施不折不扣的贯彻执行，最终还是得靠每个人的责任心。

某县有位干部因业绩突出，上级想把他调往省城，而他却自愿留守县城，虽干得有声有色，却也辛苦至极。别人问他这样做值得吗？他答道："既然留下来，就有责任干好。"这是责任的力量。也常见各部门，因职位高下、利益不均，有人就推三阻四、拖沓怠工；可也有人照样无利而往、披星戴月地工作，单位兴旺发达了，他们仍默默无闻，只是一个幕后英雄而已。可他们的出发点很简单，"干这份事，就得为此负责"。由此可见，在企业的发展阶段，企业员工的责任心更能影响企业的生存和发展。有了责任心，才会凡事严格要求，制度执行中不打折扣，措施实施中不玩虚招，做到令行禁止。

令人遗憾的是，现实生活中的情形并不能乐观。有一个人给一位企业老板发送电子邀请函，连发几次都被退回，向那位老板的秘书查询时，秘书说邮箱满了。可四天过去了，还是发不过去，再去问，那位秘书还是说邮箱是满的。试想，不知这四天之内该有多少邮件遭到了被退回的厄运？而这众多被退回的邮件当中谁敢说没有重要的内容？如果那位秘书能考虑这一点，恐怕就不会让邮箱一直满着。作为秘书，每日查看、清理邮箱，是最起码的职责，而这位秘书显然责任心不够。

人们还经常见到这样的员工：电话铃声持续地响起，他（她）仍慢条斯理地处理着自己的事，根本充耳不闻。一屋子人在聊天，投诉的电话铃声此起彼伏，可就是不接听。问之，则曰："还没到上班时间。"其实，离上班时间仅差一两分钟，就看着表不接。有些客户服务部门的员工讲述自己部门的秘密："五点下班得赶紧跑，不然慢了，遇到顾客投诉就麻烦了——耽误回家。即使有电话也不要轻易接，接了就很可能成了烫手的山芋。"

这些问题看起来是小事，但恰恰反映了员工的责任心。而正是这些体现员工责任心的细小之事，却关系着企业的信誉、信用、效益、发展，甚至生存。那么，员工为什么会缺乏责任心呢？

首先是管理者不知道该如何体现和增强员工的责任心。这是经验少、智慧不够、思维能力不足的表现。

其次是企业的管理者思想懈怠或疏于管理监督，员工自然跟着懈怠。领导懈怠一，员工能松懈十。

再次是源于人的懒惰天性。企业原本规章制度执行得很好，可时间一长自然懈怠，思想上一放松，责任心就减弱，行为上自然就松懈，体现在日常的工作中就是执行力下降，很多问题均由此而生。

责任心体现在三个阶段：一是执行之前，二是执行的过程中，三是执行后出了问题时。怎样提升责任心呢？第一阶段，执行之前要想到后果。第二阶段要尽可能引导事物向好的方向发展，防止坏的结果出现。第三阶段，出了问题敢于承担责任。勇于承担责任和积极承担责任不仅是一个人的勇气问题，而且也标志着一个人是否自信，是否光明磊落，是否恐惧未来。

员工勇于承担责任是一种美德，一种勇气，是无私无畏的表现，更容易赢得领导的尊重，成为同事行为的楷模和样板。员工如有能力以一种负责的、职业的、考虑周全的方式行事，对公司来说是一种竞争优势，对于个人而言是一笔财富，是提高执行能力的最佳途径。

勇于承担责任不是大家心中所想的那样，好像自己要付出多大的代价。在公司里主动承担责任只会给自己带来好处，虽然有时候会牺牲自己的利益。从另一个方面来讲，勇于承担责任是每一名员工的职责所在，是义不容辞的事。

你有没有意识到这一点？你害怕承担责任，害怕自己的利益受到损失，害怕自己的前途受到影响。所以，你学会了推卸责任，学会了临阵脱逃，学会了"明哲保身"。可就在你洋洋得意的时候，你的前途却被你亲手毁掉了。

职责所在，义不容辞。只有这样你才能知道自己的能力缺陷在什么地方，才能去学习，才能去不断提高自己的执行力。

一流执行，必有一流把关

责任要彻底到位，还需要一流的把关作为保证，否则即使执行不缺位，也有可能因为疏忽或考虑不周全而导致执行的不完美。

所谓一流把关，就是对交到自己手上的工作，要检查再检查，细致再细致，考虑再考虑，以确保执行的万无一失。

雷英夫是周恩来总理的军事秘书，曾经担任总参作战部部长。他就是一个能够帮助领导把关、高度负责的人。

有一次，周总理带领我国政府代表团出访某国，将与该国政府签订一个很重要的协定。经过一系列的工作，协议写得很好，眼看第二天上午就要举行签字仪式了。这时候，随行的雷英夫却找到周总理，说他看出了协定文本中的一个问题。

原来，国与国之间的重要协定的签署，按国际惯例都是用法文作为正式的文本，因为只有法文的表达才是最准确的，但雷英夫部长在最后一次审定文本时发现正式文本上少了一行文字，便找到周总理。

周总理问雷英夫："好像你不懂得法文啊，你怎么知道有问题呢？"雷英夫说："我虽然不懂，但我看出法文本的协定比中文本的少了一行字，这不是小事。"周总理十分重视，马上布置对文本进行了重新校对，直到万无一失，才与别人签订协议。事后，周总理对雷英夫大加表扬，称赞他是一个高度负责任的人。

一流的把关，不仅来自于执行前的再三检查，也来自于执行中对多种可能性的了解和考虑，以随时做出调整。

美国著名演说家格里·富斯特讲过一个发生在自己身边的故事，通过这个故事，我们可以更好地理解"一流把关"的含义。

作为公众演说家，富斯特意识到自己成功的最重要一点，就是让客户及时见到他本人和有关他的材料。为此，公司还专门为他配了一名助手负责。

前后两任助手——琳达和艾米的不同表现给富斯特留下了很深的印象。

8年前，富斯特去多伦多参加一个会议。在芝加哥机场换机时，他给琳达打了一个电话，以确认是否一切都已安排妥当：

"琳达，演讲的材料送到多伦多了吗？"

"6天前我就已经将材料寄出去了。"

"他们收到了吗？"

"快递公司说他们保证两天后送到。"

尽管如此，富斯特还是有点放心不下。从表面上看，琳达已经将该做的都做了，甚至还提前几天将材料交给了快递公司，为意外情况留下了时间。

但似乎还是有疏漏，那就是她没有确认结果——材料到底是否已经送达。

结果，当富斯特赶到会场时，他的材料还没有送过来，为此，他不得不将重要的话题挪后，直到材料送来。

8年后，富斯特又一次前往多伦多参加会议，同样是在芝加哥机场，转机时，想到8年前的经历，他心中有些忐忑不安，于是他拨通了后任助手艾米的电话：

"我的材料到多伦多了吗？"

"会议负责人丽西亚说材料3天前就到了。"

接着，艾米又说："另外，丽西亚告诉我听众人数可能比原来预计的多400人，为此我又多寄了600份材料，这些材料也已经到了。还有，她问我您是否希望在演讲开始前让听众手上都拿到资料。我告诉她您通常是这样做的，但这是一个新的演讲，所以我也不能确定。所以，她决定在演讲开始前才发资料，如果您不同意这样做，可以提前告诉她。我这里有她的电话号码，您可以记下来，随时跟她联系。"

艾米的一番话，让富斯特彻底放下心来。

富斯特的这个故事，充分说明了一流执行力必有一流把关的道理。毫无疑问，琳达也是一位负责任的员工，她不仅寄了材料，而且为了保险起见，还提前了几天。但由于对结果没有把好关，而让富斯特陷入了很被动的境地。艾米则恰好相反，处处把关，不放过任何一个细节，让富斯特处处于主动的地位。

从这些优秀的执行者身上，我们学到了什么是责任心：

第一，不管是不是自己的"本分事"，只要与单位的工作有关，就要认真负责。

如雷英夫，协议的文本照理应该与他无关，但是为了对国家负责，自己主动去对文件进行检查。

第二，能力重要，但责任心比能力更重要。

雷英夫不懂得法文，可是他却能发现法文文本中的错误。这说明了什么？很多问题的发现和解决，首先靠的是责任心，而不是专业能力。

有责任心却缺乏专业能力，可以想办法去发现和解决问题；有专业能力但缺乏足够的责任心，就难以发现和解决问题。如果有了责任心再有专业能力，那就可以如虎添翼，达到最佳效果了。

第三，执行一定要问结果。

执行千万不能像琳达一样，只重过程，不问结果，而要学艾米，一定要对结果进行确认。这样，万一出现什么意外，也能及时查明原因，采取补救措施。

第四，要及时了解事情的变化，以便迅速做出调整，保证每个细节都万无一失。

正因为及时了解到听众可能会比原来预计的多400人，艾米才能及时地将不够的材料寄过去，不至于措手不及。

第十四章
纪律到位，有令则行，执行制度没有借口

铁的纪律是团队全体成员行为保持一致的前提和基础。实际上，任何组织都一样，要使组织成员能够具有统一的行为，必须做到"师出有律"，这样才能让"许多人"有序高效地沿着目标前进，实现团队力量大于这些人力量总和的质的飞跃。

制度是管理和纪律的统一体

一个企业的成功，绝不仅仅取决于严密的制度管理，更在于全体员工的参与意识和自主管理水平。许多著名企业适应时代的要求，采用了由"制度管理"向"自主管理"转化的现代管理方法，逐步实现由制度约束下的"要我干"向高度自觉的"我要干"的转变。

"微软"从创立开始就非常强调"纪律"，处处都有清楚的规定，每天早上的上班制度，就是最好的例证。每天上班时间从早上8∶00整开始，8∶05以后才报到的就要在"英雄榜"上签名，背负迟到的"罪名"，即使你前天晚上加班到半夜，第二天上班时间仍是早上8∶00。这和70年代嬉皮盛

行、个人享乐主义凌驾一切的美国,有些背道而驰,可是却延续至今,始终如一。

公司强调准时上班最主要的目的,是希望确保每件事都能够准时开始,像公司会议、报告、专案进度以及最重要的"交货时间"。英特尔特别重视团队合作,任何一个不守时的人都会影响团队中其他成员,对公司资源造成浪费,因此准时成为纪律要求的第一条规范。

公司总裁盖茨是推行纪律管理的最大功臣,他本人严守纪律的个性,也经常博得别人的赞扬。他和别人约会,从不迟到。除了准时之外,他的耐力和意志力也令人震惊,一旦决定要做什么,他必须排除万难,全力以赴,不看到最后结果绝不罢休。盖茨严格强悍的作风,使整个公司的管理纪律严明,从制造、工程、财务,甚至行销部门,每件事情都有清楚的规范,甚至连公司留言都分为不同等级,人人都以此标准而行。许多公司重视人性管理,以重视员工为口号,只有盖茨强调纪律胜于一切,这种注重企业自主管理的经验和方法,使微软的企业文化独树一帜。

秩序和纪律对企业运行的重要意义

从前面的分析可以看出,企业管理制度体现的是一种秩序、一种纪律。为什么秩序、纪律对企业那么重要呢?

就物质的东西来说,众所周知的准则是,"每件物品都有一个位置,每件物品都在它的位置上。"这条准则同样适用于人类秩序,"每一个人都有一个位置,每一个人都在他的位置上。"

根据上述定义,物质秩序应是每一个物品都应有一个指定位置,每一个物品都应在其指定的位置上。这就够了吗?很好地选择位置不也是很需要的吗?建立秩序的目的是为了避免物质的损失,要彻底达到这一目的,不仅应适当安排物体的位置,而且还应适当选择位置以便尽可能便利一切活动。如果未满足后一个条件,秩序仅仅徒有其表,表面的秩序可能掩盖着实际的混乱。我看见过一家工厂存放钢锭的院子,那儿物资堆放得很好,甚至排列整齐,很清洁,给人一种井然有序的印象。再仔细看时,可以发现,同一堆物资包括五六种制作不同产品的钢材,所有钢材混杂在一起。无效的操作,浪费时间,出现错误的危险都由此而来,因为每一件物品都不在它的位置上。相反,也有这样的事情,表面看起来混乱而实际上是有秩序的。比如,有一堆按主人意愿放得散乱的文件,一位好心但不懂行的仆人把文件进行整理并堆放得齐齐整整,而主人却很难再利用这些文件了。完善的秩序包括正确选择的位置,表面秩序仅仅是真正秩序的一个虚假的或不完整的表象。清洁是有秩序的必然结果,肮脏是没有被指定的位置的。一张显示划分为许多有雇员专门负责的部门的整体结构图非常有助于建立和控制秩序。

要在企业中建立起社会秩序,必须做到每一名雇员都有一个指定位置,并且每一名雇员都在他的指定位置上。完善的秩序还要求位置适合于雇员,雇员也适合于位置,正如英国的格言所说:"合适的人处于合适的位置上。"

按照这种理解,社会秩序以顺利地完成两种最困难的管理活动为先决条件:良好的组织和良好的选择。一旦确定了企业顺利经营所不可缺少的岗位,并且选择了适合于这些岗位的人员,每一名雇员都在能发挥自己最大能力的岗位上任职。这就是完善的社会秩序,"每一个人都有一个位置,每一个人都在他的位置上。"这似乎很简单,我们当然渴望这样,以致当我们第20次听到政府部门首脑肯定这一原则时,我们立即幻想出一个完美无缺的管理概念。这是一种空想。

社会秩序要求对人类需求和企业资源有确切了解,并且要求不断保持这些需求和资源之间的平衡。然而,这种平衡是极难建立和维持的,企业越大就越难。当这种平衡受到破坏并且个人利益导致忽视或牺牲整体利益时,当由于野心、裙带关系、偏袒或仅仅是无知增设了不必要的职位或把不胜任的雇员安置在职位上时,为了消除弊病,恢复秩序,就要求有比当前不稳定的部长级任命那种情况更大的才干、更大的毅力和更大的恒心。

纪律实质上是服从、执行、干劲、行为和外表尊敬，是遵照企业同其雇员之间订立的有效协议的。无论这些协议是经过自由讨论还是没有经过事先讨论给予接受，是书面的还是默契的，是出自双方的愿望还是出自条例和惯例，纪律的形式都是由这些协议决定的。

纪律是各种不同协议的结果，自然会表现出种种不同的形式；服从、执行、干劲、行为的要求实际上从某一家企业到另一家企业、从某一伙雇员到另一伙雇员、从某一时刻到另一时刻各不相同。然而，一般舆论深信，为了顺利地进行经营管理，纪律是绝对必要的，没有纪律，就不可能有企业的繁荣。

这种看法在军事手册中表现得非常突出，书中说："纪律构成军队的主要力量。"我们毫不保留地赞成这句箴言，还应补充一句："纪律是领导人造就的。"前一句话鼓励人们尊重纪律，这是一件好事，但它易于使人忽视领导人的责任，这是不合需要的，因为任何群体的纪律状况都主要取决了其领导人的作为。

当明显缺乏纪律或者上下级之间的关系有待大大改进时，对这种状况的责任不能随随便便地置之不理，不用找其他原因，出现这种恶劣状态多是因为领导人的无能。无论如何，这是我在法国各个地区所注意到的，我总是看到，法国工人在置于能干的领导者之下时是服从和忠诚的。

在对纪律的影响方面，除了命令之外，还应加上协议。重要的是，协议应当清楚明了，并且尽可能使双方都满意，做到这一点并不容易。半个世纪以来，企业和其雇员之间的协议形式出现了很大的变化。过去由雇主单方面确定的协议正在越来越多地被企业主或企业团体同工会之间进行讨论所达成的谅解协议所取代。因此，每一个企业主的责任都减少了，并且进一步被日益增长的国家对劳工问题的干预所削弱。然而，制定约束企业及其雇员的协议仍是工业领导人主要关心的事情之一，这种协议产生了纪律的方式。

秩序的重要性和纪律的产生原因，导致了企业管理制度的必要性，理解这一点，对企业经理在企业中的定章建制工作颇有意义。

服从永远是第一位的

德国人有句名言:"让规则来统治世界。"不管是谁,都不能凌驾于规则和制度之上。"服从第一"的理念如果不能渗透到每个员工的思想当中,企业就没有发展前途的,在市场竞争中一定会失败。

所有团队运作的前提条件都是服从,甚至可以说,没有服从就没有一切。所谓的创造性、主观能动性等都必须建立在服从的基础上才能成立。否则,再好的创意也推广不开,也没有价值。

一家企业的制度和战略的形成,都是无数商战和管理者的智慧、经验的结晶,但却常常因为员工的不服从而宣告失败。这样的教训实在太多了。因此,一些常青企业严格规定,一旦制度和战略形成,任何人都必须百分之百地支持和无条件地服从,甚至管理者也不得寻找任何借口。

1.服从是员工的天职

现在的企业中普遍存在着有令不行、拒不服从或者阳奉阴违的现象。一般来说,企业高层的主要责任是决策——做正确的事;企业中层的职责是执行——正确地做事;而基层人员的主要责任就是操作——迅速地完成任务。如果企业员工缺乏服从的习惯,就会造成执行力下降、效率低下,最终被竞争者淘汰出局。

当然,执行力度不够也可能是领导能力的问题,但是根本的原因还是服从的问题。如果管理者做出了决定,执行者打了折扣,甚至寻找借口来不执行决定,最终就会造成有令不行的现象。这时,如果管理者推开下属,自己动手去完成任务,就会造成企业管理的层级消失,权力下放的通道堵塞。这样必然会引发恶性循环:

下属越加不负责任、不听指令;管理者去做下属做的事情,遗忘了自己的职责,耽搁了企业存亡的大事。

其实，军队的服从和企业的服从本质上是一样的，只是程度有所不同。军队的服从讲的是既要服从长官的指挥，又要在某些情况下牺牲个人的利益。比如，要求大家既能从小事着手，做好手头的每一件看似微小的事情，又能密切关注周围的局势，在大事到来时，不发生任何闪失。不要以处理好每件小事为满足，在必要的时候要学会舍弃小范围利益而顾全大局，这就是管理者素质的培养。因为，在危急存亡的时候，管理者的决策行为就会发挥迅速而巨大的作用。而领导行为就是高度r服从、诚实、专注以及自我牺牲。

企业也是这样，在通常情况下，每个人各司其职，各就其位，做好本职工作，而当企业突然遭遇一些巨大的危机时，就像一支部队突然遭到炮火袭击，这时候士兵的服从便显得尤为重要了。

2.服从是正直的核心

美国的阿瑟·戈森说过："正直意味着自觉自愿地服从。从某种意义上说，这是正直的核心……"服从是一种行为，是一种意识，更是一种品质。这是为什么？

第一，服从没有面子可言。面对你的上司，应该借口少一点，行动多一点。在企业中经常会遇到这种情况：在一些主管接受一项业务时，不是一次就把事情做了，而是先让交代任务的人走开。"我现在很忙，先放在这儿"，好像马上去做就会显得自己不权威、不繁忙，其实，这样做的主要原因就是好面子。有人戏言，承认自己"在家怕老婆"的人一定能当官，这一观点有其正确的一面。在优秀员工的身上，好面子而延误工作的事绝不会发生。上司一旦安排了工作，他们就会无条件地立刻行动，因为服从面前没有面子可言。

第二，服从还应该直截了当。在企业中，需要这种直截了当、畅通无阻的传递过程。没有"顾忌"、没有"烦琐"、无需"协调"、无需"磨合"，全力而迅速地执行任务。这是一个非常重要的指标，是管理效能的一个非常重要的方面。

第三，接受当先。企业主管做出的任何一个决策都不是一拍脑门儿就决定的，他的工作是系列化的，你的某项任务就是其中的一个环节，不要因为你这一环节影响到主管工作的进程。他之所以将任务分配给你，包含了他个人的判断，而你认为"不可行"，那只是你的判断。你可以先接受他分配给你的任务，如果在执行过程中出现了问题，再去和主管沟通。你不应该马上推辞，并列出一堆理由来说明你的困难，这是最不受领导欢迎的，切记这一点。

第四，随令而动。立即行动是一种服从的精神。企业也应该具有这种精神——随命令而行，不能有一时一刻的拖延。如果一个企业的每一个环节都即令即动，就能积极高效地在第一时间内出色地完成既定的任务。从而使企业成长为"坚不可摧"的组织。

即使领导有很多不足之处，但至少有一点你不如他的地方，就是他拥有一定的资金、人才、商品、技术和社会关系等资源。

另外，能成为领导的人，首先他的个人能力就是不可否认的。如果员工感觉领导这也不对，那也不对，光相信一些肤浅的、表面的东西，看不清楚事情的本质，那就大错特错了。所以要把服从作为核心理念来看待，老板就是老板，员工就是员工，服从是第一生产力。每个人都要有意识地服从老板、服从上司。如果有不同意见，可以在老板没做决策前，给出建议；一旦老板决定了，就要服从决定，虽然这个决定违背你的本意，也要"盲从"。只有"令行禁止"的企业才能全面实现制度化管理。只有严格落实每一项制度和计划，企业才有高效率，才有竞争力。

3.服从是一种美德

服从的确是一种美德。一个企业，如果没有严格的规章制度和严明的纪律，就如同一盘散沙。如果没有服从，企业将会溃不成军，谈何竞争和生存。对于命令，首先要服从，执行后方知效果。还未执行，就发挥自己的"聪明才智"，大谈见解和不可执行的理由，那么，你走到哪里都是不受欢迎的角色。对于有瑕疵的命令，首先还是服从，在服从后再与领导交换意见，共同改进和提高，"先集中后民主"。现在越来越多的企业倾向于军事化管理，军事化管理最重要的一个特征就是"服从"，只有"服从"才能造就一支高效率、富有战斗力和竞争力的队伍，才能使企业立于不败之地。只有企业获得了发展，个人才能够获得同步的提高，获得我们人生的成功。让我们将服从这一美德渗透到我们的思想当中，在实际行动中实践它！

服从是行动的第一步。作为企业的一分子，你是企业内部经营运行环节的一个重要部位，你必须遵照指示做事以确保企业流程正常循环运转。服从意味着你必须暂时放弃个人的异议，约束自己去适应所属机构的价值观念。在学习服从的过程中，你就能更深地融入企业这个大家庭中，对企业的战略方针、价值观念、运作方式就会有更透彻的理解。

尽管并不是上司发出的所有指令都正确，但是，一个高效的企业必须建立在良好的服从机制上，一个优秀的员工也必须有极强的服从意识。企业是一个高度分工的组织，上司所处的地位、责任决定了他有权发号施令，上司需要依靠权威来保证大家为整体利益服务。一个团队，如果下属不能无条件地服从上司的命令，那么在达成共同目标时，则可能产生障碍；反之，则能发挥出超强的执行能力，使团队胜人一筹。

曾有一位著名的足球教练，每当见到运动员，便苦口婆心地劝他们把头发剪短。据说，他的理由是：问题并不在于头发的长短，而是在于他们是否服从教练。可见，纵然不懂教练的意图，但不找借口地服从，这才是教练所期望的好选手。同样，不找借口地服从并执行，这才是企业所期望的好员工。

"恭敬不如从命"是对服从的最好注解。如果我们在服从之外还有许多理由，那么，既然连"恭敬"都不如"从命"（服从）了，那还有什么理由可以比服从来得更令人满意的呢？

企业的组织原则同样应该是，"少数服从多数，下级服从上级""先服从，有意见和不同看法可以先保留"。

在企业中，制度就像赶车人手中的马鞭，它为员工的行为与活动指出了方向与范围。只有服从制度，遵守制度，才能让企业这辆车朝着成功的方向飞驰。

没有服从就没有落实

国有国法，家有家规。作为一名公民，要学法、懂法、守法。作为一名员工，就要严格执行单位的各项规章制度，如《员工行为守则》《财务管理制度》等这些带有普遍性和基础性的规章制度，执行起来不能有丝毫的违背。

许多组织都制定有相关的各种规章制度，并指定专门的人员对员工履行制度的状况进行监督，但这种监督不可能兼顾到每一个人，也不可能兼顾到每时每刻。更多的时候需要员工自律，自己约束自己，自己管理自己。作为员工，首先要明确自己的角色，掌握好工作的尺度，才能成为一个真正严守纪律的优秀员工。

没有人真正喜欢被约束、被管制，失去更多的自由。但是，这世上绝对的自由是不存在的。法国法学家孟德斯鸠有句名言："自由是做法律所允许的一切事情的权力。"我们生活的这个社会是由法律、法令、制度、规定、规章等来规范着的，每个人所能享受的自由只能是被限定在一定的范围内；否则，整个人类社会将是一片混乱、不可想象的。

任何人都要受到一定制度的约束，这种制度既是对每个人的制约，又是每个人获得公平待遇的保证。大到一个国家、军队，小到一个组织，成员是否具有良好的服从意识将决定其事业的成败。

没有员工的服从，企业任何绝佳的战略和设想都不可能被执行下去；没有员工的服从，任何一种先进的管理制度和理念都无法得到有效的贯彻落实。因此，每一位员工都必须服从上级的安排，就如同每一个军人都必须服从上司的指挥一样，如果说军人的天职是服从，那么同样，服从也是员工的天职。

服从是行动的第一步。服从上级，是组织中成员要学习的第一课。每一位员工都必须服从组织的整体利益，在这个大局的协调下，服从上级的具体工作安排。作为组织的一份子，你是组织内部运行环节的一个重要部位，只有严格遵照指示做事，才能确保整个组织业务流程的正常运转。

作为一名员工，首先要有服从的态度。下级服从领导，是上下级开展工作、保持正常工作关系的前提，是融洽相处的一种默契，也是领导观察和评价自己下属的一个尺度。一个团队中，如果下属不能无条件地服从上司的命令，在达成共同组织目标的过程中，就会产生一些不必要的障碍。

服从，意味着你必须暂时放弃个人的异议，约束自己去适应所属机构的价值观念。所谓服从，也就是说，上级的命令必须服从，下级没有权力判断上级指令的对错，上级的对错只能由上级的上级来裁定。员工绝不能自作聪明，认为上级的指令不正确、不合理，就不去执行（明显违法违规不在其列）。

对来自上级的决定、指令必须无条件地服从，并且要形成习惯，即使不理解的也要很认真地去执行。从另一方面讲，一个人在学习服从的过程中，对其机构的价值观念、运作方式才会有更透彻的了解。

为了做到更好地服从，我们对上司应该有一个清楚的认识。上司之所以在一定的职位上，是因为组织赋予了他一定的职权。上司是法人或是受法人之托，他的行为是一种组织行为，不尊重、不服从领导，对抗破坏的就是组织的整套管理指挥系统。

作为组织中的一员，一定要相信自己的上级，要记住"一级有一级的水平"这句话是有道理的。他既然能成为你的上级，他肯定有一定的过人之处。不能因为上级的领导方式不合你的口味，就不服从领导。一个好的员工，应该是一个适应领导的高手，只有适应了上级的领导方式，在执行起领导的指令时才会得心应手。

在这个世界上，每一个人都必须学会服从，不管你身处什么样的机构，地位有多高，个人的权利都必然会受到一定的限制。企业界亦然，即使是企业的总裁，还需要服从于董事会、股东大会和消费者的利益。对于我们个人来讲更是如此。

企业有着最基本的上下级关系。在工作中，彼此职务不同，所站的角度也不同，处理问题的方式自然也不尽相同。即使老板的看法有失偏颇，你也应该冷静下来，找机会从客观的角度给老板一些合理的建议，而不应一时冲动使矛盾升级，使事态扩大。你要维护上级的尊严、权威，而不应该头脑冲动，当面指责，以致酿成不可收拾的局面。

当然，我们所说的服从绝不是不动脑子的盲从，不是被动的听从，而是自动自发的服从，是主动的服从，是发自内心地相信自己能够圆满完成任务，而不是来自各方面压力的服从。

作为一个负责的员工，如果你认为企业的规章制度有什么不完善之处，或者领导的一些工作方式有些欠妥，你应该主动请示领导，向上级提出切实可行的建议，更好地促进公司的发展。但要掌握方式、方法、场合以及时机，找个适当的时机慢慢和上级沟通，委婉地阐述一下自己的看法。

提意见，并不是故意挑刺，而是为了更好地完善上级的意图。你可以以适当的方式，让上司感觉到你既有创造性地干好本职工作的能力，又有为上司分忧解难的本领。使上司既看到你的好品质，又认识到你的高才能。

与此相反，各自为政的无政府主义不但会毁掉个人的前途，也会腐蚀掉整个团队的战斗力。在一些单位里，经常会有一些纪律观念淡薄、服从意识差的人，他们是领导们最感头疼的"刺头"。这些人或是身无所长，进取心不强，对领导下达的命令满不在乎；或是自以为怀才不遇，恃才傲物，对分配的工作百般推脱。这样的员工只会令上司徒增烦恼，更不可能被委以重任。同样，没有服从精神的企业一定会失败，如果一个企业里，每个员工都不按照公司的命令行事，各做各的，那整个企业就成了一盘散沙。

在工作中，上司对工作有一个统筹的安排，大家只有协调一致，有条不紊地按照上级的指示做事，才能做到有令则行，有禁则止，政令畅通。如果你自作主张、不服领导，那必然会耽误工作，甚至影响他人的工作进度，从而引起大家的反感。作为下属，你必须首先学会服从，执行上司的决策，否则团队里是不欢迎另类的。

工作中有分歧是在所难免的，但很多时候，对上司的尊重是表现在对其工作的支持。但这种支持并不是盲目的服从，而要让上司感到你对他的指示、意图的执行，是认真对待和经过思考的。

除了服从，还要敬业

全面实施制度化管理，仅仅具有服从的观念和意识是不够的，因为服从只能够保证制度是否落实，而敬业则能够让你在制度的既定范围内做得更好。

对于个人，态度决定一切；对于团队，敬业精神决定成败。敬业是一种职业的责任感，不是对某个公司或者某个个人的敬业，而是一种职业的敬业，是承担某一责任或者从事某一职业所表现出来的敬业精神。对于企业来说，敬业能带来效益，增强凝聚力，提升竞争力，降低管理成本；对于员工来说，敬业能带来安全感。因为敬业，我们不必时刻绷紧神经；因为敬业，我们对未来会更有信心。

李素丽就是一个具有敬业精神的人，她说："每一条公共汽车的线路都有终点站，但为人民服务没有终点站。我永远属于我的乘客，属于我的岗位。"

敬业是人的使命所在，是人类共同拥有和崇尚的一种精神。从世俗的角度来说，敬业就是敬重企业里的制度，尊重自己的工作，将工作当成自己的事，其具体表现为忠于职守、尽职尽责、认真负责、一丝不苟、善始善终等职业道德，同时其中还糅合了一种使命感和道德责任感。这种道德责任感在当今社会得以发扬光大，使敬业精神成为一种最基本的做人之道，也是人们成就事业的重要条件。

任何一家想在市场中竞争取胜的企业必须设法使每个员工敬业。没有敬业精神的员工无法让企业制度的落实得到保障，难以给顾客提供高质量的服务，难以生产出高质量的产品。

推而广之，一个国家如果想立于世界强国之林，也必须使其人民敬业：警察应该尽职尽责为民众服务；行政官员应该勤奋思考并制定和执行政策；人大代表应该勤于问政……只有每个人做一行爱一行，我们这个社会才能被称为敬业的社会。

然而，无论我们从事什么行业，无论到什么地方，我们总是能发现许多投机取巧、逃避责任、寻找借口之人，他们不仅缺乏一种神圣的使命感，而且缺乏对敬业精神的正确理解。试想，如果一个人连敬业都做不到，又怎么能指望他服从企业的各种制度。如果一个企业里的大部分人都不敬业，那么这个企业所建立的制度将会形同虚设，企业又何谈生存与发展。

1.敬业，你是在为自己增添价值

敬业表面上看起来是有益于公司，有益于老板的，但最终的受益者却是自己。

当我们将敬业变成一种习惯时，就能从中学到更多的知识，积累更多的经验，就能从全身心投入工作的过程中找到快乐。这种习惯或许不会有立竿见影的效果，但可以肯定的是，当"不敬业"成为一种习惯时，其结果可想而知。工作上投机取巧也许只给你的老板带来一点点的经济损失，但是却可以毁掉你的一生。

成败往往取决于个人人格。一个勤奋敬业的人也许并不能获得上司的赏识，但至少可以获得他人的尊重。那些投机取巧之人即使利用某种手段爬到一个高位，但往往被人视为人格低下，无形中给自己的成功之路设置了障碍。不劳而获也许非常有诱惑力，但很快就会付出代价，他们会失去最宝贵的资产——名誉。诚实及敬业的名声是人生最大的财富。

有一个颇有才华的年轻人，工作散漫，缺乏敬业精神。一次报社急着要发稿，他却抱着稿件回家睡大觉去了，影响了整个报纸的出版时间。这种不敬业的人永远得不到尊重和提升。

人们往往会尊敬那些能力中等但尽职尽责的人，而不会尊敬一个能力出众，但不负责任的人。受人尊重会获得更多的自尊心和自信心。不论你的工资多么低，不论你的老板多么不器重你，只要你能忠于职守，毫不吝惜地投入自己的精力和热情，渐渐地你会为自己的工作感到骄傲和自豪，就会赢得他人的尊重。以主人和胜利者的心态去对待工作，工作自然而然就能做得更好。

一个对工作不负责任的人，往往是一个缺乏自信的人，也是一个无法体会快乐真谛的人。要知道，当你将工作推给他人时，实际上也是将自己的快乐和信心转移给他人。

有人问一位成功学家："你觉得大学教育对于年轻人的将来是必要的吗？"这位成功学家的回答发人深省："单单对经商而言不是必须的。商业更需要的是敬业精神。事实上，对于许多年轻人来说，大学教育意味着在他们应当培养全力以赴的工作精神时，被父母送进了校园。进了大学就意味着开始了他一生中最惬意、最快乐的时光。当他走出校园时，年轻人正值生命的黄金时期，但此时此刻他们往往很难将自己的身心集中到工作上，结果只能是看着成功的机会从身边溜走，真是很可惜啊。"

巴顿将军有句名言："每个人都必须心甘情愿为完成任务而献身。"他强调的是，每个人都应该敬业，都应该为完成自己的工作和任务、为实现自己的价值而付出，要到最需要你的地方去，时刻不能忘记自己的责任。

2.没有激情，如何敬业

敬业对每个员工来说都非常重要，如果说敬业可以让员工做得更好，那么激情则可以让员工自发地工作，并且在工作中持续改进、不断提高。

管理者和员工的激情是制度能长久地坚持下去，并得到不断完善的力量源泉。

贝克登曾说："经验告诉我们：成功和能力的关系少，和热心的关系大。"

阿米尔曾说："没有激情，人只不过是一种潜在的力量。就像火石，在它能够发出火星之前等待着铁的撞击。"

我们中没有一个人是笨蛋，我们所缺的是一根导火索，这根导火索就是激情。有了激情，我们才能把那潜藏的能量释放出来，化被动为主动，才能把一个个问题和情绪障碍一一铲除，日积月累，从而使我们的工作能力和素质获得提高。在工作中，我们只要抱定非解决不可的愿望和激情，就没有攻克不了的困难。

激情，唯有激情，才能让你成为万里挑一的人物，才能让你的企业成为卓越的企业。

老板都希望手下员工个个爱岗敬业，工作充满激情。可是在现实中，不乏仅仅把工作当作谋生手段的人，也不乏以应付的态度对待工作的人。这些人看起来是缺乏敬业精神，实际上恐怕是他们没有找到引爆创造动力的工作激情。

工作激情与我们常说的敬业有些重合之处，但其区别也是明显的。敬业主要强调一种责任，而激情则是对自己所从事的工作表现出一种浓厚的兴趣和热爱。还有在自己所从事的工作中享受到的成就感和荣誉感。

工作激情不是凭空产生的。从主观上讲，要看你是否能从一种更高的视角审视你的本职工作。一个厌烦自己本职工作又好高骛远的人，是不可能敬业和有激情的。也许有人会想，老板给我涨点薪水就会改善我的工作态度。其实不见得，提薪也许会让你兴奋15分钟，但作为社会的人，还有很多内在需求，如自信心、成就感、被大家认可的程度等。业绩好的时候，希望听到赞美；心烦意乱的时候，希望找人倾诉。只有自己确实做出了成绩，满足了内在的需求，激发出了内在热情的时候，任何来自个人外部的激励才会产生长期的效果。

海尔总裁张瑞敏曾经说过一句名言：没有激情，如何创造出工作成绩。

一个人若是对工作没有激情，也就失去了前进的动力，也就不能做出有创造性的业绩。

一位寿险推销员曾经这样描述自己对激情的认识：激情能够感染他人，一旦准客户感受到你的激情，说不定因此而成交一张保单。将产品说明会的情形用摄像机记录下来，分析你的肢体动作及各方面的表现。你看起来是否满心喜欢寿险产品，真的认为保险能帮助准客户，并迫不及待地与他们分享保险资讯。在介绍保单时，记着在声音、手势及面部表情上注入激情，以生动有趣的方式才能引起准客户的注意。寿险推销人员若能充分展露激情，准客户对你和寿险产品都会印象深刻。激情对于一个员工来说就如同生命一样重要，也是成为一名卓越员工的必备品质。

拿破仑·希尔说："要想获得这个世界上的最大奖赏，你就必须拥有过去最伟大的开拓者所拥有的将梦想转化为全部有价值的献身精神和激情，以此来发展和销售自己的才能。"激情是一种动力，在你遇到逆境、失败和挫折的时候，它会给你力量，指引你去行动，去奋斗，去迈向成功。凭借激情，我们可以把枯燥无味的工作变得生动有趣，使自己充满活力，充满对事业的狂热追求；凭借激情，我们可以感染周围的同事，获得他们的理解和支持，拥有良好的人际关系；凭借激情，我们可以发掘出自身潜在的巨大能量，补充身体的潜力，发展一种坚强的个性；凭借激情，我们更可以获得老板的赏识、提拔和重用，赢得珍贵的成长和发展的机会。

充满激情是做成任何事情的必要条件。激情能使一个人保持高度的自觉，把全身的每一个细胞都激活起来，完成心中渴望的事情；激情是一种强劲的情绪，一种对人、事物和信仰的强烈情感。工作中需要注入巨大的激情，只有充满激情地工作才能创造最大的价值，才能让制度在企业的经营活动中得到不折不扣地落实，才能让企业和个人一起取得最大的成功。

全面实施制度化管理，仅仅具有服从的观念和意识是不够的。因为服从只能够保证制度是否落实,而敬业则能够让你在制度的既定范围内做得更好。如果说敬业可以让员工做得更好,那么激情则可以让员工自动自发地工作,并且在工作中持续改进、不断提高。

遵守纪律,保证战斗力

一个善于协作、富有战斗力和进取心的团队,必定是一个有纪律的团队。同样,一个积极主动、忠诚敬业的员工,也必定是一个具有强烈纪律观念的员工。可以说,纪律永远是忠诚、敬业、创造力和团队精神的基础。对企业而言,没有纪律,便没有了一切。

要尽快成为合格的职业人,就要了解职场的规范,遵守职场纪律。而职场纪律的遵守,又不是强制性的,它需要每个员工的自我管理和自我约束,是一种自觉的状态。

人在职场,就要清晰地定位自己的角色。只有角色有了一定之规,才能保证自己不偏离公认和潜在的规则,才能顺利实现自己的职业理想和目标。

一位父亲以水只有放在杯子里,受到杯子的约束才可能被人喝到为例,告诉儿子:只有通过自我约束才能获得成功。

在生活中,有着许多像杯子这样的例子,这其中有外加的,也有自觉的,这种自觉的就是"自我约束和管理"。"自我管理"就是有意识地控制自己,有原则地对待事物。在很多时候,"自我管理"常常意味着放弃一些东西。有时,这些东西正是你渴望已久的。面对诱惑与欲望,能够"自我管理"的人知道今天的放弃是为了明天的得到,什么都不放弃往往会失去更多珍贵的东西。

德谟克利特曾说:"和自己的心斗争是很难堪的,但这种胜利则标志着这是深思熟虑的人。"这句话正是对"自我管理"者的一种肯定。

一个员工,如果能够做到自我约束和管理,自觉遵守公司的纪律,那他就是一名合格的员工。拥有这样员工的团队，才能保证自己的战斗力。

有一位企业培训师经常问周围的人这样一个问题"每天早上起床是为了什么？"最常听到的答案总是一个样"我必须起床，我得……"这是推卸责任的一种回答。它是说，如果一个人想要谋生并照顾自己和家人，就必须要起床。事实上，大部分人早上并不是非起床不可。如果他们决定就这么躺下去，无论生活还是世界都不会因此翻天覆地。或许他或她的工作会有些耽搁，第二天必须加紧补上；会议可能错过，约会得重新安排，但依然不会有什么大事发生。"我必须"并非起床的强制理由。

第二个最普遍的回答很诙谐，然而饶有意味"因为我要上厕所。"这个答案是否能让你更了解自己的同事？你问："为什么你今天早上到办公室来？"同事："嗯，我6:30起床上厕所，然后想反正也起来了，索性来公司瞧瞧。"看起来，很多人的驱动力来自压力，而不是真正的自律。

我们没有想到，我们固然是踩着时间的尾巴准时上下班的，可是，我们的工作很可能是死气沉沉的、被动的，像这样的遵守，怎么可能在工作上有更大的贡献和突破。我们所说的遵守纪律，不仅仅是在行动上不违反公司的规章制度，光做到这点远远不够，遵守是一种发自内心地对纪律的重视。

员工对纪律的遵守应该是自觉的，发自内心的，不应该是来自外界的约束力。

对于自我管理的问题，诙谐作家杰克森·布朗曾经有过一个有趣的比喻："缺少自我管理的才华，就好像穿上溜冰鞋的八爪鱼。眼看动作不断可是却搞不清楚到底是往前、往后，还是原地打转。"如果你知道自己有几分才华，而且工作量实在不少，却又看不见太多成果，那么你很可能缺少自我管理的能力。

有一位电器公司的销售主管，他一直保持着将文档做得很工整的习惯，无论当时他有多忙甚至在周末也不例外，这个习惯让他受益匪浅，他很清楚所要完成工作的时间表和要采取何种方式去做。在他的个人电脑里，他会跟踪每一件事，从而确保不仅按时完成自己的任务和落实各项细节，而且兼顾顾客和同事。如果他们没有承诺及时和他联系，他就会给他们发电子邮件。事实上，有一天，一个人告诉这位主管："我还不如主动跟你联系，因为我知道你如果听不到我的消息，一定会在我的语音信箱里留言的。"

这位销售主管如此辛苦地跟踪每一件事，以确保工作质量，倒不如把这些时间用来培养员工的自我管理意识，把外在的约束力转化成内在的自我管理和自我约束。源于自我的力量才是长久的和可靠的，才能永远保持它的战斗力。

全球"IT代工之王"郭台铭曾说："走出实验室，没有高科技，只有执行的纪律。"意思是说，除了那些基础实验室的研发人员，其他像做主板和笔记本电脑的研发人员也要靠严格的纪律来管理。正是要求员工必须执行这些纪律，郭台铭才能把企业越做越大，创造出更多的价值，后来成为台湾的首富。

当你具有强烈的纪律意识，在不允许妥协的地方绝不妥协，在不需要借口时绝不找任何借口，如质量问题，对工作的态度等，你会猛然发现，工作因此会有一个崭新的局面。

对企业和员工而言，遵守纪律、敬业、服从、协作等精神永远都比任何东西重要。这些品质不是员工与生俱来的，没有哪个员工从一开始就是严格遵守纪律的，也不会有天生就不找任何借口的好员工。

用纪律和制度说话

要管理，人们就需要依据一些原则，也就是说，需要依据一些被接受、被论证过的道理。法规代表了某个时期的这些道理的总和。

纪律和制度是组织成功的保障。任何没有制度的管人手段，可以说都是不起作用的。说话不灵，做事就无效。纪律和制度的制定是组织中全体成员行为一致的前提和基础。所以，要想让组织有统一的行为，组织的领导者首先需要做的工作就是"建章立制",确定游戏规则。

纪律对任何组织来说都是胜利的保证。每个企业都不可避免地会有一些棘手的问题。比如,员工抗命、联合起来对抗总裁或要挟领导、不愿与某同事协调合作、醉心于工作外的事项、纷纷请调或离职等。这些问题都是和人有关的,往往发生一两件,就使人感到头痛和焦虑。因此,在企业的经营管理过程中一定要有严明的纪律。

20世纪70年代,日本伊藤洋货行的董事长伊藤突然解雇了业绩赫赫的岸信一雄。这在日本商界引起了一次震动,就连舆论界都用轻蔑尖刻的口吻批评伊藤。

人们都为岸信一雄打抱不平,指责伊藤过河拆桥,将三顾茅庐请来的一雄给解雇了,是因为他的东西全部被榨光了,已没有利用价值。在舆论的攻击下,伊藤却理直气壮地反驳道:"纪律和秩序是我的企业的生命,不守纪律的人一定要处以重罚,即使会因此降低战斗力也在所不惜。"

那么,事件的真相到底是怎样的呢?

岸信一雄是由"东食公司"跳槽到伊藤洋货行的。伊藤洋货行是以衣料买卖起家的,所以,食品部门比较弱。因此,伊藤才会从"东食公司"挖来岸信一雄。有能力、有干劲的一雄来到伊藤洋货行,宛如是为伊藤洋货行注入了一针强心剂。

事实上,岸信一雄的表现也相当好,贡献很大,十年来将业绩提升数十倍,使得伊藤洋货行的食品部门呈现出一片蓬勃的景象。

但从一开始,岸信一雄和伊藤间的工作态度和对经营销售方面的观念就呈现出极大的不同,随着岁月的增加裂痕越来越深。岸信一雄是属于开放型的,非常重视对外开拓,常支用交际费,对部下也放任自流,这和伊藤的管理方式迥然不同。

伊藤是走传统、保守型的路线,一切以顾客为先,不太与批发商、零售商们交际、应酬,对员工的要求十分严格,要他们彻底发挥自身的能力,以严密的组织作为经营的基础。这样的伊藤当然无法接受岸信一雄豪迈粗犷的做法，伊藤因此要求岸信一雄改善工作态度，按照伊藤洋货行的经营方法去做。

但岸信一雄依然按照自己的做法去做，而且业绩达到水准以上，甚至有飞跃性的成长。他说："一切都这么好，证明这条路线没错，为什么要改？"如此，双方意见的分歧越来越严重，终于到了不可收拾的地步，伊藤只好下定决心将岸信一雄解雇。这件事情虽然从人情方面说不过去，但是，却关系到企业的存亡。对于最重视秩序、纪律的伊藤而言，食品部门的业绩固然持续上升，但是他却无法容忍不遵守纪律的现象。因为这会关系到整个企业的管理，会毁掉伊藤辛辛苦苦建立起来的基业。从企业纪律的角度来看，伊藤的做法是正确的。

这个例子告诉我们：企业必须把纪律放在重要位置。对于大部分员工来说，自我约束是最好的纪律，他们应清楚理解纪律本身的意义——即保护他们自己的切身利益。所以领导者不必亲自出面严明纪律，当需要强制实施惩罚时既是领导者的错误，也是员工的错误。正是因为这个原因，一名领导者应该在其他的努力不能奏效的情况下才借助于纪律惩罚，尤其应该澄清的是，纪律不是领导者显示权威和权力的工具。

员工们的许多不良表现都会成为进行纪律惩罚的原因。对于一般的违纪行为，它们的形式和性质都不会有太多的不同，不同的只是它们的程度。人们常常会忍受一些轻微违反标准或规定的行为，但当违反了大纪或屡教不改时就需要立刻采取明确的纪律惩戒。人们违反纪律会有很多原因，大多数是因为不能很好地调整适应，导致这些后果的个人性格特点包括马虎大意、缺乏合作的精神、懒惰、不诚实、灰心丧气等。所以，领导者的工作是帮助员工做好自我调整，如果领导者是个明辨事理的人，他会真诚地关心员工，使员工在工作的同时享受到更多的乐趣，逐渐减少自己的违纪行为。如果员工面对的是一位一天到晚拉长着脸，讲话怪声怪气，动辄以惩罚别人为乐趣的无聊的领导者时，找一些迟到早退的借口，逃离关系紧张的工作环境，还会是出人意料的吗？

纪律的英文单词discipline还有一个意思是训练。可以这么说，好的纪律可以训练员工良好的工作习惯和个人修养，而当一名员工已经具有了过人的自制力和明辨是非的判断能力的时候，纪律对于他个人来说，可以被视为是不存在的。纪律的真正目的正是在于鼓励员工达到既定的工作标准。

一个良好的纪律政策可以用"烫炉原则"来形容。换而言之，是用与烫炉有关的四个名词来形容纪律准则：

预先警告原则。如果炉子是滚烫的，任何人都会清楚地看到并认识到，一旦碰上会被烫着。

即时原则。如果你敢以身试法，将手放在火红的烫炉上，你立即就会被烫——即被惩罚。

一致性原则。简单地说，就是你每次傻乎乎地用手触摸烫炉肯定都会被烫着，不会有一次例外。这样的纪律政策应该是很严密的。

公正原则。即任何人，不论男女，不论你的地位有多高，名声有多么显赫，只要你用手触摸烫炉，一定会被烫着。烫炉既不会见风使舵，也不会因人而异。

管理者应该把纪律视为一种培训形式。那些遵守纪律的人理应受到表扬、提升；而那些违反了纪律或达不到工作标准的人理应受到惩罚。要让他们清楚自己的行为是错误的，并且认识到正确的表现和行为应该是怎样的。

要纪律也要创新

从古至今，人类所经历的组织不外乎政府、军队、企业。在我们的日常印象中，这几类组织极为不同，然而，它们对其成员都有一个最基本的要求：要有组织纪律性。它们都要求加强组织纪律性，追求高效率低成本，具有一定的保密性。

或许我们中有许多人会怀疑纪律的作用，然而，对于任何人类组织来说，纪律都是必需的，而对于企业这种人类组织程度最高、组织结构最完善的组织来说，则更是不能没有纪律。纪律并不是许多人时常批评的"束缚人和人的自主性的工具""约束人类意志的绳索""少数人欲成其利的手段"等。纪律是这样的一种东西，纪律规定了组织成员之间的关系，组织成员之间、组织成员与组织外部处理关系的原则，组织成员的义务与权利；然而，这还不是纪律制定的根本目标。人类创造纪律的根本目标是为了杜绝人们由于自身的惰性、劣性而引起的对组织整体不利的行为。比如，所有的企业纪律都规定了上下班时间，对早退、偷懒等行为的惩罚，对同事、上级要诚实，对企业秘密要保守不外传等。所有这些我们常见的企业纪律都是合乎人性、合乎情理的，任何员工对这些企业纪律的遵守只会给企业带来益处，而对这些纪律的违背则显然只能是不利于企业发展，对自己则可能导致被解雇等。

1.纪律是创新的基础

对一个普通员工来说，遵守企业纪律是应尽的义务。实际上，在一个员工心目中，纪律不仅不应该成为束缚你、约束你的工具，反而更应该把纪律看作是随时能帮助你、指导你的帮手。纪律并不单指企业纪律，各种就业指导、工作指南、员工手册无一不是企业纪律的内容，实际上，遵守这些纪律往往能使你方便、快捷地处理自己工作中遇到的各种问题，这实际上是提高了你的工作效率，促进了你的绩效。

中国社会科学院经济研究所在研究了大量的企业案例之后曾得出这样的结论：企业制定的各种纪律降低了企业中员工之间、员工与领导之间、员工与客户之间处理关系的盲目性和随意性，它有助于降低员工交流的信息损失和交易成本。

此外，各种各样的工作指南、员工手册还是无数前辈积累的经验心血，能使我们在处理工作中遇到的各种困难时变得更为方便、更为有效。

我国著名企业"联想""方正"自创建之日起就宣称："本企业需要的

员工不是只会逞英雄，而是各司其职；本企业需要的员工也不是只会墨守成规，而是积极创新。"

在科学技术飞速发展的今天，创新的地位和功能已远不是手工业时代所能比拟的，今日的企业正如著名管理学家彼得·德鲁克的名言："不创新，就死亡。"

一个企业的创新能力决定着这个企业的生死存亡。换而言之，即每一个员工的创新能力决定着企业的生死存亡；同样，每位员工的创新能力也直接决定着自己职业生涯的生死存亡，因为没有创新能力的员工必然是不合格的员工。

几乎所有的美国企业家、经济学家都把美国经济的繁荣昌盛归结为美国企业在科学技术、组织结构、管理体系上不断创新的结果，而几乎所有的全球500强企业在其企业信条中都把创新列在首位。在全球化的浪潮下，中国企业也面临着"不创新，就死亡"的挑战，中国的员工也同样面临着企业对其创新能力的高要求。然而，反观我们身边，我们发现许多员工不仅不具有创新能力，而且恐惧创新，更没有培养自己创新能力的主动性。

一位企业的人事总监说："员工们只愿在工作时间完成自己应完成的任务，一点都不愿多做。如果今天干得快，本来可以多做一些，但他们会在下班前拖延时间才能做完今天的工作。至于创新，更是从来没有人关心。"他又说，"员工们不是不想创新，企业鼓励员工创新，但员工们自己心里没有信心，他们总觉着自己那么平凡，做不出什么成就。"

有这样一个故事：北京某大学电子系毕业的葛健十分聪明好学，在索尼爱立信手机北京分公司工作时常以名牌大学毕业生自居。尽管就职培训时学习过员工手册、工作指南这些东西，然而他从来没往心里去。一次，他在设计一个电路板时忽然遇到了困难。为了尽快解决这个困难，他花尽心思不断钻研，甚至向以前的同学和老师请教。然而三天后当他非常兴奋地来到主管办公室报告佳绩时，主管只是冷冷地丢给他一句话："你回去看看员工工作指南第54页。"葛健在第54页看到了这个问题的解决办法，竟然就是他花了三天时间想出的答案。从此之后,员工手册、工作指南成了葛健手旁、桌边最常见的书籍。葛健的工作也因此而顺利不少,他再也不用到处查找资料、找人帮忙来克服困难了。同时,他手中的员工手册、工作指南也不断地被他和同事们的经验所修改着、完善着。

2. 创新,激发你的潜能

美国著名管理大师杰弗里说:"创新是做大公司的唯一之路。"没有创新,公司管理者肯定会毫无作战能力,也根本不会有继续做大的可能。同样道理,创新是一个员工纵横职场之本。创新即突破常规,创造机遇,找到新招。只有在工作中,不断找到解决问题的新方法、新途径,你的学习才算有效果。只有通过创新,你才能不断激发自己的潜能,做出一些原本你自己也觉得难以企及的事情来,令上司和同事对你刮目相看。

日本的东芝电气公司曾一度积压了大量的电扇,7万名职工为了打开销路,费尽心机地想办法,依然进展不大。

有一天,一个小职员向董事长石板提出了改变电扇颜色的建议。在当时,全世界的电扇都是黑色的,东芝公司生产的电扇自然也不例外。这个小职员建议把黑色改为浅色。这一建议立即引起了石板董事长的重视。

经过研究,公司采纳了这个建议。第二年夏天,东芝公司推出了一批浅蓝色电扇,大受顾客欢迎,市场上甚至还掀起了一阵抢购热潮,几十万台电扇在几个月之内一销而空。从此以后,在日本以及在全世界,电扇就不再都是一副统一的黑色面孔了。

只是改变了一下颜色,就能让大量积压滞销的电扇在几个月之内迅速成为畅销品。这一改变颜色的设想,效益竟如此巨大。我想提出这一办法的员工并非天才。为了想出这样一个好主意,他肯定花费了不少心思,参考了很多人的想法,他的过人之处在于不仅仅满足于现有的想法。仅仅是颜色的改变却让我们从他身上看到了极强的学习能力和创新精神。

创新就是这么做到的,先是凭经验、凭失败给自己启发,然后再学习别人的成功经验。与此同时，再凭着对市场信息的捕捉和对市场规律的把握，一步一步就形成了一种顺应甚至超越市场现实需求的正确思路。有了创新性思路，企业才能找到一条发展的出路。虽然有时创新性思路并不能保证一个企业绝对成功或立马成功，因为成功还需要具备其他条件，但没有思路，你绝对不可能成功。

除了思路对头，要做到创新外，你还必须时刻注意摆脱思维定式的束缚。创新能力本身并不是奇迹，人人都能通过不断地学习与锻炼而获得。但很多人往往会因为在一个职位上待得时间长了，看问题的方式被固定成为单一的模式，形成了思维定式，一旦遇到新问题，还是习惯于以原有的方法来解决，这就很难做到有所创新，在工作上也不会有什么好的业绩。要想做好工作，就一定不要满足于仅仅利用以往的工作经验，而是要在已有工作经验的基础上不断创新。

此外，你还必须保持进取心。没有什么比进取心更重要的了，这种态度影响着你对自己的评价和你对未来的期望。如果你的态度是消极而狭隘的，那么你的人生将是平庸的。你必须以高于普通人的眼光来看待自己，而不仅仅满足于做一个小职员。你必须坚信自己能拥有更高的职位，以督促自己努力地去得到它，否则，你永远也得不到。

让我们牢牢记住美国管理学家彼得·德鲁克的名言：组织的目的只有一个，就是使平凡的人能够做出不平凡的事。要想在职场上有一番作为，你就必须不断学习、勇于创新。一两次的灵光一现，并不能让你真正具备高人一等的资本，只有坚持长期的创新、不断的创新，才能在工作中不断提高，超越别人，也超越自己。同样，作为企业要在市场竞争中立于不败之地，就必须营造创新氛围，建立一种创新型企业，才能获得长久的发展。

人类创造纪律的根本目标是为了杜绝人们由于自身的惰性、劣性而引起的对组织整体不利的行为。企业制定的各种纪律降低了企业中员工之间、员工与领导之间、员工与客户之间处理关系的盲目性和随意性。它有助于降低员工交流的信息损失和交易成本。

第十五章
流程到位，执行环环相扣与制度完美对接

企业要在日益激烈的竞争中取胜，要想基业长青，归根结底要依赖于企业自身的能力，而企业的能力来自于组织流程。通过组织流程，企业将各种资源，如人力资源、财务资源等，转换成企业的能力。因此，组织流程就成了企业竞争力的决定因素。

没有可行的流程就没有执行

无论干什么事，无论在生活、休闲还是工作中，都有一个"先做什么、接着做什么、最后做什么"的先后顺序，这就是我们生活中的流程，只是我们没有用"流程"这个词汇来表达而已。除了"先做什么、接着做什么、最后做什么"的先后顺序外，还经常说某人能办事，某人善于做事，能办事、善于做事是说他们做事情有方法，比别人做得更有效果，到底有哪些不同呢？可能是先后顺序不同，也可能是做事的内容不同。因此，流程就是做事方法，它不仅包括先后顺序，还包括做事的内容。同时，我们做任何事情都需要资源投入，都需要借助资源的效用，包括资金、信息、精力、人员、技

术等，因此对投入的资源也要善加管理，否则也难以成事。

任何组织或者个人，要想执行到位，就必须重视流程的作用。如果没有制定出可行的流程，执行工作就无法到位。很多工作执行不到位，就是因为不按照流程办事造成的。

中西方企业管理方式和管理文化上的一大差别是：西方企业习惯于按流程办事，我国的不少企业则喜欢临时决策。

微软中国研究开发中心一位部门经理与笔者交谈时举了个例子。有一次，他乘坐的飞机在深圳机场出了故障，乘客被告知这个航班将换一架正从外地赶来的飞机，可此时乘务员已经超时飞行了。怎么处理这个"超时"？深圳方面做不了主，便频频请示北京航空总局，时间被一拖再拖，机场一片混乱。这位在美国工作了10年的经理评价说："这明显是缺乏办事流程。"乘务员超时飞行是个老问题，在国外，这类事早写到规章制度里了，"一二三四五，照着条文上写的办就是了，不管谁当班都能处理"。我国这里却是"乘客和航空公司都急得团团转"。

其实，用不着在美国待10年，只要与西方企业打几次交道，对他们那种"按流程办事"的做法就会有所体验。这种体验有时还相当强烈，因为对方的某些做法所表现出来的"流程意识"，几乎到了刻板的程度。一个会议日程表，能把从起床到就寝的所有时间段安排得滴水不漏，连早上有"电话叫醒"，10分钟休息在哪儿活动这样的细节都打印在表格上，而且执行起来绝不走样。两年前笔者随大中国区记者团采访Sun公司总部，时间表上写着9点钟开会，当时不少记者还在吃饭，人家已宣布"现在开会"了，一看表，一分钟也没等。有人把这种现象叫做"文本文化"，即把要做的事情一律形成文字，而且写下来就要照着做。

有人会不以为然，认为按照流程的条条框框做，是自找麻烦，把一件简单的事情做复杂了。那么大家有没有想过，这些条条框框是如何来的呢？难道制定流程的人，是为了给大家制造麻烦才这样要求的吗？举一个交通上的例子，交通法规有两个非常明确的规定：严禁超载和疲劳驾驶。这两条规定从何而来？事实上是从历年的重大交通事故调查数据中总结出来的。

即使是已经执行了多年，现在打开电视和报纸，仍然经常看到由此原因导致的交通事故，且不说造成的经济损失，就是人员伤亡，让亲友如何承受？交通法规是因为它事关人命，所以需要人人严格遵守；而工作流程事关工作开展，这是组织的灵魂，所以也需要人人遵守。如果编制的流程在某些地方确实不合理，它也不是一成不变的，而是可以按照适当的程序进行改进的。但是在改进的版本未发布之前，就要按照原有的要求执行，而不能以其需要改进为由不操作，否则不就是有法不依了吗？这叫做尊重流程。

还有人说，流程是把人僵化了，但是实际上不是流程僵化了人，而是人在理解流程时把自己僵化了。理解了流程产生的背景，还要理解流程要求的每一步为什么要这样做，而不是那样做，这就要充分了解流程的目的。

原因就在于我们大部分人，执行观念不强，不尊重流程。即使人人理解了流程的内涵，也不能保障每个人都这样做。

事实上，设定流程的最终目的是为了提高工作效率，提高管理水平，从而节约管理成本。

建立流程有以下几点好处：

（1）使得工作有序进行，不致杂乱。

（2）在工作出现错误时可及时分析出是哪个环节发生了问题。

（3）由于每一个流程中的节点都有相应的责任人，所以很容易就可以找到相应的责任人。

（4）在员工进行流动时，不至于因员工的流动而使得工作进度缓慢。

（5）可实现"傻子工程"，因为有了很详细的流程，所以新员工在入职以后，只要认识汉字，按照流程操作就没有问题了。

成熟的企业需要稳健，而严格科学的运行程序是稳健的基础条件。这几年常有外企换帅的消息，如中国惠普的程天纵，微软中国公司的杜家滨、吴士宏都是近一两年离去的，但公司照常运转。国内公司如果有高层人员跳槽，就多半会出现"地震"了。实达电脑公司老总叶龙说他们那儿"谁走了都不怕",敢说这个话,底气也在于实达公司现在是"靠制度立业"。爱德曼国际公关集团中国执行总监何鑫认为,在中国,多数企业都认为成功的关键在于"高质量人才"的培养。但长期的经验却告诉他,有效的管理程序才是取胜的根本保证。如果光靠人,那么有一天他走了,他脑中积累的知识、经验,就会被带走。而靠程序管理就不会有那么大损失。"一个走了,另一个人马上可以接着干。"

因此,任何人都不能轻视流程,不按照流程办事。只有遵守流程,才能把工作更好地执行到位。

提高执行力要先优化流程

"按流程办事"作为系统封闭的一整套管理制度,它更意味着企业运行的基本环节被控制在一种"秩序"之中。一个被"过来人"重复了千百遍的经验是:企业起家时靠冲劲靠灵气,成熟后靠规范靠制度。说起缘由,最常见的解释是企业规模的变化导致管理模式的变化。创业阶段只有十几个人、七八支枪,老板不过是个班排长的角色,指挥起来得心应手;待发展到成百上千人,攒下成千万上亿元的家私,企业运行的复杂性就超出老板个人的控制力了。这只是一个理。还有一个也许是更重要的理——企业运行由创业时的"非常态"进入了"常态"。对于企业家来说,区分企业运行的这两种状态是非常重要的。处置非常态的事件要靠风险决策,而处置常态事件则可借助于他人或自己以往的经验。这些经验用"文本"固定下来,就成了企业的流程了。

但随之问题也出现了,企业内部流程过于烦琐和复杂往往成为高效执行的主要障碍,有时一个文件需要各个部门逐层审批,每个部门处理的时间只需要5分钟,但是在传递过程中耽误的时间却长达五六天,这不仅影响到执行者的耐性和执行结果,还会影响到企业的竞争力。

有一个例子很能说明问题。美国的办公设备生产巨头施乐公司一手创造并垄断了自动办公设备产业多年，它曾经发明了许多包括鼠标、图形用户界面、激光打印机在内的最具革命性的技术。对于施乐公司的成就，《财富》杂志曾撰文评价说："施乐914型普通纸复印机是美国有史以来生产的利润最大的产品。"但后来这家历史悠久的老牌企业效益一度下滑，差点被日本复印机制造商所淘汰，施乐公司悲剧产生的重要原因之一就是其庞大的官僚体制使得公司内部业务流程过于繁杂，不能迅速地提供资源使其先进的技术快速转化为现实生产力，从而阻碍了新技术产品的开发，失去了一次次的市场良机。

对于施乐公司这种突变，曾经担任过施乐公司顾问、被称为"有史以来对美国营销影响最大的人"杰克·特劳特评价说："施乐的高层认为他们是一家成功的技术公司，很可惜人们只把它看作是一个复印机公司，仅此而已。"可见，烦琐的业务流程可以导致执行效率低下，对企业造成致命性的危害。

20世纪的70年代至80年代，美国人把流程问题重视了起来。当时美国的企业遭到了日本企业的狙击，竞争力逐渐下降。美国人就开始研究美国企业落后于日本企业的原因，结果发现本国企业的生产效率并不比日本低，技术上也不比日本企业差，产品质量上也相差无几，最后美国人发现导致两国企业出现差距的根源在于双方的业务流程不同。日本企业业务流程较为简明，这大大缩短了将一项技术变成产品、把产品推向市场的时间。美国人在认识到这一差距之后，才真正开始重视流程问题，为了保持流程的连续性，企业开始打破部门之间阻碍流程运转的界限，消除不同部门各自为政的现象，简化业务流程。

反观中国的企业，大多没有竞争力，执行力偏低，在很大程度上与业务流程的繁杂有关系，业务流程繁杂问题得不到解决，即使投入再多的硬件和人力，执行力也无法得到提升。尤其对于规模迅速膨胀的大中型企业而言，由于业务量大而且内容复杂，部门也多，队伍庞大，分布广泛，同样的流程一天要重复十几次、几十次，这个环节慢一些，那个环节漏一点，到最后一个环节的时候，问题就会像"雪崩"一样，变成巨幅震荡。流程问题会影响工作效率，尽管员工天天加班，手忙脚乱，也是错误百出，企业的各项计划常常落空，甚至还会出现资产上的损失。一般来说，越是大型企业越容易出现流程烦琐的问题。

随着企业的成长和业务复杂性的增加，企业面临着规模化发展、跨区域运营、快速响应市场竞争和需求等挑战。这些挑战客观上要求企业进行跨部门、跨职能化协调发展，从而对企业的内部流程管理与优化提出了迫切的要求。在这个背景下，如果企业还陷在"管理体系孤岛"中，那么它的灵活反应和业务提升都将要面临严峻的考验。

优化流程可根据企业的实际情况采取以下三种方式：垂直工作整合、水平工作整合和工作次序最佳化。

首先说垂直工作整合。它是指给予员工充分的信任，适当地给予下属员工自愿自主处理事情的权力，不必凡事都要层层汇报、层层审批而影响到问题解决的效率。这样，可以锻炼员工的现场执行力，使其创造性地开展工作。

再说水平工作整合。它是指将企业分散的资源加以集中，或将分散在不同部门间的相关工作整合成一个完整的工作交由一个部门或一个人负责，这样可以减少人员之间或部门之间沟通的时间，还可以明确工作的责任人，提高员工的责任感，避免出了问题之后互踢皮球的扯皮现象。

最后说工作次序最佳化。它是指做任何事情都是有先后顺序的，但ABC与BAC的效果肯定有所不同。这就需要利用工作步骤的调整，达到流程次序最佳化，提高效率节省成本的目的。

总之，优化流程的一个重要理念就是业务判断理性化、知识化，一般业务常规化，甚至自动化、傻瓜化，从而减少执行层人员的要求，提升执行的效率。

执行到位要重视人员流程

某公司把流程梳理好了,也通过流程软件进行了固化,但是却感觉不到效率的明显提升。人员都照旧那么多,工作也都照旧那么多。后来,公司进入营业旺季,分销商老是抱怨该公司的发货速度十分慢,也不知道该公司内部的问题在哪里。流程部发现原来在发货审批的过程中有一个环节老是出现被退回的情况,通过软件的分析发现,这一节点的审批表有一半都被重新打回去,原来一天可以批200份左右的单子,但是因为有一半被打回去了,如今只能做100多份了。调查结果是该部门按照领导要求重新对发货进行了分类,但是制定的表单只是在原来的表单上面改动了一个字段,而没有进行具体地说明,许多销售人员根本没有注意到这一细节的转变,都是随意填写,导致申请常常被打回,不得不重新走流程。

再进一步分析,发现有个部门一天应该审核600份左右的单子,但是实际上只有不到200份的单子,分摊下来基本上只有原工作量的1/3。一边是人员忙不过来,也是抱怨连连,另外一方面却是一些人却在偷懒。

营业规则发生了转变,不一定会导致流程发生转变,但是会导致流程的表单发生转变,同时也会导致流程的执行人员发生转变。流程梳理完了之后,固化在体系中并不意味着流程要僵化在体系中。流程在运行过程中,需要经常地对流程的节点工作量进行分析,判定流程是否合理,流程的表单和文档是否需要调整,最后实现营业的稳固运行和人力资源的合理配置。

在组织的所有系统和流程中,人员流程无疑是最为重要和关键的。如果一个组织不具备一种科学和完善的人员流程体系,将永远不可能充分发挥其潜力。抓好人员流程要从以下几点做起:

首先,要挑选有执行力的员工。一般具有执行力的人的主要特点是:自动、自发,注意细节,为人诚信、负责,善于分析、判断和应变,乐于学习，具有创意，对工作有韧性，人际关系（团队精神）良好，有强烈的求胜欲望。领导要具备挑选人才的能力，挑选与培养优秀骨干的任务不能授权他人。

其次，领导者要信任员工。领导者要信任下属的道德品质，不束缚他们的手脚，让他们创造性地开展工作。既要委以重任，又要授予权力，令其能承担责任，忠于职守。当他们在工作中出了问题时，用人者要勇于承担责任，帮助他们总结经验，给予有力的支持。同时，要认可下属的工作态度，明白下属的工作方法，理解下属的内在需求，信赖下属的工作责任感。

再次，要注重开发组织成员的价值。如果用冰山来比喻人的价值，那么，每个人都有沉在水面下尚未被开发的巨大潜在价值，而漂浮在水面上的就是展现出来的各种能力。领导者应善于进行现有人员价值的开发，有效地提高员工的工作绩效，增进组织的创新能力，造就良好的组织文化氛围。

最后，要注意人员流程要与战略流程、业务流程相连接。人员的选用、配备与战略的制定和执行，与运营计划的目标连接起来，保证三者协调发展。尽量防止人员流失，构建人才储备库，对现有人才进行评估，判断他们该进行哪些培训，以便能承担更重大的责任，并适应组织的长久发展。

按流程执行也要讲方法

企业的生存与执行到不到位有着直接的关系，而在执行的过程中，我们也要根据工作的流程、工作的轻重缓急和正确的步骤来执行。

首先，我们要遵循工作流程。一旦接到任务，脑子里应该时时刻刻存有工作，要遵循"目标—计划—执行到位—评估"的流程来进行执行。所谓目标，是指明确地了解工作的目的何在，到何时做到何种程度，将可达到所设定的目标。计划是指想方法，以更有效的做法促使目标如期实现。

执行时需要注意的事项有：依据计划来正确、迅速地去执行；严格遵守完成日期；不能照预定进度去做而不得不变更计划时，一定要向上司报告并接受其建议，千万不可独断专行；做到一半发生疑问时，一定要与上司商量。

至于评估，则须考虑以下几点：如果进行得不顺利，其原因何在？如果进行得很顺利，为何那么顺利？再确认一下其成功的原因。

如果这两方面都做好了，就不至于无法掌握住工作的整体性和全盘性。尤其是组织的工作，必有其纵向、横向的流程，每位员工脑子里必须时时存在着目的、背景，与其他事情的关联性等概念。

其次，我们要分清工作的轻重缓急。执行工作时，一定要考虑优先顺序，先做最重要的事，然后才做比较急迫的工作，万万不可先做自己认为好做或自己喜爱做的事，如此，可能会将重要的事耽搁，造成真正应该执行的事情没有执行到位。

那么该如何确定工作的优先顺序呢？一般来说，可以依据工作期限、重要程度以及性质来判断。站在公司的立场而言，一般都要求员工在交货期之前必须完成工作，所以，在做事之前，应该制定一个严密且可行的流程才对。

作为制度的执行者，做事一定要坚持一个大原则，就是"今日事，今日毕"，决不可拖到第二天。如果每天都无法将今日的事做完，就会累积一大堆工作，结果可能因此而赶不上交货期。

假使突然接获临时插进来的工作，最好跟上司或其他同事商量，请教他们该如何处理，避免出差错。不过，也不可什么事都去请教他们，最好是自己先做个考量后再去请教别人。

最后，我们要按照正确的步骤做事。一名员工在执行某一工作时，最好依以下步骤来进行，以获得事半功倍之效。

（1）接受工作指示或命令。一般员工做某一工作时，会接到上司的工作指示。这时候，不能只听上司所交代的，还要明确地掌握住工作目的才行，所以，员工要深思的事情有：工作目标是什么？为什么必须达到这个目标？

何时达到？如何做会更好？

（2）收集有关的资料、情报。即收集与工作的计划、执行等相关的文件、资料、情报，而且对于情报的选择，要有判断。

（3）考量工作的步骤与方法。越是需要花长时间工作的事情，越需要依照工作的步骤与流程来做，这样才比较有效率。

（4）决定工作的步骤与方法。不妨从所拟定的几个方案中挑选较合理的，决定时应该考虑到"更早、更好、更轻松、更便宜"这几项因素，再做筛选。

（5）制定行事表。

（6）实施时须留意。确实依照所计划的步骤和方法去做；很有自信地去执行；时时审核实际进度和预定计划的差距，必要时修改所定计划。

（7）检讨与评估。从品质、期限、成本等层面，将工作的结果和当初的计划做一比较，如果不能达到预期结果，就应该找出其原因。

（8）做完后，向上司报告结果。

像这样按步骤来完成工作，那么，执行到位就是一件很容易的事了。

第十六章
标准到位，高标准高要求执行制度不打折扣

水温升到99℃，还不是开水，其价值有限；若再添一把火，在99℃的基础上再升高1℃，就会使水沸腾，并产生大量水蒸气来开动机器，从而获得巨大的经济效益。对很多事情来说，执行上的一点点差距，往往会导致结果上出现很大的差别。因此，高标准、高要求才是执行到位的先决条件。

高标准才能让执行更到位

《孙子兵法》中有一句话，"求其上，得其中；求其中，得其下；求其下，必败"。这句话让人联想到目标牵引——被马拉动的车只能跑在马的屁股后面，要使"车"到达预定位置，就必须给"马"设定更高的目标。这就是我们常常强调的做事要高标准严要求。

企业经营管理除了要有使命、愿景这样的激动人心的目标，还要制定战略明确实现目标的途径。但这些仍然停留在规划层面，都还属于纸上谈兵，最终都需要在执行层面去落实，这也是企业经营成败最关键的一步。因此我们看到，从全面质量、精益制造、六西格玛，到流程再造，几乎所有的管理

变革其核心都是打造企业执行力。因为执行力是把事情做好的能力，而不仅仅是一种意愿。仅有意愿而缺乏能力，就会感到力不从心。

事实证明，人的能力取决于掌握的知识和技巧，企业的能力取决于做事的方式，包括流程与方法。管理变革就是要改变做事的习惯，建立更加高效的流程和有效的方法，而困扰我们管理变革深化的最大因素就是根深蒂固于传统习惯中的粗放管理、得过且过。

高标准是执行力的源头。见贤思齐乃是人类追求文明进步的天性，但首先应该有"贤"的标准，通过树立标杆明确进步的方向。为此我们提出了"精准细严"的精细化管理目标，并把它具体化到各项业务中，上升为一种全局性的管理文化，引领管理变革的持续深化。

如何做到高标准、高要求

提到严格执行，人们就想到丰田。自从他们的生产方式被冠以"改变世界的机器"，几十年来，到丰田的朝圣者始终没有间断过。从管理学者到企业家，大家从各种角度解读丰田，按照自己的理解学习、照搬丰田，虽然都有着不同程度的收获，但时至今日，真正读懂丰田的人并不多。

一套体系完整、方法清晰的理论，几十年来没有能够培养出第二个丰田，因为没有人能下得了丰田的"笨工夫"。一套管理方法坚持了半个世纪仍然在不断改进，正是这种近乎"愚公移山"神话式的笨工夫成就了丰田今日的地位。在汽车工业竞争如此激烈的红海市场中，丰田能够扎扎实实地把产量做到世界第一，把利润做到超过美国三大汽车工业巨头的总和，而资产报酬率也高出行业平均值的八倍。

丰田的经验告诉我们，基于定位的差异化优势是短暂的，真正难以模仿的是基于独特文化的做事方式。用高标准做事，在红海市场中同样能够找到"蓝海"。

人生的至理其实并不多，而最大的至理应该是知行合一。全世界的股民都知道股神巴菲特的秘籍是以不变的"价值投资"理念应对诡谲多变的市场，然而自己一旦入市却总是抱着投机心理，处处应变，因而处处被动。

产品质量是市场竞争力的根本，这应该是最具广泛性的共识。"质量是企业的生命""第一是质量，第二是质量，第三还是质量"，这些话的绝对意义已经使质量意识的高度无以复加，但是说这些话的人未必完全出自真心，因而差距就在于五十步对百步，信得多做得多就成功得快一些，仅此而已。

管理的高标准、高要求也是同样的道理，就是以高度的责任心，用高标准去衡量，区分"把工作做了"与"把工作做好"。具体到管理变革，就是在推进过程中要扎扎实实地按照要求去做，如果以管理基础薄弱为借口随意变通，迁就自己，则"求其下，必败"。为山九仞，功亏一篑，这一篑之差，就可能无法够到成功的果实。

执行者的态度决定一切

可以说，工作是一个人人生态度的体现。一个人一生从事的职业，体现了他的志向和理想。因此，一个人的工作态度在很大程度上体现着这个人的性格以及他的品质。不论我们从事多么琐碎的工作，都不要轻视它。因为所有能够创造价值的工作都是值得尊敬的，关键在于我们怎样看待自己的工作。只要我们认真、诚实地付出劳动，就没有任何人可以贬低我们的价值。

这个世界上，没有卑微的工作，有的只是卑微的工作态度。虽然，有些工作看上去并不十分高雅，而且工作环境也非常差，但是，我们并不能因此就轻视这样的工作，我们应该用一种正确的价值观去看待它——只要它是有用的，就值得我们去做。工作没有贵贱之分，工作态度却有高低之别。做一名普通的纺织工人并不是什么不光彩的事情，他们同样在创造价值，但是如果纺织出的都是不能用的布，那才是不光彩的事情。

"假如你非常热爱你的工作，那你的生活就是天堂；假如你非常讨厌你的工作，那你的生活就是地狱。"我们每个人一生当中，很大一部分时间都和工作有着密切的联系，与其说是工作需要人，不如说任何一个人都需要工作。作为企业的员工，我们需要有一个正确的工作态度。因为在实际工作中，我们的工作态度决定着自己的前景。工作态度的好坏，决定着能不能把工作执行到位，能不能为自己和企业创造实际的价值。

某高校毕业生到新公司工作的时间不长，至今才一个月的时间，但对于执行力的理解，却已经比较深刻了。最近他的公司因为新系统要上线，涉及中心厅、合作厅、网盈厅、校园厅所有营业员的培训，还要帮助市场部清理在途工单、抵用券的兑换，还要迎接省公司领导视察……似乎所有的事情都堆到了一块。

在这种情况下，员工对于工作的态度，执行力的高低，立刻就显现出来了。

有些员工，对待所有的工作，都是丝毫也不含糊。为了做好工作，加班到夜里十一二点甚至更晚，都毫无抱怨。老板说："对于这些人，只要是布置了任务，就等着听汇报就行了。"有些员工，对待分内的工作，也是认真对待，但是稍稍逾越了职责边际，就会找各种理由推脱。还有的员工，做了一些工作后，到处敲锣打鼓，为自己歌功颂德。

有这样一句话：流程，不能规定所有的职责范围，每个人都往前跨上半步，流程才能无缝隙顺畅运转。有时，技能并非最主要的，重要的是态度。态度决定一切。

站在管理人员的角度，无疑第一种员工是最让人省心的，也是最值得嘉奖的。

"没有任何借口。"是的，不要找任何借口，作为执行者，你的任务就是执行，唯有执行！也许领导的决策会有失误，但失误只有在执行的过程中才能发现，才能纠正。任何宏图伟略，也只有通过执行来显现。

何谓执行力？按照书上的定义就是保质保量地完成自己的工作和任务的能力。成为一名优秀员工，不断提升自我执行力是关键。个人执行力的强弱主要取决于两个要素——个人能力和工作态度，能力是基础，态度是关键。所以，要提升个人执行力，一方面是要通过加强学习和实践锻炼来增强自身素质，而更重要的是要端正工作态度。那么，如何树立积极正确的工作态度？关键是要在工作中实践好"严、实、快、新"四字要求。

首先是着眼于"严"，积极进取，增强责任意识。责任心和进取心是做好一切工作的首要条件。责任心的强弱，决定执行力度的大小；进取心的强弱，决定执行效果的好坏。因此，要提高执行力，就必须树立起强烈的责任意识和进取精神，坚决克服不思进取、得过且过的心态。把工作标准调整到最高，精神状态调整到最佳，自我要求调整到最严，认认真真、尽心尽力、不折不扣地履行自己的职责。决不消极应付、敷衍塞责、推卸责任。养成认真负责、追求卓越的良好习惯。

其次要着眼于"实"，脚踏实地，树立实干作风。天下大事必作于细，古今事业必成于实。虽然每个人岗位可能平凡，分工各有不同，但只要埋头苦干、兢兢业业就能干出一番事业。好高骛远、作风漂浮，结果终究是一事无成。因此，要提高执行力，就必须发扬严谨务实、勤勉刻苦的精神，坚决克服夸夸其谈、评头论足的毛病。真正静下心来，从小事做起，从点滴做起。一件一件抓落实，一项一项抓成效，干一件成一件，积小胜为大胜，养成脚踏实地、埋头苦干的良好习惯。

再次要着眼于"快"，只争朝夕，提高办事效率。"明日复明日，明日何其多。我生待明日，万事成蹉跎。"因此，要提高执行力，就必须强化时间观念和效率意识，弘扬"立即行动、马上就办"的工作理念。坚决克服工作懒散、办事拖拉的恶习。每项工作都要立足于一个"早"字，落实一个"快"字，抓紧时机、加快节奏、提高效率。做任何事都要有效地进行时间管理，时刻把握工作进度，做到争分夺秒，赶前不赶后，养成雷厉风行、干净利落的良好习惯。

最后要着眼于"新",开拓创新,改进工作方法。只有改革,才有活力;只有创新,才有发展。面对竞争日益激烈、变化日趋迅猛的今天,创新和应变能力已成为推进我们企业发展的核心要素。因此,要提高执行力,就必须具备较强的改革精神和创新能力,坚决克服无所用心、生搬硬套的问题,充分发挥主观能动性,创造性地开展工作、执行指令。在日常工作中,我们要敢于突破思维定势和传统经验的束缚,进一步解放思想,不断寻求新的思路和方法,使执行的力度更大、速度更快、效果更好。养成勤于学习、善于思考的良好习惯。

总之,提升个人执行力虽不是一朝一夕之事,但只要你按"严、实、快、新"的要求用心去做,相信一定会成功!

认真执行才能到位

要想执行到位,由"做事"转变为"做成事",需要用认真的态度去做每一件事情,去执行每一项任务。认真负责是能够执行到位的另一条准则。也只有认真负责,才能把工作真正执行到位,因为在执行的过程中,容不得我们有半点马虎和不负责任。

在职场中,只有那些认真工作的员工才是真正聪明的人。认真工作是提高自己能力的最佳途径,为公司工作的同时,我们也是为自己的未来工作。执行到位与否直接影响着我们的将来。

首先,工作要认真执行到位。认真,是一种做事态度。先哲讲:凡事要认真。古今中外,无论大事小事,要成就一番事业,必须要有一种特别认真的态度。

国家如此,企业也是一样。海尔集团能够发展壮大,是因为它对产品认真负责的态度几近极致。新世纪劳模许振超,用几年的时间弄清了极其复杂的线路板结构,成功地为国家节约了大量的资金。

在当今经济高速发展的社会，急功近利者比比皆是，假冒伪劣充斥市场，自己辛苦创造出来的品牌，又在自己以后的投机心理支配下毁掉了。我们有名牌产品，但太少了。现在不少的企业拥有一流的设备，却出不了一流的产品，关键是没有认真负责的态度。

毛泽东同志说："世界上怕就怕'认真'二字，共产党就是最讲认真。"认真成就我们的事业，认真是世界上所有成功企业必不可少的基本素质。不认真，投机钻营，只会带来企业的倒闭。我们要实现成功，就一定要有认真的态度，认真做事，认真对待一切事业，彻底抛弃投机敷衍的心理，认真、认真、再认真。

其次，要树立认真、负责的态度。"负责任"这个原本应该是每个员工基本道德范畴的问题，却常常被蒙上"有麻烦"的盖头。于是，该负的责任不负，该执行的工作不执行到位，有的人忘记了自己的职责，丢掉了本色，成为日常看不出来、关键时刻站不出来的与其工作岗位不符的人，导致工作执行不到位。

2006年2月2日晚7时30分（当地时间），一艘名为"Al Salam Boccaccio 98"（汉译"萨拉姆98"号）的埃及渡轮从沙特西海岸杜巴港起航，原定3日凌晨3时可抵达目的地埃及塞法杰港，航程120海里。当时船上载有1 300多名乘客和近100名船员。"萨拉姆98"号离开杜巴港后失踪，它最后一次出现在雷达屏幕上的位置是杜巴港62海里外。很不幸，一场重大海难在红海发生——"萨拉姆98"号沉没了。事发时红海海域风急浪大，并伴有降雨，气候恶劣。据最新统计，事故中遇难或失踪者达1 022人（失踪611人，找到411具遇难者遗体），只有387人获救。

"萨拉姆98"号沉船事件成了埃及人心中抹不去的痛。让人痛心的是，造成这次灾难的很大一部分原因就是船长不认真的执行态度。

让人无法想象的是，当时船舱起火，这位船长竟然决定让渡轮继续向前航行。而在危险来临的时候，船长居然头一个逃跑。

尽管各国海商法有关船长义务的具体规定不完全相同，但基本内容却是一致的，主要有：①保障船上人员的人身、财产安全。船长必须采取一切合理措施，保证航行安全，维持船上秩序，防止对船舶、船上货物或人员的任何损害。该义务与船长的指挥命令权是相应的。②救助人命。船长接到呼救信号或发现海上有人遭遇生命危险，只要对船舶、船员和旅客没有严重危险，就应尽力救助遇难人员。船长违反该义务将负法律责任。③最后离船。船长在决定弃船时，必须采取一切措施，首先让旅客安全离船，然后允许船员离船，船长本人应当最后离船，并应设法抢救航海日志、轮机日志、无线电日志，以及该航次的海图、文件和贵重物品等。④完成并送交海事报告的义务。船舶发生海损事故时，船长应采取一切可能的措施，并完成海损事故报告书，说明事故详细经过，报送发生事故后最初到达港的有关航政主管机关。

而"萨拉姆98"号的船长无疑是用一种非常不认真的态度去执行属于自己的任务，没有任何责任感可言。也正是他的不认真态度造成了如此惨烈的悲剧。可见，当一个人用一种不认真的态度去对待工作的时候，会产生多么可怕的后果！

因此，我们每一个人，无论什么时候、在什么地方，都不要忘记自己的工作职责，一定要想办法，认真地执行到位。有一句话讲得好："如果你能真正制好一枚曲别针，应该比你制造出粗陋的蒸汽机赚到的钱更多。"忠诚、负责地对待自己的工作，无论自己的工作是什么，重要的是自己是否做好了工作，是否执行到位了。

事实上，只有那些不推卸责任的人，才有可能被赋予更多的使命，才有资格获得更大的荣誉。一个缺乏责任感的人，一个不能把自己的工作执行到位的人，首先失去的是社会对自己的基本认可，其次失去了别人对自己的信任与尊重，最终也失去了自身的立命之本——信誉和尊严。

清醒地意识到认真执行、执行到位的重要性，并积极地付诸行动，无论对于自己还是对于社会都将是问心无愧的。

做一个事事都能执行到位的员工，就一定要有认真负责的执行态度。因为，没有这种态度，就无法真正执行到位。

以制度为准绳，执行不折不扣

制度重于能力。执行过程中，任何人都不应有逾越制度的言行，这应该成为每位员工的座右铭。

执行力是推动工作、落实制度的前提。事实证明，制度制定以后关键是执行，再好的制度如果没有人执行或执行不到位也是没用的。作为一名员工，你的工作必须着眼在不折不扣的执行上。

工作中切忌不按规矩办事。虽然有许多公司制度制定得比较完善，并把制度编制成册，或经常把制度性的标语贴在外面，但是在制度的执行过程中往往就变了样，成了"上有政策，下有对策"，员工有这种行为是极不可取的。

一家媒体曾针对"上班干私事"这一问题做过一个调查：

通过对235名员工进行的随机调查，发现大部分员工上班时间"干私事"。上班时间不干正事达到了调查人数90%以上的比例，大部分员工上班时间干多种"私事"，其中上网私人聊天和上网闲逛所占比例最高，达86%，做其他事情（如出去走走等）占60%，玩游戏和煲电话粥则分别占到了40%和33%，兼职则占到了7%。

同时，调查显示，在8小时内用于"干私事"的时间为20~30分钟的人数最多，1~3小时人数占调查总数的20%，占用时间最多的为3小时以上，占调查人数比例的11%。另外，有15.55%的员工认为，办公室干私事的时间视情况而定。

调查中发现，许多普通员工上班时间用于上网私人聊天、浏览与工作无关网站的最多，此外还有玩游戏、煲电话粥、上网炒股、兼职、利用工作餐时间请客等多种方式。而在白领阶层，上班时间在办公室"干私事"已成为一股风气。

白领林小姐是东莞一家银行的管理人员，她平时除了做自己的本职工作外，还有另外一份工作，就是在网上开一家小店，专门给一些白领提供网购服务。林小姐告诉调查者，网上开店是一件需要花大量时间的事情，需要到别的网站上去挑选适合自己店的东西，同时还要说服别人购买自己店里的物品，有时候说服一个客人要花上一两小时的时间。因此林小姐一上班就挂在网上，空闲的时候就上网浏览新鲜的东西，或者是和看上自己店里东西的顾客聊天，讲价钱，这部分的"私事"往往会花掉林小姐大量的工作时间。林小姐还告诉调查者，像她这样在网上开店的人不少，一般都是工作比较轻松，时间比较多的白领开的，另外，林小姐还告诉调查者，上网聊天这种事情就更不用说了，大家都明目张胆地聊，只有老板在场的时候才会稍微收敛一些。

在一家广告公司工作的李先生告诉调查者，现在上班时间上网聊天已经成为一种风气了，禁也禁不了，而且很多时候上网也和工作有关，大家以公谋私你也不知道。像李先生的工作就与网络有关，必须上网，李先生认为，浏览新闻是必需的，联系客户的时候也需要聊天。

调查者在调查中同时发现，几乎所有公司对办公室"干私事"都明令禁止，可为什么"干私事"的情况还这么严重呢？一位肖小姐告诉调查者，公司虽然有明文规定，而且还有一些硬性措施，如在电话上面贴上"私人聊天不超过1分钟"的字条，请人把公司的QQ端口给禁止了，但是"上有政策，下有对策"，只要老板看不到，电话照打不误，老板也没办法分出是私事还是公事，封了QQ，还有MSN、UT、TALK、旺旺等，还是可以用其他软件上网聊天，而因为工作需要上网，又不能把公司的网线给断了，因此到最后公司的规定形同虚设……

这个调查应该引起所有员工的重视。制度是员工个人成长的平台。有些员工没有认识到制度的重要性，他们以为规章、制度等规范都只是企业为了约束、管理员工的需要，对此他们往往持排斥的态度，表面上遵守，内心深处则是一百个不愿意，在没有监督的情况下，则"上有政策，下有对策"，做出一些违背公司规章制度的事情。

每个员工都希望在公司有好的发展，要做到这一点，不仅要学会在制度的约束下成长，更要学会利用制度给予的资源发展自己，提高自己和增加工作业绩，得到领导和同事的认同。

企业好比是一个舞台，你如果不在舞台上表演，那么即使你有再好的演技，也难以表现出来。若是在舞台下展示你的演技，则是用错了地方，演得再好，也没人会认可你。员工要习惯在制度下工作，这是一种职业纪律，更是一种职业技巧，企业常常会通过制度安排把资源和荣誉给予那些模范执行公司规章的员工，如果你与制度格格不入，那么你是难以得到企业认可的。

企业的活力来源于各级员工良好的职业精神面貌，崇高的职业道德。在残酷的商业竞争中，企业需要营造员工自觉执行纪律的文化氛围，需要建立严格的制度和规范，这些制度和规范需要你去配合执行，这是任何一家企业都不可动摇的铁的纪律。同时，自觉执行企业纪律也是一个员工最优秀的职业精神。总之，员工应以制度为准绳，不折不扣地完成工作指标，坚决摒弃"上有政策，下有对策"的错误行为，以强化自身的执行力。

一步到位，不要做重复工作

在执行过程中，最没有效率的事情就是第一次执行不到位，然后还要推倒重来。

在我们的生活中这样的例子很多。比如，往垃圾桶里扔一个棉签，想少走两步路，结果没有命中，只好弯腰捡起来再扔，做重复劳动。

第一次就把事情做对、做好、做到位，是一个良好的习惯。它会节省我们很多的人力、物力、财力，使我们少走很多弯路。在执行工作时，我们第一次哪怕多花点时间、多用些精力，也要把事情执行到位，一定要坚决避免一切无谓的从头再来！

第三部分　八个到位，确保制度获得有效执行

要提高执行的效率，最重要的一个方法就是"第一次就把工作执行到位"。歌德曾在他的叙事诗中讲过这样一个小故事：

耶稣带领他的门徒彼得远行，在途中他发现了一块破烂的马蹄铁，于是，耶稣便让彼得把马蹄铁捡起来。但是，彼得懒得去弯腰，假装自己没有听见。耶稣没说什么，自己默默地捡起马蹄铁，然后用它换来3文钱，之后又用这钱买了18颗樱桃。

两人继续往前走，后来经过一片茫茫荒野的时候，彼得渴坏了。于是，耶稣就故意让藏在袖子中的樱桃掉出一颗，彼得看见，赶忙捡起来就往嘴里塞。耶稣边走边丢，彼得也就狼狈地弯了18次腰。到达目的地的时候，耶稣对彼得说："当初你弯一次腰，就不会有后来没完没了地弯腰了。"

弯腰是再简单不过的事情了，但是彼得没有去执行，所以，之后不得不重复同样的动作。在实际的工作中，有时即使是最简单的工作，也有人不能够一步执行到位。

福特公司也是这样要求员工的。在整条流水生产线上，每一个零配件生产出来之后，马上就被送去组装，因为没有库存，任何一个环节出了问题，都会导致全线停产，所以必须要求第一次就把工作做到位，对此，没有任何回旋的余地。

不过，我们在力求"第一次就把工作做到位"时，也应多注意一些细节，如在分工合作时，用词一定要准确，切忌含糊、笼统，否则，模糊的语言就有可能影响工作的有效执行。

有一次在工程抢险中，技术员小刘和同伴们在紧张地工作着。这时，小刘急需一把螺丝刀，于是便对离自己最近的小张喊道："快，去拿一把螺丝刀来。"小张飞奔而去，但小刘等了很久，小张才气喘吁吁地跑了回来，他手里拿着一把小号的螺丝刀，"我认为你最需要的是这把，所以就拿来了。"

小刘接过来一看，生气地说："谁让你拿小号的，我是要最大号的！你怎么连这都不知道呢？"

小张没有申辩，但他心里很不高兴。此时小刘突然意识到，自己让小张去拿螺丝刀时，并没有明确地告诉他自己需要最大号的。小刘知道出现错误的根源在自己，因为他没有具体地说明自己需要什么样的螺丝刀。

于是，小刘抱歉地对小张说："我要的螺丝刀是工具箱内最大号的那把。"这次，小张很快就拿着小刘要用的螺丝刀回来了。

一次没有执行到位，不但会因此而浪费时间不断去补救，甚至可能把一家极有前途的公司击垮。或许有人会说，"第一次没做到位没有关系，还有机会"。的确，第一次没做到位，在下一次可以接着做，但是这样既浪费时间又浪费精力。如果没有及时发现错误，就会给自己和他人都造成巨大损失。

在工作中，第一次就把工作执行到位，不做重复工作是提高执行效率的第一步。

到中国一汽大众的现代化车间参观过的人，都会在感叹那里汽车流水线现代化的同时，同时发现在车间的醒目位置上，有一排巨幅广告"第一次就把事情做对"。

很多人都不理解，怎么这么"现代"的车间里，竟然会有这么"不客观"的广告？看到这样的广告，不禁让我们思考：第一次就把工作执行到位，可能性到底多大？

静下心来想一想，我们不禁为一汽大众的广告所折服：要把工作执行到位，需要多少次？是四次，三次，还是几次呢？答案当然是：一次！

一步到位，不要做重复工作，是企业对员工的期待，他时时刻刻提醒员工们，要尽最大的可能，在接手每一件事情时，抱着"一次就做对"的信念。

一步到位，不要做重复工作，是提高"质量"品质的必然要求，只有"第一次就做对"，才可能减少废品，保证质量。

一步到位，不要做重复工作，需要员工有扎实的职业技能基础，需要员工对工作有充分的准备。

很多人在工作中都遇到过越忙越乱的情况，在忙乱中造成的错误，轻则自己手忙脚乱地改错，浪费大量的时间和精力，重则返工，给公司造成经济损失。

第一次没把工作执行到位，忙着改错，改错时又很容易制造新的错误，恶性循环的死结越缠越紧。在"忙"得心力交瘁的时候，我们是否考虑过这种"忙"的必要性和有效性呢？

再忙，也要停下来思考一下，使巧劲解决问题，而不盲目地拼体力。第一次就把工作执行到位，把该做的工作做到位，这正是解决"忙症"的要诀。

领导者要将严格执行制度当作一种常态

一个企业，制度能不能得到彻底执行，领导者是关键因素。

执行制度是制度由理想到现实的重要环节，制度执行好坏往往受到执行者主观因素的影响和制约，严格按章办事、减少不利于制度执行的各种主观因素是走出制度执行难的重要途径。

首先要强化执行力度，确保制度能够有效实施。一项制度设计出来了，如果没有一定的配套保障措施，仅由被执行者的主观好恶、素质高低来影响制度执行效果，制度很难得以兑现，可能会停留在"耶稣的归耶稣，基督的归基督"的尴尬局面。

强化制度执行力，一是要求执行者具备较高的思想道德品质，能够模范遵守各项规章制度，可以独当一面，充当一面旗帜；二是还要求制度具有现实可操作性，便于理解和执行；同时研究一项制度的同时，有必要考虑好该项制度的配套机制，能够辅助和保障某项制度的实施。

其次要强化示范作用，领导者带头先行。领导者带头严格执行制度，不走关系门、不做损公事，制度在执行中起到了应有的效果，在员工面前树立起良好形象，这样领导者在制度层面的魅力也就体现出来了，当这种个人权威树立起来后，被执行者的积极性也便被调动起来了，以此为契机，进一步形成领导带头、人人遵守的制度执行模式。在强调领导者要带好头的同时，对于一些无视规章制度、无视群众利益的人，应给予一定的规制，避免一些人走"制度外"路线，或利用权力扭曲制度的实施。

最后要强化监督效果，对制度执行情况进行动态监督。制度执行力在一定程度上也属于公权力的范畴，缺乏监督的执行权容易在暗箱中变形走样，有时甚至会成为单向制约被执行一方，在制度执行上显失公平。为了强化监督效果，有必要研究制定监督方面的机制和保障措施，形成刚性监督，实现预期效果。

第十七章
细节到位，1％执行的失误会导致100％制度的失败

"细节决定成败"是这几年企业中最流行的一句话。原因很简单，因为对今天的企业来说，大笔的奖金投入进去，往往只为了赚取百分之几的利润，任何一个细节的失误，都可能将这些利润完全吞噬。换句话说，任何的一个细节执行不到位，都可能导致功亏一篑，都可能让企业遭受巨大的损失。

管理从制度化提升到细节化

制度执行中任何一个环节的瑕疵和纰漏，都有可能带来连锁反应，导致整个制度体系的混乱，引发严重的矛盾和问题。要使制度得到不折不扣的执行，就要关注每一个执行细节，实行细节化管理。

什么是细节化管理？细节化管理的最基本特征就是重细节、重过程、重基础、重具体、重落实、重政策，讲究专注地做好每一件事，在每一个细节上精益求精，力求取得最佳效果。

细节化管理的具体设计是：一要创新管理机制，推进节约集约、合理保

障的细节化；二要创新管理方式，推进依法监管、严格执法的细节化；三要创新管理理念，推进维护权益、服务社会的细节化；四要创新管理手段，推进基层建设、基础管理的细节化。

从细节上强化管理。以"干好每一件小事，注重每一个细节"为主题，组织员工对日常工作行为进行自查、梳理，找出工作中容易忽视的问题和薄弱环节。从内部环境、办事流程等各方面查漏补缺，提出改进措施。在创新方面，推行创新工作项目细节化管理，细化每个工作步骤，分解各个环节任务，责任落实到科室和个人。

从细节上优化管理。以形成长效管理机制为目标，健全责任制、过错及投诉追究制、评价制等制度。

通过建立细节化管理的运行体系，制定全覆盖、多层级、高标准的目标体系，细化各项制度、工作流程和操作规范，以细节的精细化实现整体细节化管理，通过严格执行、监督、考核、奖惩，充分发挥员工的积极性、主动性和创造性，实现工作效率和工作实绩的最大化。

细节执行力就是核心竞争力

据说海尔集团出名后，每天都要接待众多参观学习者。大家认为海尔的管理制度相当出色，既细致又有创意，很多人边参观边写笔记，把所见到的各种制度宣传牌拼命摘抄。张瑞敏知道后，叫人给每位参观者一本海尔制度手册。

张瑞敏是明智的。成文和制度本来就必须公开，想防抄袭太难了，不如大度些，反而更有利于企业美誉度的提升。有完善制度的企业屡见不鲜。日益精密的制度体系，意味着企业管理层认识到了细节的重要性。但认识到细节的重要性就能使企业兴旺发达了吗？张瑞敏说，制度可以抄袭，但执行力不可以抄袭。所以很多人拿了这套制度回去，成功运用的却没有几个。

注意到细节后，还要有坚定的执行力。不可抄袭的细节执行力就是核心竞争力，它使一个企业在竞争中立于不败之地。这是一个并不缺乏雄心的年代，但缺乏对细节的注重，更缺乏对细节的执行。

利澳·克鲁尼橱柜作为一个源自意大利的知名品牌，拥有悠久而光荣的历史。这段历史就是一个细节执行的历史。借用中国一句老话，"不积跬步，无以至千里"。利澳·克鲁尼之路，就是坚实地踏出每一小步积累出来的。

利澳·克鲁尼认为，细节执行力的决定因素有以下三个方面：

一是细节执行的意愿。利澳·克鲁尼橱柜有一位烤漆大师傅，技术很好，但却有个不良习惯——爱穿拖鞋进烤漆房。主管知晓此事后，虽然珍视人才，却也在原则上毫不退让，最终彻底地改正了他的坏毛病。诸如此类的小细节，在利澳·克鲁尼的管理实践中从不妥协地执行着。细节执行的时候会有个得失问题，敢不敢于失去是一个问题。意愿越强烈，决心越大，越敢于失去旧的、错的、次要的，才能拥有新的、对的，收获主要的。

二是细节执行的能力。这是一个人才和方法的问题。利澳·克鲁尼橱柜始终重视管理人才的选拔和培养。选拔有细节执行力的人才，并不断培养提高他们这方面的能力；同时制定适应的制度，提炼可行的方法，交给有细节执行能力的人。比如利澳·克鲁尼的业务精英队伍，经常进行体验式学习，老业务员也不例外。通过角色转换扮演，发现细节上的成功和失误，锻炼驾驭细节的能力。

三是细节执行的环境。天大的意愿和能力，在一个不正确的环境中运用，都将促成可怕的错误。在怎样的一个环境中，对什么样的人执行哪些细节？这就是管理的艺术。当然改造和创造某些必要的细节执行的良好环境，本身就是高层管理人员的重要工作。

锤炼企业的细节执行力，应该成为每个企业获取核心竞争力的必由之路。企业的核心竞争力就是细节执行力。

重视班组制度建设的细节

如今精细化管理时代，企业班组管理的细节尤其重要，这是搞好班组制度建设的基础。班组的竞争就是细节的竞争，细节显示差异、细节影响品质、细节决定着班组成败。

班组管理是企业管理的第一道防线，加强班组细节管理是强化企业管理的关键。在这个精细化管理至上的时代，细节往往能反映你的专业水准，突出你的品位，显现你内在的素质。

作为班组长，生产第一线的指挥官，要在日常的班组管理工作中，重视并优化班组制度建设的细节，做到重视身边的每一件事、认认真真地执行每一项规定，一丝不苟地把好每一关。

如何重视班组制度建设的细节，优化制度建设？要让班组成员认识制度规范的"火炉原则"。

"不以规矩，无以成方圆。"这个道理显而易见。班组管理也同样需要秉承此原则。制度规范确定办事规则，规定工作程序的各种章程、条例、守则、规程以及办法，是班组管理过程中全体组织成员的行为准则。只有严格执行，实施制度化管理，才能使班组建设步入规范、科学、系统的轨道，形成良性循环。

反之，任何行为或个人与制度规范背道而驰，都将不同程度地使组织的发展受到阻碍和损失。

企业要怎样才能拥有强大坚毅的执行力？

"在引进新管理体系时，要将其先僵化，后优化，再固化。"这是华为公司总裁任正非提出的一条非常著名的理论。他在一次公司干部会上的演讲中对其做出了很好的诠释："在5年之内，我不允许你们进行幼稚创新，顾问们说什么，就用什么方法，即使认为他不合理，你们也不要想妄动。5年以后，等你们把人家的系统用好了，我可以授权你们进行最局部的改动。进行结构性改动是10年之后的事。"可以说，华为正是因为有着这种严谨的制度，有着这种对制度的尊重和始终如一的贯彻执行，才创造了举世瞩目的华为神话。

如何保证人人依据制度规范执行？

我们知道，在严寒的冬天，烧得发红的火炉会使人感到非常温暖，然而，取暖是有原则的：碰着炉子就会挨烫，绝不讲人情，不分官职大小、主人客人，只要碰着它，谁都要挨烫。

宋山木将企业的制度规范比作"火炉"，员工碰到了它就要被烫手和受罚，但"火炉"的存在是要使员工聚集取暖，感受温暖，目的并不是要使员工被烫。

企业是社会的一个经济组织，以赢利为目标。企业内部的员工与企业的关系也是建立在经济之上。

把握制度执行的关键环节

第一，要把握制度的技术细节。细节决定成败。比如，制度要富有效率，必须易于理解。制度规则要简单而确定，杜绝各种如果和但是，对违规的惩罚必须得到清晰的传达和理解。任何制度都不应当将人分为三六九等，不应当在不同集团之间亲此疏彼。规则应当稳定，总是在变化的规则难以被了解，在规范人们行为上效率也较低。制度是对人类行为的人为约束，而不是自然约束。指令性的规则，必须由有形之手和领导者的计划来实施；禁令性的规则，则要靠人们自愿和自发的行动，是一种典型的自发性秩序。

第二，要建立制度的实施细则。没有强制性惩罚措施的规则是无用的。当惩罚不再适用时，制度也就失效了。任何一项制度，如果要有效地得到贯彻执行，必须具备保障制度得以贯彻的实施机制。制度的实施机制，就是保证制度得以执行和发挥的手段、工具、政策或措施，包括相应的机构、人员、惩罚措施等。但是，制度的执行动力，关键看制度的"违约成本"，即违反制度而受到惩罚和付出代价的大小，包括两重意思：一是违反制度的行为被发现和追究的可能性（概率）的大小；二是对违反制度行为惩罚措施的严厉程度。要提高制度的执行力，我们必须在制度实施方面，制定相应的政策。

第三，要把握制度体系的整体协调。制度规则是有层级的，高级规则决定低级规则。如果规则制定者热衷于不断出台琐碎的具体法规，而忽视一般规则的制定，靠直接干预来解决问题，则不仅大量的具体低级规则得不到执行，而且整个制度规则系统也会发生功能性障碍。单项制度规则要想有效，必须得到协调引导，只有当各种各样的规则形成一个恰当的和谐整体时，它们才能有效地形成秩序。在制度体系建设中，正式制度和非正式制度作为制度结构中从不同角度规范社会、经济行为的规则形式，其协调程度直接影响着制度结构的效能。当正式制度和非正式制度在实施过程中的互补性关系较弱时，两者在保障社会经济运行方面就会出现功能障碍。因为，正式制度只有最终得到参与社会行动的个人或组织的认可，并与非正式制度在结构和功能上形成较强的互补机制时，才可能以较低的实施成本实现高效率的运转。

第十八章
公正到位，行动要以事实为基准导向

"公"与"私"分别指集体与个人的两种价值利益，形成矛盾关系。一般讲，每个人身上都有"公"与"私"两种欲望，关键是要看如何处理两者的关系：公私兼营是错误的，大公无私是可能的；圆满的做法是克己（私）奉公。但是由于人本身的需要层次，"公"与"私"常发生尖锐矛盾，容易出现因私而害公的现象。从某种意义上说，企业里的公私不分，是检查领导者是否称职的尺度之一。如果一名领导者混淆公私界线，必定会因私而害公，从而违背了"公私分明"的用权戒律。所以，领导者必须能够也应该做到公私分明，不能因私废公，丧失原则立场。

处理事务要公私分明

公私不分、假公济私或欠缺公正的领导者在下属的心目中不会具有威信。因此，切忌假公济私。公私分明是一名领导者用权的标准。唯有如此，才能正己立身，才能管好下属，否则，就会完全掉进私欲的陷阱之中不能自拔，造成毁灭性的打击。

公私分明，为古已有之的用权戒律。对一位领导者或企业主管而言，"公"与"私"是不能同时满足的，因"私"必然害"公"！因私害公的领导或主管，在下属眼中就会毫无威信可言。人一旦做了主管，自尊心就会随之提高，常常会莫名其妙地感到自己被忽视，别人一说悄悄话，或在暗中商讨事情，就会觉得很不是滋味，像某信息公司的李经理就是这样的：

"经理，请你在合同修改书上签字。"

"为什么不事先和我商量？我根本就不知道这件事。"

"可是我现在不是来告诉你了吗？"

"你早就自己决定了！可见你根本就不把我放在眼里，我不能签字了。"

像这种例子，屡见不鲜。的确，未经事先商讨，对经理而言，可能是不太礼貌。但经理也大可不必因此心怀恨意，如此阻碍工作进行，于己何利？

作为主管，"不知道"和"不了解"是自己的过错，不应责怪下属。在平时，主管就应该多做调查，听取下属报告；或巡视各部门的工作现况，以了解他们实际的工作情形。不能掌握下属行事的主管，是一个不合格的主管。同样，作为领导者，像这种因"私"害"公"的情形最好不要在自己身上出现。

作为一个现代企业的领导，同样只有无私才能无畏！相信每个人在工作岗位上，都会对下属采取公平的态度。但是，什么是"公平"呢？如何判断自己对待下属是否公平呢？做判断的要诀是无私，即不可考虑自己的利益所在。

比如，分配任务。当遇到困难的工作，不要想任用之人成功完成任务后自己将得到的奖励或赞誉，也不要因为工作轻松又可获得利益，便想掠夺过来，企图自己做。这样的念头，会使下属对你的信心大减。因为你的企图很容易被下属看穿。因为不论何时，由上往下看，往往不太能知道实情。然而，由下往上看，却大致能正确地了解一切。

就企业的利益而言，你必须从工作的重要性、紧急性综合判断，在判断的过程中，绝不可掺杂丝毫的自我利益。你从工作大局、从企业的未来发展情况而做出考虑，你可以光明磊落地着手去做。但是，你必须妥善处理组员之间的争执。从这层意义来看，你是选择了艰难的道路。

一个指导下属工作的主管，是应该经常关怀弱者的。然而，付出过多的关怀有时是于事无补的。要诀是做个无私的领导者。

营造从上到下公私分明的风气

真正的公私分明不仅要求切忌在大事上因"公"害"私"，也要求注重细节。因为大局和细节一样，都能体现出一个人的立场原则。领导者在细节上也要严格要求自己。

年轻人对领导者的日常事物都非常敏感。在这被不满与怀疑充斥的社会里，做一个领导者，只要有一点点不能公开向大家交代的地方，就无法获得新员工和下属的心。

有一个例子可以说明以上的观点。利用交际费使交涉有利的做法在过去向来很通行，但这也会产生很多问题，如新员工对上级领导所拥有的交际费，常常会产生怀疑。主管不管是为了工作还是为了公司的客户，只要在饭店或酒吧等地出入，新员工怀疑的眼光便会集中在他们身上。一旦发觉领导有不廉洁的行为，嘴上虽然不说，却会牢记在心中。他们固然也会认为这种人很能干，但还是觉得不能太信任他们。以后即使领导跟他说一堆大道理，他也只会在心里反驳或冷笑。而且现在对这种做法怀有反感的年轻人也越来越多。所以这种人虽然很擅长与外面的人交涉，但是却不能做个好主管。因此，滥用交际费，或在交易的对象身上花许多钱以达到目的的时代已经过去。今后，诚意和努力将成为交易的通行证。如果想要获得这些新员工的信任，就必须避免太过大方地使用交际费来进行公事上的应酬。

还有一个例子：经济不景气的日子里，某一行业的一些小企业破产了，但他们的一些同行却安然度过了经济低落的日子。这其中的奥秘是什么呢？是因为这些企业一向都严守公私分明的规则，而且上至董事长，下至普通职员，每一个人都力行这种原则。这些企业的员工、领导如此优良，企业怎么会破产呢？

也就是说，如果普通下属都认为，"在我们公司里，每一位都公私分明"，或"我们经理没有不可告人的账目"，那么这个公司在经济不景气时，劳资双方便能结成一体。即使员工被削减薪水或奖金，也会因为相信公司的处境，而不会怀疑有什么"隐私"，更加努力地去帮助公司渡过难关。

但另外一种情况却是有的领导者会让人家怀疑：他是不是有收取回扣，他是否谎报交际费？虽然没有证据，但是行动可疑，一旦被人蒙上这一层阴影，大家对他的好感便会大打折扣。此外，用公费去交际、喝酒，也是造成表里不一的原因。还有，用公家的电话闲聊私事，或写私人信件时贴上公家的邮票等，这些小事都能慢慢地使人对你的好印象变坏。

在往后的公司业务处理中，占便宜的想法是绝对无法行得通的。必须以合理的方式来利己，绝不能占公家的便宜。公司里的同事、领导的眼睛都注视着你，聪明的人是绝不会揩公司的油、占公司便宜的。因此，你一定要让领导、同事和新员工都知道你是绝不贪私的人。

在现代的社会，用来获得别人信赖的，究竟是什么呢？是手腕吗？经历吗？请人家喝一杯吗？这对价值观多元化的新员工而言，是很难弄清楚的。但是如果你能保持清廉，便可以赢得别人的信任。

我国自古便强调廉洁的重要。做一个领导者一定要戒贪，即使只是一个小小的主管也是领导者。在以往，社会对才能和手腕非常重视；在日后，清廉自守更是重要的衡量条件。它会带给你带来意想不到的力量，成为新员工对你心服的原动力。所以，"水清无鱼"又何妨？在这个时代，能与众不同地散发出廉洁的芬芳，才是最重要的，也只有这样才能赢得新员工的信任。

所以你用的手腕和力量都必须清廉、强固，才会成功。如果不干不净的话，一切都等于零。而你的经历中如果稍有贪私的地方，便会使人觉得一无是处。

因此，公私分明，应当从小事做起。

避免安置心腹的做法

公私不分的领导者，往往有安置心腹的习惯。这种心腹，类似于小姐太太们的小宠物。宠物象征着领导者对他们的特殊关照。这样的做法，肯定就会激起其他下属的不满情绪。

一位主管曾说过这样的话："不忧虑匮乏，而忧虑不平等。"他认为即使薪水少、工作繁重，但若你对下属都很公平，是不会引起众人不满的。言外之意就是不平等是使下属产生不满情绪的重要原因。这种因不公平而产生的不满情绪，可能爆发成冲突。因此，绝对不可使下属认为"自己的上司不公平"。

领导者要想避免这样的不满情绪，使自己被别人所信任，对待下属就绝对要"公正无私"。而且无论何时何地，都应当扪心自问："我在公平处事吗？"

首先应当注意的是情感的因素。比如，你很喜欢小张，不论小张做什么，你都想要奖励他；相反，小王实在不讨人喜欢，甚至于连看他一眼都觉得厌烦……若你以私人情感来开展工作，就大错特错。有些人则喜欢在自己周围安置一些像宠物般的下属，若你也如此，在不久的将来，你的"宠物"有可能会反咬你一口。

假设你打算出门拜访一位客户，与其洽谈生意。"宠物"陈某一知情，便立刻打电话给对方，与其约定时间。同时，也为你整理好和客户商谈生意时所需的一切资料。如果你须出差至稍微远一点的地方，他会小至交通工具，大至预订旅社，一件不漏地为你准备妥当。或许他会帮你提公文包，送你到月台，最后，在火车进站时行个礼，说声："经理，慢走。"目送你远去。如果工作进行顺利，陈某会奉承地说："不愧是经理，佩服！佩服！"并为你举办庆功宴；反之，若不幸未完成任务，则他又会安慰你："一切都是对方不好，不要太在意，机会还很多。"

如果能拥有这样事事为自己效劳的下属，那公司也算是一个愉快的地方！但是，日照之处必有阴影。在阿谀奉承之中，你会失去挫折、失意，以及后悔的机会。同时，你也无法从失败中获得东山再起的勇气与决心。甚至还有更可怕的事情。你喜欢陈某，袒护他，对他推心置腹，完全听信于他。不久，他会泄露你的重要机密，提供给你不实的情报，而你却毫无戒心……最后，你会是何种结局？不用说，你也很明白。

总之，"宠物"带给你的快乐，有一天，必定会转变成痛苦。

不要亲此疏彼，因私害公

亲此疏彼在生活中本是很正常的事，但作为领导者在工作中却决不允许出现这类事，否则就会公私不分，或因私而害公。

我们常常可以看到有一种人，嘴边老是嘀咕着："不管怎么说，我都无法对那人产生好感！"或认定自己与某一类型的人命理相克，所谓的"阴阳五行之说"，也就是应这种人的心理作祟所产生的。他们认为申时与寅时出生的人，容易感情冲动，个性也较固执，假如运气不好，碰到这样的上司，只有自认倒霉了。因为你无法永远躲避这些人，也不能任意表达你的好恶，唯一的办法，只有使他能够尽量与你站在同一立场。

人，说起来也是不可思议的。一个谨慎的人，交朋友的时候会相当得小心，可是树立敌人的时候，却不一定如此。只要脱口而出：我实在讨厌那个人，很快地，这句话便会传到别人的耳朵里，就会增添许多不必要的麻烦。

这些人都是心理不成熟的人，他们喜欢凭自己的直觉印象来判断别人的好坏，反而弄得自己精神不愉快。我们都喜欢跟自己所喜欢的人一起工作，不过在现在的社会，你可能必须跟你所讨厌的人在同一个机构做事。只有能够不随便划分哪些是你喜欢的人，哪些是你讨厌的人，才能与每个同事愉快地共事。

一个领导者，不仅需要有多种才华，而且要关怀下属，做到公平对待下属。关怀下属，可增加其归属感；但是过分关怀，则是感情用事。比如，因为同情一位家属生病的下属，而将其工作量转移给其他下属；前者得到了关怀，而对于后者极不公平，影响了后者的工作情绪。

此外，有些领导者以为听下属细述不快的事可以使他们宣泄情绪，但是又不懂得控制局面，反而使对方越说越不安。有时候，下属因家庭有问题而显得脾气暴躁，作为上司在聆听他的倾诉后做出适当的安慰就已足够，千万不要因此在行动上做出迁就，使对方得寸进尺。否则他会漠视你领导者的身份，忽视你指令的工作，以为自己有了一道"免死金牌"，可以"奉旨"拖延。

在私人时间，领导者和下属之间可以存在友情，但在工作上，必须公私分明，一视同仁。

切记，亲此疏彼不可取，一碗水端平才能给予下属平衡和关怀。

第十九章
沟通到位，不沟通执行就是放空炮

企业管理中的工作最多无外乎员工的彼此间的交流，这大约占全部工作时间的60%以上。可见，一个企业中如果缺乏有效的交流，将会造成很大的障碍。作为领导应该掌握有效的员工交流沟通方式和解除员工之间的沟通障碍及员工的冲突管理。

有效的落实从沟通开始

没有有效的沟通，再宏伟的蓝图也无法得到实现。没有有效的沟通，无论多么科学、多么完善的制度都是一纸空文，不会产生任何效益。

1.制度落实的死穴——沟通障碍

制度是死的，沟通是活的。没有沟通的制度必然是空中楼阁，无法产生作用和效益。对于一个团队而言，团队成员之间沟通的重要性是显而易见的。团队发展、团队制度的落实等各项活动都必须依靠沟通。可以说，没有顺畅的沟通，团队成员之间就很难形成合力，很难落实制度，更无法实现团队目标。缺乏沟通乃是阻碍制度落实、团队发展的致命隐患。

只有沟通才会带来理解，带来合作，带来制度的有效落实和团队的迅速发展。如果不能很好地沟通，就无法理解对方的意图；而不理解对方的意图，就不可能进行有效的合作，更无法落实制度，无法确保团队的发展。

美国知名主持人林克莱特在一次节目中问一名小朋友："你长大后想要当什么呀？"

小朋友天真地回答："我要当飞机驾驶员！"

林克莱特接着问："如果有一天，你的飞机飞到太平洋上空所有引擎都熄火了，你会怎么办？"

小朋友想了想说："我会先告诉坐在飞机上的人绑好安全带，然后我背上我的降落伞跳出去。"

当现场的观众笑得东倒西歪时，林克莱特继续注视着孩子，想看看他是不是自作聪明的家伙。没想到，小朋友的两行热泪夺眶而出，小朋友的悲悯之情使得林克莱特觉得他还有更深层的意思没有表达，于是林克莱特问他说："为什么要这么做？"

小朋友的答案透露出一个孩子真挚的想法，他说："我要去拿燃料，我还要回来！"

林克莱特如果在没有问完之前就按自己设想的那样来判断，那么，他可能就认为这个孩子是个自以为是、没有责任感的家伙。但孩子的眼泪使他继续问了下去，也才使人们看到了这是一个勇敢的、有责任心的、有悲悯之情的小男孩。

沟通上的障碍竟会产生如此大的差别！

一个沟通良好的团队可以使所有成员真实地感受到沟通的快乐和绩效，可以使团队制度得到更好的落实。加强企业内部的沟通，既可以使管理层工作更加轻松，也可以使制度更加有效地落实，使普通员工大幅度提高工作绩效，同时还可以增强企业的凝聚力和竞争力。那么团队成员何乐而不为呢？

2. 用倾听改善沟通

听是改善团队沟通的一个重要手段。

在沟通的过程中，说占到30％，听占到45％，阅读占到16％，写占到9％。在所有的沟通内容中，倾听占到了45％，比说的比例更高。然而，人们通常被告知要如何说，却很少有时间来学习如何聆听。

"布莱顿—摩根"理论的创始人在对美国100余家大企业的高管调查后发现，85％的管理者都认为自己既关注人的因素——员工，也关注事的因素——绩效。但是80％的下属却不这样认为。

为什么团队中下属和管理者的认识有这么大的差距？主要是因为领导自身的态度倾向与行为模式不相称。就如同冰山一样，冰山在水面上只露出它的1/10，团队管理者具有态度、行为等多种要素，但员工看到的只是管理者的行为，所以，在沟通中管理者的行为表现就显得非常重要。

团队中的每个成员，都必须要学会倾听同伴说话，收集有用信息。在英文中，hear和listen两个词都是听，但意思并不相同：前者仅仅是"听到"，后者却要求"倾听"。与同伴交流的时候，有的人认为自己在听，但可能一边在听，一边忙着做其他事情。这会让同伴觉得他心不在焉，听的效果可想而知。

因此，倾听并不是简单的听，而是要进行有效的倾听。它不仅要用耳朵，而且要用心灵。有效的倾听有两个层次的功能——既帮助接收者理解字面上的意思，也能理解说话人的情感。好的倾听者不仅能听到对方说的内容，而且还了解对方的感受和情绪。同时，团队领导的有效倾听还向下属发出了一个重要信号——他们关心团队成员。虽然许多人并不是有技巧的倾听者，但可以通过训练提高倾听技能。

下面的原则是团队成员在倾听时需要掌握的：

（1）要集中注意力，聚精会神地去听。

（2）在倾听的过程中既要与对方有目光接触，又要注意对方的眼睛和表情。

（3）不要打断对方并迫不及待地插话。打断别人的谈话是相当不礼貌的行为，对方很可能会因此受到打击。

（4）不要急于下结论，听完后要仔细斟酌对方的话。

（5）积极给予反馈。这种反馈并不是对别人进行评判，也不是要去做别人的老师，而是表示理解了对方的话。如果有不清楚的地方再进行沟通。

沟通的技巧和方法固然重要，但我们应该明白沟通不仅仅是一种临时性的技巧和方法，而且是一种组织制度，要获得有效的沟通效果必须有制度性的措施，我们应该针对本企业的特点及发展的需要，对企业内原有的沟通制度进行不断地改革和补充。21世纪是一个充满激烈竞争的时代，作为一名成功的公司员工，不仅要有应对问题和挫折的能力，还要与客户、同事、合作伙伴和供应商建立良好的人际关系。因此，提升沟通艺术，并对人际关系进行良好的运作，就成为事业成功的重要保证。

管理工作离不开沟通

著名管理学家巴纳德认为："沟通是一个把组织的成员联系在一起，以实现共同目标的手段。"有关研究表明：管理中70%的错误是由于不善于沟通造成的，由此可见沟通能力很重要。

首先，让我们认识一下"蜂舞"法则。

世界上没有一种动物能够真正单独地生活。它们要依靠各种方式和同伴相互沟通，才能存活下去。蜜蜂即以"跳舞"为信号，告诉同伴各种蜂蜜信息，沟通完毕后一起去采蜜。

奥地利生物学家弗里茨经过细心的研究，发现了蜜蜂"舞蹈"的秘密。蜜蜂的舞蹈主要有"圆舞"和"镰舞"两种形式。工蜂回来后，常做一种有规律的飞舞。如果工蜂跳圆舞，就是告诉同伴蜜源与蜂房相距不远，约在100米左右。工蜂如果跳镰舞，则是通知同伴蜜源离蜂房较远。路程越远，工蜂跳的圈数越多，频率也越快。如果跳8字形舞，并摇摆其腹部，舞蹈的中轴线跟巢顶的夹角，正好表示蜜源方向和太阳方向的夹角。蜜蜂跳舞时头朝上或朝下，与告知蜜源位置之方向也有关联。

这就是管理心理学中著名的"蜂舞"法则。"蜂舞"法则揭示的道理是：信息是主动性的源泉，加强沟通才能改善管理的效果。

管理者要像蜜蜂采蜜一样，吸取各种沟通方式的特点，将"蜂舞"揉到自己的管理艺术中。

其次，要知道沟通力是一种关键能力。

面对现在日益复杂的社会关系，我们希望自己能够获取和谐、融洽、真诚的家庭关系、朋友关系、同事关系以及上下级关系，在激烈的市场竞争中，我们希望自己能够锻造出一支上下齐心、精诚团结的企业团队；我们希望自己的企业能够生活在一种良好的外部环境中，能在与顾客、股东、上下游企业、社区、政府以及新闻媒体的交往中，塑造出良好的企业形象等。

上述问题的答案可能是由一系列相关的要素所构成的，但是，其中沟通是解决一切问题的基础。沟通不是万能的，但没有沟通却是万万不能的。

沟通甚至可以决定生与死的命运！

1990年1月25日发生的事件恰恰证明了上述看似有些骇人的观点。那一天，由于阿维安卡52航班飞行员与纽约肯尼迪机场航空交通管理员之间的沟通障碍，导致了一场空难事故，机上73名人员全部遇难。

1月25日晚7点40分，阿维安卡52航班飞行在南新泽西海岸上空11277.7米的高空。机上的油量可以维持近两个小时的航程，在正常情况下飞机降落至纽约肯尼迪机场仅需不到半小时的时间，这一缓冲保护措施可以说十分安全。然而，此后发生了一系列耽搁。首先，晚8点整，肯尼迪机场管理人员通知52航班由于严重的交通问题他们必须在机场上空盘旋待命。

晚8点45分，52航班的副驾驶员向肯尼迪机场报告他们的燃料快用完了。管理员收到了这一信息，但在晚9点24分之前，没有批准飞机降落。在这一段时间，阿维安卡机组成员再没有向肯尼迪机场传递任何情况十分危急的信息，但飞机座舱中的机组成员却相互紧张地通知他们的燃料供给出现了危机。

晚9点24分，52航班第一次试降失败。由于飞行高度太低以及能见度太差，因而无法保证安全着陆。当肯尼迪机场指示52航班进行第二次试降时，机组成员再次提到他们的燃料将要用尽，但飞行员却告诉管理员新分配的飞行跑道"可行"。晚9点32分，飞机的两个引擎失灵，1分钟后，另两个也停止了工作，耗尽燃料的飞机于晚9点34分坠毁于长岛。

当调查人员考察了飞机座舱中的磁带并与当事的管理员交谈之后，他们发现导致这场悲剧的原因是沟通的障碍。为什么一个简单的信息既未被清楚地传递又未被充分地接受呢？下面我们针对这一事件做进一步的分析。

第一，飞行员一直说他们"燃料不足"，交通管理员告诉调查者这是飞行员们经常使用的一句话。当被延误时，管理员认为每架飞机都存在燃料问题。但是，如果飞行员发出"燃料危急"的呼声，管理员有义务优先为其导航，并尽可能迅速地允许其着陆。一位管理员指出，如果飞行员"表明情况十分危急，那么所有的规则程序都可以不顾，我们会尽可能以最快的速度引导其降落的"。遗憾的是，52航班的飞行员从未说过"情况紧急"，所以肯尼迪机场的管理员一直未能理解到飞行员所面对的真正困境。

第二，52航班飞行员的语调也并未向管理员传递燃料紧急的严重信息。许多管理员接受过专门训练，可以在各种情境下捕捉到飞行员声音中极细微的语调变化。尽管52航班的机组成员相互之间表现出对燃料问题的极大忧虑，但他们向肯尼迪机场传达信息的语调却是冷静而职业化的。

第三，飞行员的文化和传统以及机场的职权也使52航班的飞行员不愿意声明情况紧急。正式报告紧急情况之后，飞行员需要写出大量的书面汇报。另外，如果发现飞行员在计算飞行过程需要多少油量方面疏忽大意，联邦飞行管理局就会吊销其驾驶执照。这些消极因素极大地阻碍了飞行员发出紧急呼救。在这种情况下，飞行员的专业技能和荣誉感甚至可以用机上70多条人命作为赌注。

最后，我们要知道沟通在领导工作中的作用。

人活在世上，都会与人有关；不管是谁，每人每天都在反复地与人沟通，领导者更是如此。具体地说，沟通在领导中的重要作用体现在以下几个方面：

（1）良好的组织沟通，尤其是畅通无阻的上下沟通，可以起到振奋员工士气、提高工作效率的作用。随着社会的发展，人们开始了由"经济人"向"社会人"、"文化人"的角色转换。人们不再是一味追求高薪、高福利等物质待遇，而是要求能积极参与企业的创造性实践，满足自我实现的需求。良好的沟通，使职工能自由地和其他人，尤其是管理人员谈论自己的看法、主张，使他们的参与感得到满足，从而激发他们的工作积极性和创造性。

（2）在有效的人际沟通中，沟通者互相讨论、启发，共同思考、探索，往往能迸发出创意的火花。专家座谈法就是最明显的例子。惠普公司要求工程师们将手中的工作显示在台式机上，供别人品评。以便大家一起出谋划策，共同解决困难。

员工对于本企业有着深刻的理解，他们往往能最先发现出现的问题和症结所在。有效的沟通机制使企业各阶层能分享他们的想法，并考虑付诸实施的可能性。这是企业创新的重要来源之一。松下的意见箱制度就充分说明了这一点。

（3）沟通的一个重要职能就是沟通信息。顾客需求信息、制造工艺信息、财务信息……都需要准确而有效地传达给相关部门和人员。各部门、人员间必须进行有效的沟通，以获得其所需要的信息。难以想象，如果制造部门不能及时获得研发部门和市场部门的信息，会造成什么样的后果。企业出台任何的决策，都需要凭借书面的或是口头的，正式的或是非正式的沟通方式和渠道传达给适宜的对象。

（4）企业领导可通过信息沟通了解客户的需要、供应商的供应能力、股东的要求及其他外部环境信息。任何一个组织只有通过信息沟通，才能成为一个与其外部环境发生相互作用的开放系统。尤其是在环境日趋复杂、瞬息万变的情况下，与外界保持着良好的沟通状态，及时捕捉商机，避免危机是企业管理人员的一项关键职能，也是关系到企业兴衰的重要工作。

什么是有效的沟通

沟通是领导的重要活动内容和组成部分，有效沟通可以起到以下几点作用：

使组织成员感到自己是组织的一员。

激励成员的动机，使成员为组织目标奋斗。

提供反馈意见。

保持和谐的劳资关系。

提高士气，建立团队协作精神。

鼓励成员积极参与决策。

通过了解整个组织目标，改善自己的工作绩效。

提高产品质量和组织战斗力。

保证领导者倾听群众意见，并及时给予答复。

日本的成功管理经验最主要的特点就是注意沟通。如职工参与决策过程，质量控制，领导者与员工在一个敞开的办公室一起办公，所有各级员工工作后的社交活动以及领导与被领导之间不强调地位、身份等，都是为更好地促进沟通的具体表现。日本的管理经验证明，只有通过公开的各种沟通渠道，使员工获得所有信息，然后大家一起决策，这样的组织活动才能有效率和效益。日本企业的经理们认为，尽管沟通有时花去一些时间，但这种沟通上的投资可以调动人的积极性，使每个人都能尽最大的努力为组织群体服务。

美国一些大公司已建立各种沟通渠道和网络，使职工与领导之间、职工与职工之间进行广泛的沟通，有的甚至采取公司与顾客之间进行沟通的方法以满足他们的需要，预见他们的要求。美国国际商用机器公司就是保持与用户经常的沟通，了解世界市场信息，从而提供最佳服务，独步全球。

所有领导工作都需要自上而下的或自下而上的有效沟通，只有有效的沟通,上下级之间、同事之间才能有理解、和谐的气氛,才能将所有人的积极性调动起来,为组织的总目标服务。

个体沟通定义为"思想、感情及态度的语言性和(或)非语言性会产生反应的传送与接收"。领导者在解决要依赖于语言性和非语言性的个体沟通来处理的任务上耗费了大量的工作时间。个体沟通效率对于促进整个组织的成功极为重要,而且所有个体都可以从提高这些技能中受益。

沟通是两个或两个以上的人或群体之间传递信息、交流信息、加强理解的过程。这种社会性的沟通,特点在于每一个参与者都是积极的、主动的主体,沟通目的在于相互影响、改善行为。有效的沟通过程须具备以下条件:

(1)沟通双方对所沟通的信息具有一致理解,除了信息交流外,还进行思想、感情、意见等方面的交流。

(2)信息反馈及时。

(3)沟通渠道适宜。

(4)有一定的沟通技能和沟通愿望。

沟通发生于当一些人发出和接受信息,努力使他们自己的或别人的头脑中产生出意义的时候。两个人或更多的人之间的准确沟通,只发生在双方分享经验、感知、思想、事实或感情的时候。准确的个体沟通,并不需要双方意见一致,劳资双方的代表在谈判一项新合同的时候,可能意见很不一致,但是只要这些对立的观点是按照原来打算表达的含义被传送、接收和理解了,就能产生准确的个体沟通。

沟通的四种基本方法

沟通的基本方法有四种:书面、口头、非语言和大众传播。这四种方法经常是同时交错在一起使用。选择哪一种沟通方法一般取决于接受信息者是否当时在同一地点、信息的紧急程度、信息的秘密程度以及传递方式的价格费用。

（1）书面沟通。书面沟通是借助于书面语言进行沟通，如书信、备忘录、报告、布告、通知、工作手册、报表以及组织的定期刊物等。书面沟通的优点是信息可以长期保存，对一时分辨不清的信息可做反复研究。比如，信息内容发生问题时，还可以参考留存的文件。在复杂或较冗长的沟通场合尤其显出书面沟通的重要性。

书面沟通的另一个优点是来自于沟通过程本身，除了发表正式讲演等少数情况外，书面沟通对语言文字的依赖性较强，往往需要更全面、较合逻辑并且清晰的表达方式。书面沟通的效果受文字修养的影响很大。而书面沟通的缺点是要花费很多时间，如口头表达需要10~15分钟，而书面方式也许要花一个小时才能将这些信息写下来。

此外，书面沟通的反馈慢，如寄一份备忘录给某人，不一定他能理解备忘录内容的原意。即使理解，书面答复也很缓慢。

（2）口头沟通。口头沟通是借助于口语进行沟通，如演讲、讨论、谈话，以及非正式的悄悄话和谣传等。口头沟通的好处是比较灵活、速度快，双方可以自由交换意见。口述的信息能够在短时间内传送出去并被接受。如果接受者不能很清楚地理解这一信息内容，传送者能及时发现并可及时纠正。

口头沟通的缺点是信息保留时间较短，使用也有一定的局限性，尤其是信息需要通过许多人来传达时，信息传达时可能被歪曲走样。

（3）非语言沟通。人类进行沟通活动最重要的工具当然是语言，但是沟通的工具决不仅限于语言。比如，借助某些无声语言来达到沟通的目的，非语言沟通包括手势语、面部表情、身体动作、空间、时间等。

手势语。手势语是人们进行非语言沟通的一种工具。比如，中国人竖起大拇指是表示称赞某人或赞赏某物或笼统表示赞同或好的意思。而在美国，常常有人站在公路边，举手竖起拇指，拇指朝着他要去的方向摆动，意思是希望搭便车。这个动作就是说："我要到……去，是否可以让我搭便车。"这些手势语，如不经解释，往往为其他民族的人所不理解，以致造成某些误会。

时间。由于民族之间的文化不同，人们对时间的概念也有所不同。比如，在美国，人们非常讲究时间观念，他们不管工作、约会、上课、吃饭、看戏、开会都很讲究准时。人们的生活节奏是快速的，时间观念是极受重视的。比如，约会，人们总是事先预约，讲好几点、约会大约多久。

颜色。由于人们在日常生活中经常与颜色接触，所以很多时候把它们用来代表颜色以外的东西。因此，人们在沟通过程中，应注意颜色这类非语言沟通。比如在我国，人们用红颜色的纸做包装送礼，表示吉利；而在其他国家红色有其他含义，如在美国，人们用红墨水记账表示赤字。所以商界人士最怕红字，因为商界里的赤字、负债都是用"红"来书写的。

（4）电子媒介。在当今科技发达的时代，我们利用许多复杂的电子媒介来进行沟通。除了传统的电子媒介如电话及公共通信系统外，还可以通过手机、网络等方式进行有效的沟通。

重视沟通讨论

某人开车上山，对面来了一辆车，里面的人大喊："猪，猪，猪……"某人非常气愤，大骂道："你才是猪呢!"拐弯时，路上突然出现了一头猪，他来不及反应把猪给轧死了，可见，如果不进行沟通，就会把别人的好意当成坏意，而自己的好意有时也会被别人看作坏意。管理中如果不善于沟通，往往会形成没有必要的矛盾，还有可能升级到冲突，甚至升级到势不两立，造成严重的内耗。

管理就是借着他人自发性的协助与努力，以达到预先设定的目的。恐吓、薪酬、建立共识等三种使人听命行事的手段中，只有"建立共识"能起到很好的效果。

所谓恐吓是指不顾对方想法，完全照自己的意志控制他人。比如，以

"下地狱"的说法恐吓他人，制造恐怖气氛，类似搞个人崇拜的心理控制手法，或是违反上级命令便施以严厉处分的军队纪律等，都属于这种手段。

强调薪酬的管理方式可说是有作用的，像那种比较艰苦的劳动、工作或是危险的职务，往往必须靠这种强调薪酬的方式来让人听命行事。

建立共识就是领导者要积极寻找一个传递系统、一个共同语言系统，使上下对企业未来可持续发展的基本问题彼此达成共识，从而形成面向未来的内聚力。

领导者的态度，就看他对这三种激励手段的重视程度不同而有所差异。如果经理没有具备自然激发部属自主性协助能力，就会仗其职位采取高压统治，甚至有自筑高墙拒绝沟通的倾向；就算部属主动提出看法，他也会强硬地说："你不用再说了，就照我说的去做。"或"我才不会听你的。"

通常这种类型的人多半行事胆小谨慎，自尊心也比一般人来得快。因对自己的领导能力不具信心，即使是一点点的意见交换，也生怕防线失守，被部属破坏了自己身为经理的威严。

具有某种程度自信的经理，往往愿意虚心听取周围率直的意见。掌握部属的真心是互相了解的第一步。即使有时非得表现出身为长官的威严，等到最后一刻再表现也不算迟。

在非常时期人们的确无暇去进行民主式的讨论，但是有些经理在平常的公司组织中仍拒绝沟通讨论，这种管理心态大错特错。

建立完善的沟通制度

迪特尼公司是一家拥有1.2万余名员工的大公司，它早在30年前就认识到员工意见沟通的重要性，并不断地加以实践。现在，公司的员工意见沟通系统已经相当成熟和完善。特别是在20世纪80年代，面临全球性的经济不景气时，这一系统对提高公司劳动生产率发挥了巨大的作用。

公司的"员工意见沟通"系统是建立在这样一个基本原则之上的：凡是个人或机构一旦购买了迪特尼公司的股票，他就有权知道公司的完整财务资料，并得到有关资料的定期报告。凡是本公司的员工，也有权知道并得到这些财务资料和一些更详细的管理资料。迪特尼公司的员工意见沟通系统主要分为两个部分：一是每月举行的员工协调会议，二是每年举办的主管汇报和员工大会。

1.员工协调会议

早在30年前，迪特尼公司就开始试行员工协调会议，员工协调会议是每月举行一次的公开讨论会。在会议中，管理人员和员工共济一堂，商讨一些彼此关心问题。无论在公司的总部、各部门、各基层组织都举行协调会议。这看起来有些像法院机构，从地方到中央，逐层反映上去，以公司总部的首席代表协调会议为最高机构。员工协调会议是标准的双向意见沟通系统。在开会之前，员工可事先将建议或怨言反映给参与会议的员工代表，代表们将在协调会议上把意见转达给管理部门，管理部门也可以利用这个机会，同时将公司政策和计划讲解给代表们听，相互之间进行广泛的讨论。

要将迪特尼1.2万多名职工的意见充分沟通，就必须将协调会议分成若干层次。实际上，公司内共有90多个这类组织。如果有问题在基层协调会议上不能解决，将逐级反映上去，直到有满意的答复为止。事关公司的总政策，那一定要在首席代表会议上才能决定。总部高级管理人员认为意见可行，就立即采取行动。认为意见不可行，也要向大家解释不可行的理由。员工协调会议的开会时间没有硬性规定，一般都是一周前在布告牌上通知。为保证员工意见能迅速逐级反映上去，应先开基层员工协调会议。

同时，迪特尼公司也鼓励员工参与另一种形式的意见沟通。公司在四处安装了许多意见箱，员工可以随时将自己的问题或意见投到意见箱里；为了配合这一计划的实行，公司还特别制定了一项奖励规定。凡是员工意见经采纳后，产生了显著效果的，公司将给予优厚的奖励。令人鼓舞的是，公司从这些意见箱里获得了许多宝贵的建议。

如果员工对这种间接性的意见沟通方式不满意，还可以用更直接的方式来面对面和管理人员交换意见。

2.主管汇报

对员工来说，迪特尼公司主管汇报、员工大会的性质，和每年的股东财务报告、股东大会都相类似。公司员工每人可以接到一份详细的公司年终报告。这份主管汇报有20多页，包括公司发展情况说明、财务报表分析、员工福利改善计划、公司面临的挑战以及对协调会议所提出的主要问题的解答等。公司各部门接到主管汇报后，就开始召开员工大会。

3.员工大会

员工大会是利用上班时间召开的，每次人数不超过250人，时间约3小时，大多在规模比较大的部门里召开，由总公司委派代表主持会议，各部门负责人参加。会议先由主席报告公司的财务状况和员工的薪金、福利、分红等与员工有切身关系的问题，然后便开始问答式的讨论。这里有关个人问题是禁止提出的。员工大会不同于员工协调会议，提出来的问题一定要具有一般性、客观性，只要不是个人问题，总公司代表一律尽可能地予以迅速解答。员工大会比较欢迎预先提出问题的这种方式，因为这样可以事先充分准备，不过大会也接受临时性的提议。

迪特尼公司每年在总部要先后举行10余次的员工大会，在各部门要举行100多次员工大会。那么，迪特尼公司员工意见沟通系统的效果究竟如何呢？

在20世纪80年代全球经济衰退中，迪特尼公司的生产率每年平均以10%以上的速度递增。公司员工的缺勤率低于3%，流动率低于12%，是同行业最低的。许多公司经常向迪特尼公司要一些有关意见沟通系统的资料，以作参考。或许有人会问：既然效果如此显著，为什么至今采用的公司不多？

答案很简单：这一计划对管理人员来讲是一件很费劲的工作，而且又不是短期内可以奏效的。一些眼光短浅的经理宁愿以较低的生产率，较高的员工缺勤率、流动率，来勉强维护公司的运转，而不愿大刀阔斧地改革，解决公司的根本问题。

改善企业中沟通的困境

企业中往往会存在缺乏沟通的问题，这对企业的健康成长极为不利。企业家、经理人应当能冲出缺乏沟通的困境。当然，企业中缺乏沟通也可能是经理人自身存在的问题，你与别人沟通的方式会影响别人与你沟通的方式。做一次自我评估，你会发现别人都在效仿你。因此，要改善企业中的沟通现状，自己要首先行动起来。

当然，在改善沟通前，你要让沟通的重要性及改进沟通的重要性为每个员工所知。召开一个未事先通知的不让员工准备的会议，在人们到场时，让每个人都对自己小组内部的沟通程度做出评价，用1～10之间的数字表示评价的高低。同时，让他们对整个企业的沟通情况提出看法，并且要求他们把意见写在卡片上，以便在会议上传阅，当然也可以使用挂图式投影仪做图示讲解。由于事先没有准备，人们会提出自然、未经深思熟虑的看法。最后，要找出两三种方法来改善企业的沟通状况，让自己的领导成员接受这些建议并认真去做。这样，改进沟通状况就有了一个起点。

以下的几种方式对于改善沟通状况或许有很大的帮助。

1.建立联系

有很多方法能使领导成员和企业人员联系起来，如开会、共同完成一个任务、午餐闲谈、晚餐闲谈和个人交往。如果沟通遇到地理上的障碍，就应派人花些时间，带着明确的目的到一些不同的地点去。

2.尊重不同意见

具有不同背景、不同文化、不同种族的人会有不同的价值观。对文化差异的研究会增进业务上的沟通，能在你的领导成员中形成相互理解、信赖和尊重的和谐关系。

3.重视通信工具的选用

现在的通信方式多种多样，如语音邮件、电子邮件、电话、传真、视频会议、卫星中继等，为人们提供了多种选择，方便了人们沟通，尤其是人与人之间的电话来往更是具有很大的价值，方便、快捷是其他沟通方式所不能代替的。面对面的交往也很重要，尤其是深入的交谈，更应当鼓励。

4.鼓励沟通信息和想法

沟通可以采取以下方式：论坛、圆桌讨论、互联网交谈、在线聊天或公告板，还可能有某些特殊的程序。

另外，经理人也应当注意，当开一个沟通会议时，要让它的气氛变得令人愉快，要学会做一名热情、友好并有着真挚兴趣的听众。要尊重他人的时间，开始时间和结束时间都要准时。要学会倾听、询问的技巧，要善于接受意见，还要欢迎不同的观点和意见。

5.深入基层，到处走走

领导工作与一般工作相比，更是一种亲自实践的艺术。"深入基层，到处走走"就是实践与艺术的凝聚体。一个有效沟通的领导者在"深入基层，到处走走"中有许许多多的事情要做，但首要的是做好三件大事：倾听、教育、促进。

6.深入基层去倾听

"倾听"是接触的基本要素，目的是从供应商那里、顾客那里、企业职工那里获得第一手的未被歪曲的真实情况。倾听意见最好到对方那里去，领导深入基层就是为了倾听。然而，即使到了基层，如何听取意见仍然有许多讲究。比较好的方式有以下几种：

（1）把职工召集到一起，用正式会议的形式请他们提出问题或意见，由你做出回答。

美国丹纳公司负责人雷恩·麦克费森就常常这样做。他时常召集1 500多名员工在一个大厅开会，到会者都可以自由提问，每个人都可以亲自衡量一下"头头"的态度：他是不是想哄骗我们？是不是对我们讲真话？

（2）临时召开小型会议。即开会前一分钟才决定有些什么人出席会议。因为精心组织和预先选出的一组职工代表可能会使你只能听到他们的直接上司认为你喜欢听的话。

（3）和职工坐在同一张桌子上。当今国外许多大公司的总裁、经理都养成了在职工餐厅吃中饭或晚饭的习惯。领导者在职工餐厅里和职工一起就餐，谈话以聊天的方式进行，无拘无束。他们谈些什么事情呢？可能海阔天空、漫无边际地无所不聊；也可能什么事情都没谈，但领导坐在职工餐厅本身就表明了他希望倾听群众呼声，同群众保持接触，他要让每一个职工明白自己是这个整体中的一员。以餐桌作为每日交换意见的场所，气氛是生动、坦率和实事求是的。

（4）深入到各基层单位并设法同销售及维修服务员一起去访问顾客。这样的访问非常有效果，一方面会让一线员工感受到管理层对一线工作的关注和尊重，他们会乐于和管理层沟通自己对工作的看法和建议。另一方面，也会让顾客感受到公司对销售和维修工作的重视，从而树立起对公司产品和服务的信赖。

7.深入基层做教育

教育是"深入基层，到处走走"的第二号目标，与"倾听"同等重要。当你深入基层时，你提问的方式以及其中的点滴变化都会受到人们的注意，并被分析、解释，这是毫无疑问的。你所做的每一件事，如你的服装、你会见下属的先后顺序、你在提问时强调的重点以及没有强调的地方等，都会引起无穷无尽的猜测和议论。处在这种地位上的你只有两种选择：要么听其自然，不予理睬；要么有意识地寻找机会因势利导。而后一种态度才是可取的。

通过这种方式，你可以教给人们你所想教的道理，宣传你的价值观念。因为教育绝不意味着要直截了当地、严肃地告诉大家应该做什么，不应该做什么。在"深入基层，到处走走"的过程中，你的信息常常可以通过各种非正式的方式传达给大家，所以你必须对你的言谈举止全面负责，万不可游戏玩笑。

8.深入基层抓促进

"深入基层，到处走走"的第三个主要作用正是使领导者成为公仆与促进派，保护人们免受官僚主义之害。当你在下面关心地问大家遇到什么问题时，你会发现这些问题很少是大困难，通常只是一些小麻烦。比如，某个开发小组需要一台计算机，但是必须通过全部基建投资预算审批手续才能获准购买，而你在48小时以内就可以使他们得到。至于某个开发组需250平方米的工作场地制造样机，或某个推销部门需要增拨1 000元的交通费等，你都完全可以当场拍板解决。这对基层各部门工作的顺利展开无疑是有益的。

9.深入基层的注意事项

"深入基层，到处走走"，倾听、教育、促进这三方面的作用往往是同时发挥的，即使你只是顺路到一个小组、一个科室或其他什么地方去上20分钟，也能达到这个目的。

"深入基层，到处走走"，不是一件容易的事，因为这里面至少有上千种因素在起作用。"深入基层"会暴露自己，你倾听意见的能力、你的眼界和抱负、你是否诚实或正直以及你是否表里如一、前后一贯，你完全暴露在大家面前，经受那些最严格、最挑剔的观察家们——员工的检验。你很容易用胡说八道骗过一位副总裁，但要想骗过装卸平台上的工人们则几乎是不可能的。

倡导不拘形式的良好沟通气氛

沟通可以有很多形式，不同的环境下尽量用不同的沟通方法。

1.全方位、多途径的沟通

"沟通"的特点和用途在优秀公司中的表现明显与其在一般同业中的表现不同。优秀公司是信息和开放式沟通联络的一张庞大网络。其模式和密度，使员工彼此间沟通和联络的特权得以发展。系统内混乱的财产之所以能得到很好的管理，正是沟通的规律性和特性的反映。

优秀公司非常注重无拘束的非正式沟通。比如，迪斯尼公司的每名员工都佩戴一个写着自己名字的标签；惠普公司也非常注重员工的名字，此外还实行"门户开放政策"；拥有35万名员工的IBM公司绞尽脑汁地推行"门户开放政策"，受到全体雇员的推崇，该公司的董事长通过其雇员来答复顾客向他提出的所有抱怨；德尔塔航空公司也把它推行得颇具成效；在莱维·施特劳斯公司，自由沟通甚至被称为"第五种自由"。

使管理不再只是局限于办公室内，是不拘形式沟通意见的另一大创举。联合航空公司的爱德华·卡尔森称自由沟通为"有形的管理"和"走动管理"，而惠普公司则认为这是"惠普方式"的重要一环。

提供精简的环境有助于自由沟通的开展。康宁玻璃公司在新盖的工程大楼内安装升降扶梯，用以增加面对面沟通的机会；著名的矿务巨头3M公司协助任何申请者组成俱乐部，以便增加午餐时间意外解决问题的机会；花旗银行把意见分歧的不同部门的职员安排在同一幢楼上班后，意见分歧便很自然地被解决了。

是什么导致了这样的结果呢？答案是：全方位、多途径的沟通。惠普公司所有的金玉良言均与加强沟通有关，即使是惠普的环境设备和精神信条也都更多地强调了沟通。在旧金山附近的公司里，你稍微走动一下，就会看到许多人聚在一起讨论问题。这种专案小组的会议可能都会包括研究发展、制造、工程、市场与销售部门的员工。但是有许多大公司的经理从不与顾客或销售人员谈话，也从不瞧一眼或摸一下产品。一位惠普公司的员工在谈到该公司的核心组织经验时说："我们也不清楚到底哪种组织结构最好，我们唯一明确的就是，先进行无拘无束的自由沟通，这是解决问题的关键所在，我们必须不惜任何代价来坚持！"

3M公司的信条同惠普公司的大同小异，该公司的一位主管说："我们抛开繁文缛节，与每一位员工进行自由的交谈。"以上所有的例子都可以归纳为"无拘无束自由沟通的技巧"。

2.餐桌面谈沟通法

随着企业的发展壮大，企业中的雇员会大为增加，组织机构的设置也会越来越复杂。在这种情况下，经理人颇感头痛的问题就会增多，如各职能部门之间的协调与沟通问题。随着企业规模的扩大，为了便于管理，需要设立彼此独立的各个部门。但是企业要成为一个有机的整体，部门之间的沟通就显得十分重要。而在实际管理实践中，各部门之间的沟通往往会遇到很多障碍。有一家公司找到了一种极为简便的方法来增进各部门之间的沟通，这就是"餐桌面谈法"。

这家公司是西诺普提克斯通讯公司，专门生产配套计算机系统。在4年的时间内，这家公司的雇员由11人增至425人。企业的规模不断扩大，5个职能部门之间的彼此沟通就显得越来越重要。而在实际中，各部门之间的沟通存在不少的障碍。

有一次，生产部门的主管实在是难以忍受其他部门的不配合，就对组装一种新型电路耗费工时连连抱怨。这引起了公司总裁的注意。时任该公司总裁的是安德鲁·拉德威克。他为了解决这位主管的抱怨，专门请来这位主管和一位工程师，和他们一起用餐。在就餐时，让他们就如何加快组装的问题进行协商。两人的协商是很有效的。最终，他们找到了一个简单的加快组装的办法：只需更换一种更小、更便宜的部件，就能大大缩短工时。受这次用餐协商成果的启发，拉德威克想出了"餐桌面谈法"，并认为这是解决实际问题、增进部门间沟通的非常简便的方法。

每个季度，这家公司都会在总部所在地举行一次午餐会。总部位于加利福尼亚州的蒙顿维尔。在这里，每次摆上5张餐桌，请来两个相关部门的要员共享丰盛的午餐。当然，用餐并不是目的，目的是在于让他们找出解决问题的办法，席间，都要提出一些有待解决的特定问题。针对某一特定问题，每位用餐者都要想出自己的解决办法，向大家陈述之后，用餐者就进行评价，直到找出最佳的解决办法。

"餐桌面谈法"是富有成效的，这家公司已经用它解决了很多复杂的问题。

3.转悠管理沟通法

转悠管理，也称漫游管理或巡回管理，是一些成功企业常采用的管理方法之一。所谓"转悠"，就是领导人员到基层去巡视，并在巡视中发现问题，解决问题。

企业界人士都十分重视转悠管理，坐在办公室听汇报、打电话、发布文件的企业领导人越来越少。他们把"走出办公室"作为自己的信条，不仅以身作则，常年在外巡视，而且严格要求手下的小头头们也"走出办公室"，到基层去办公。

阿尔科公司的总裁鲍勃·安德森"转悠"成瘾。他一边"转悠"，一边还要检查手下人是否也在"转悠"。当他"转悠"到某地，向某一个部门打电话时，恰好该部门的头头接了电话，他马上就来了气，对这位不下去"转悠"的小头头感到失望。

有的公司还对分部经理提出许多"转悠"的具体要求，如"转悠"的次数、对手下人员了解的程度。达纳公司的负责人麦克弗森就曾干过这样一件事：有一名经理在某部门待了6年还不能全部说出手下人的姓名，麦克弗森就解雇了他。

美国联合公司董事长埃德·卡尔赫初到任时,联合公司正委靡不振。卡尔赫刚到任,就直奔现场,向现场工作人员直率地提出许多问题,请他们做详细回答。他没有笔记本,对于调查中发现的问题,他从来就是记在废纸片上,塞进口袋里。他从不命令第一线人员干这干那或搞个什么改革,除非是事关安全的问题。他也不当场纠正他不喜欢的东西。他要依靠正常的管理程序来解决问题。

从现场回到总部之后,他就立即采取行动。他有一种本事,能让整个指挥链上的各个环节都很快知道他发现了问题,并且要立即解决。然后,他就同那些在巡视中和他谈过话的一线工作人员联系,让一线人员知道公司已经在采取什么措施了。他也与下面的有关职员联系,让他们认真检查,以保证新措施的执行。

惠普公司创造了一种独特的"周游式管理法",鼓励领导人深入基层,直接接触广大职工,为此目的,惠普的办公室布局采用少见的"敞开式"大房间,即全体人员都在一间敞厅中办公。各部门之间只有矮屏分隔,除少量会议室、会客室外,无论哪级领导都不设单独的办公室。同时不称职衔,即使对董事长也直呼其名。这样有利于上下左右通气,创造无拘束和合作的气氛。

各式各样的"转悠管理"都使得高层管理人员切实了解实情,切实发现各种问题和听取意见,切实采取有效措施,并更加密切上下级关系,因而能够保证企业不偏离"航线",保证企业目标的实现。

提高自己和员工的沟通能力

真正有效的沟通,并非一日之功。以下技巧有助你提高沟通能力,解决沟通中碰到的难题,使你的每次沟通富有成效。

1. 妥善处理期望值

要想消除双方期望值之间的差异，一种方式是订立业绩协议。员工与企业签订的业绩协议可使双方明确彼此的期望和要求，帮助设计双方都能达到的目标，并且定期评估协议以确保双方的目标和要求都能得到实现。

另一种方式是清楚说明你的期望。这样，能否达到你的期望，对方有责任向你说明。这种做法可以使你根据需要对自己的期望做些有效调整，预先消除可能出现的伤害和失望感。

2. 培养有效聆听的习惯

人们之间的沟通充满变数（如自己和别人的谈话及聆听风格等），因而既复杂又具挑战性。设身处地是成功沟通的一个关键因素。

聆听，但不要受别人情感的感染。别人有难处时，应设身处地理解别人，但不能为这种情感左右。必须为自己留点精力去做自己的事。记住，不要做一块海绵，什么都予以吸收。

3. 认真积极听取、积极给予反馈

一般来说，反馈是事实和情感因素的结合。沟通中的实质信息和关系信息很容易带来误解，招致不满。因此，在提供反馈意见时，应强调成长进步，不要妄做评判或横加指责。听取别人的反馈时，则要抓住其中对自己有价值的东西，不要计较对方的身份和沟通的方式，做到言者无罪，闻者足戒。

4. 坚持诚实

有时，实话实说的确伤人。但诚实最终能增加建立稳固长久关系的机会。因此，诚实非常重要。如果有什么事烦扰你，尽量直接说出来，以免小事变大更难处理。

5. 平息对方的怒火

对方怒气冲冲时，如何冷静处之，使对方平息下来？在此向你介绍几招：

（1）让对方的火发泄出来。

（2）表示体谅对方的感受。

（3）询问是否需要帮助。

（4）针对问题谈问题，也就是就事论事。

一般情况下，最正常的反应是，找惹人发怒的人谈谈，然后逐一解决问题。

6.有创意地正面交锋

所有其他方式都行不通时，唯有正面交锋。这也是摆平各方、理顺头绪的一个机会。如果正面对垒，就不要因为害怕而逃避，要理直气壮。当然有的时候，借故避开不失为最明智之举。

7.果断决策

如果你疲惫不堪、心中烦恼或忙得无法分身，坦然地说出来。另找一个时间，使自己处于最佳状态来处理局势和有关人员的事。

如果优柔寡断、迟疑不决，可采用以下步骤予以补救：回顾所有事实；反复过滤各种可行方案；选择最佳方式，哪怕这意味着你要多受点委屈；一旦决策，立即行动。

8.对失误不必耿耿于怀

沟通中出现失误，让你失望或受到伤害，不要放在心上。不妨自问一下，想不想背上这包袱？自己能从中得到什么？一旦尽心尽力地澄清了沟通中出现的失误，就要为自己付出的努力骄傲，该过去的让它过去。一番心血没有白费，心中巨石落地，该高兴才是！

9.视意见为财富

柯达公司曾发生过这样一件事：一名普通工人写了一封建议书给董事长乔治·伊士曼，内容简单得令人吃惊，只是呼吁生产部门"将玻璃擦干净"。事虽不足为道，但伊士曼却认为这是员工工作积极性的表现，立即公开表彰，发给奖金，并由此建立了柯达建议制度。

迄今，该公司职工已提出建议200多万项，被公司采纳了约有60余万项。该公司职工因提出建议而得到的奖金每年总计都在150万美元以上，而柯达公司从中受益的又何止百万美元呢。

企业最大的财富是人的聪明才智。企业领导人应该鼓励每一个员工积极地提出改进工作的建议；必须使他们知道，他们的建议将会得到认真的研究，并且也要真正这样做。如果能像柯达公司那样，在企业中建立起良好的建议制度，凡所提建议能给企业带来效益的，给予重奖。这样必然会促进企业全体职工同心协力，使职工对自己的工作发生兴趣，对自己的工作考虑得更多并总是设法去改进自己的工作，这是领导者激发人们聪明才智的有效手段。

柯达公司对职工提出的每条建议都进行认真审查，一般经过以下过程：职工提出建议后，由各车间委员根据建议的独创性、思索程度、适应性和效果等内容进行评定和选拔，分为特别、优秀、优良、A、B、C和建议7个级别；凡属最后两级建议的提出者，由车间委员会予以表扬；B级以上提交厂小组委员会，在那里再次进行评定和选拔，并对B级和A级的建议提出者给予表扬；特别、优秀、优良三级建议提交厂改进工作委员会审查后进行表扬；特别级建议要征询公司表彰审查委员会的意见。

第二十章
监管到位，消除腐蚀制度的"蛀虫"

随着企业经济的发展壮大，因内部监督措施的不完善、管理不到位，导致一些管理者和员工滥用手中的权力和职务之便，以各种形式侵吞、占用企业资金，收受贿赂的案件呈现多发、高发势头。因此，如何清除腐蚀制度的"蛀虫"、让制度大树枝繁叶茂已经成为企业亟待解决的一个重要问题。

及时发现和解决企业内的"蛀虫"

韩非子是中国法家思想的代表人物，在先秦诸子时代，其《八奸》不但使人耳目一新还令人振聋发聩。对于君主来说，同床、在旁、父兄、养殃、民萌、流行、威强、四方，是谓"八奸"。凡此八者，人臣之所以道成奸，世主所以雍劫，失其所有也，不可不查焉。

对于现代企业来说，如何使企业领导和员工上下一心，为企业的共同目标而齐心协力，实在值得深思。

在数不胜数的企业之中，究竟有几个企业，其员工是真正竭尽所能，为公司的目标而奋斗的呢？现实是令人伤心的。企业一方面在感慨人才难得，另一方面却又不认真去了解现有员工,以发挥他们最大的优势。因材施教说起来容易,做起来却并非易事。

人的贪欲是永远无法满足的,所以老子说,罪莫大于可欲。有了欲望,人们自然会相互攀比,有了攀比,就很难做到公平。一旦公平离人心太远,则失去人心。企业中又该如何应对呢?

林子大了,什么鸟都有。对于一个企业来说,形形色色的员工可能让人一时难以抓到头绪。要想员工能拧成一股绳,劲往一处使,那么企业大概至少需要认真对待以下几类"蛀虫":

(1)业务不精的人。负责技术的,不了解最前沿的技术和发展方向;负责财务的,不明白怎样规避金融风险;负责人力资源的,不清楚员工真正需求,无法为企业留住人才。

(2)嫉贤妒能的人。有些人,自己业务能力水平有限,却一心沉迷于对有才能的员工进行污蔑、陷害,处处给人挖陷阱,让人防不胜防。如果主管领导是个明白人,尚能识破他的伎俩,一旦主管领导昏庸抑或失察,则小人便咸鱼翻身,正直、忠厚之人便没有抬头的机会。所以韩非子说:"是明法术而逆主上者,不僇于吏诛,必死于私剑矣。"

有些人,明明知道下属比自己强,但为了保住自己的位置,却千方百计进行压制、隐瞒,绝不让上司知道,让那些并非池中之物的人才就这样轻易地埋没了。这些人,是企业"蛀虫"中最罪大恶极之辈。

(3)目光短浅的人。这种人鼠目寸光,只看到眼前利益,不为公司的整体着想,不为公司的长期利益着想。比如,有些人表面上为公司降低成本,降低产品质量要求以压低供货商的价格,最终导致项目延时、索赔甚至失败,从而在很大程度上伤害了公司的利益,甚至危及企业生存的根本。有些人一味地要求员工工作热情饱满,却从不给员工任何学习和提高的机会,从而导致员工跟不上公司发展的形式,最终难以有效地完成相关的业务,无形中提高了企业的成本。

(4)私活公干的人。利用公司的资源,为自己私人的业务提供便利。这些人，为了降低私人业务的成本，不惜把成本和风险转嫁给所在职的企业。鲸鱼大概能带动一些小的海贝之类的附生物，然而倘若是一头嗜血的鲨鱼，则鲸鱼必死无疑。疏于管理的企业，这种"蛀虫"其实也不少。利用公司电话煲电话粥的大有人在，以公司的车为自己办私事的也不在少数，利用公司的品牌或名声为自己谋利益者就更加不计其数了。这些人可谓是"道高一尺，魔高一丈"，想尽一切办法钻空子，可谓无孔不入。

（5）公活私干的人。有些人，把公司的业务转移到与自己利益相关的单位，为自己牟私利。本来要跟公司签合同的，他却利用职务之便，想方设法地把合同转移给自己。一方面，直接导致了公司的财务损失，另一方面，又损害了公司的形象，使企业失去了客户的信任。疏于管理的领导往往被这种人迷惑，表面看来，他跟客户关系相当不错，能摆平很多事情，可是实际上，公司失去的却远远超过他所贡献的。韩非子曾说："举事有道，计其入多，其出少者，可为也。惑主不然，计其入，不计其出，出虽倍其入，不知其害，则是名得而实亡。如是者功小而害大矣。凡功者，其入多，其出少，乃可谓功。今大费无罪而少得为功，则人臣出大费而成小功，小功成而主亦有害。"

（6）推脱责任的人。利益一定要争取，遇到事情，却不愿意承担任何责任。使尽浑身解数为自己找理由，找借口，恨不得把死的说成活的，把白的说成黑的，目的只有一个，即此事与我无关。

惩一儆百，决不姑息养奸

如果不是一个下属在你面前为所欲为，而是一群，这时你该怎么办呢？不妨惩一儆百。有的领导面对这种情况往往不知如何是好，想惩一儆百却又怕犯了众怒，如此犹豫不决，反而有姑息养奸之嫌。如果有一件事可以很明显地看出是小张的过错，同事认为经理应该会对他发相当大的脾气，然而领导却只是让他以后小心点便原谅了他的过错,为此大家颇感失望。"前有车,后有辙。"再有员工出现过错时,也就无法批评他了。渐渐地你的"刀口"越来越钝,最后你会落得谁也不敢骂的下场,而无法继续领导下属。所以在需要批评时,就必须大声地批评才行。

在众人面前批评某位下属,其他的下属亦会引以为戒。此即所谓的"惩一儆百"。其意并非真的处罚一百人,而是借由处置一人来使他人反省。当场被批评的人,宛如是众人的代表,并不是一个很讨好的角色。在任何团体中,皆有扮演被批评角色的人存在。

领导者通常会在众人面前批评他,让其他人心生警惕。但是这个角色绝非每个人皆能胜任,必须选出一个个性适合的。他的个性要开朗乐观、不钻牛角尖,并且不会因为一点琐事而意志动摇,如此方能适合此项"任务"。应避免选用容易陷于悲观情绪,或者太过神经质的人。若错误地选择了此类型的下属,往后将带来许多的困扰和麻烦。虽然你只能对自己的下属批评,但有时你也会遇到必须批评其他单位员工的情况。这不仅越权而且违反公司的准则,然而相信亦有例外的情形。

比如,某家服装公司的销售部主任,平时即对采购科科长的应付态度和太过懒散颇不满,但由于对方的身份是科长,因此无法当面予以指责。虽然这位主任曾经与自己的上司——销售部科长讨论过,然而由于上司是位好好先生,因此无法得到任何解决的方案。就在思索如何利用机会与对方直接谈判时,分发部的某位员工因未遵守缴交期限而发生问题。营业部主任便借机大声批评那位犯错的员工。他特意在采购科科长面前批评。此时采购科科长并未表示任何意见,然而弊端在不久之后便改善了。此项技巧简单地说,就是采取游击战术,若对敌人采取正面攻击时比较麻烦,但是若你本身有理,就不会觉得那么可怕。遇到形式上的反攻时,只需稍微转一下身便可反击。对于无法与其正面争吵的人,若企图使其认同你的主张,则上述的方法不失为一则妙方。

领导者借由批评下属的行为,亦能转换为本身的警惕。你在批评下属

"不准迟到"时,自己也决不可迟到。当你批评喝醉酒的下属时,自己也不可有喝醉酒的情形发生。借由对下属的批评,而受益最多的人或许是自己。因此,你更不应该错失良机。必须谨慎地选择批评的机会,并且好好珍惜被批评的下属。只有招募员工时才阿谀奉承,并且举办各项迎新活动,一旦确定他们成为正式员工后,便突然变得冷漠、严苛的这类阴险狡猾的公司并不在少数。新进员工由于沉迷于刚进公司时的欢愉气氛,以致对往后的工作气氛容易感到失望。若又遭到领导者责备,情绪必定会跌至谷底。然而亦不能因此而娇纵下属。比如,员工陈某犯了错误,领导者是应该批评他的。但领导实在无法拉下脸来,便想尽方法使陈某反省、改过。他做每件事都刻意妨碍到陈某的工作,他认为经由此,陈某的行为应该会改善。事实上,这位领导者的做法毫无意义,无论对其本身或陈某来说,这都只是不愉快的经验而已。该红脸时不妨红脸,该白脸的时候,也不妨扮扮白脸,让下属看看你的不可触犯的一面。

该批评就批评,该解雇就解雇

面对那些被前任领导娇纵惯了的下属,必须坚守原则,该批评就批评,决不能像前任那样姑息纵容。

批评的方式有各种形态:有像下大雨似的怒骂对方,也有像下梅雨般很有耐心地责骂对方。批评的形态也各有特色,也因各人性格不同而有所差异。很多人主张批评时要冷静,千万不可意气用事。但是能够达到此境界的人并不多。领导者因为生气、发怒才会批评下属,也正因如此才会产生爆发力。

监督与指导是需要冷静与理智的。也有人认为若下属反省了自己的失败,即不需责怪他;反之,若下属毫无反省之意时,才需要责骂。事实并非这样,若你批评未完成任务的下属,他必不会重蹈覆辙。有时下属会觉得将被批评,甚至抱持"期待"的心理。但是,此时你却未予以批评,只是温和地叮嘱他,则你的下属会深觉"期待"落空而不满足。觉得领导者的反应令人不愉快,事后还留下疙瘩,反而更讨厌。若被领导者痛骂一顿,一切也就过去了。因此,遇到该批评时,你最好顺应下属的"期待"。如果你突然对一位并不认为自己失败的下属大声批评,恐怕会令对方一头雾水。如果下属不明白自己为什么被批评,则此行为便毫无意义。如不能对下属说明批评的原因,只会令他垂头丧气。对于不明了失败原因的人必须详细地指导他。

很多领导者并不擅长批评下属,他们颇为在意的反倒是下属的情绪。他们认为毫不留情地批评下属是不好的,若批评无法使对方完全理解,那批评就毫无意义,如你一边批评,一边在意下属的反应,只会被下属看轻。此即所谓的"虚假的批评游戏",当然不算是批评。有位领导者向主管报告道:"我已经训斥过他了,他本人也在反省。"而那位被批评的下属却对他人说:"我给科长面子,倾听他的埋怨。他好高兴啊。"这时你再如何发挥惊人的才干,也来不及了。

有人认为:在大声且一气呵成地批评下属后,要像狂风过后的万里晴空一样,不可拖泥带水。然而这种方式却也容易失去批评的意义。原因在于被批评的人,刚开始通常"听"得进去,但往往不到五分钟,他就会表现出不在乎的态度,刚刚才被责怪的事早就忘得一干二净了,而批评的人也宛如狂风过境似的瞬间便了无痕迹。由于下属本身并不感到愧疚,因此同样的错误很可能重复出现。对待这种下属,必须采取紧迫盯人的方法。即使批评他"听好,不能再失败了""你应该为那些收拾善后的人想想看""你应当好好地反省反省"这类令人感到厌烦的话亦无妨。

在批评下属时要情绪性地批评,但必须注意措词,绝不能用粗俗下流的词句。在一个正当经营的公司里,是不习惯听到"我怎么知道""别开玩笑了""笨蛋"等这些词句。也有人为了显示自己的地位,而胡乱地怒斥下属,像这种领导者是无法得到下属的认同的,领导者应该站在对方的立场行事才对。另外,有一点必须牢记,每个人必有其优点,我们要爱人、尊重人，这才是我们的生存力。面对那些实在难以管教的下属，作为领导者必须当机立断，该解雇就解雇，尤其对其中一部分敢于背叛自己的下属，更要毫不留情。"酒与污水定律"指出，如果把一匙酒倒进一桶污水中，你得到的是一桶污水；如果把一匙污水倒进一桶酒中，你得到的还是一桶污水。几乎在任何组织里，都存在几个难管理的人物，他们存在的目的似乎就是为了把事情搞糟。他们到处搬弄是非、传播流言、破坏组织内部的和谐。最糟糕的是，他们像果箱里的烂苹果，如果你不及时处理，它会迅速传染，把果箱里其他苹果也弄烂，"烂苹果"的可怕之处在于它那惊人的破坏力。

一个正直能干的人进入一个混乱的部门可能会被吞没，而一个无德无才者能很快将一个高效的部门变成一盘散沙。组织系统往往是脆弱的，是建立在相互理解、妥协和容忍的基础上的，它很容易被侵害、被毒化。破坏者能力非凡的另一个重要原因在于，破坏总比建设容易。一个能工巧匠花费时日精心制作的陶瓷，一头驴子一秒钟就能把它毁坏掉。即便拥有再多的能工巧匠，也不会有多少像样的工作成果。如果你的组织里有这样的一头驴子，应该马上把它清除掉；如果你无力这样做，你就应该把它拴起来。首先要确定是否要扔掉"烂苹果"。对那些厚颜无耻的背叛者，对屡教不改的员工和难以管教的下属，对个别"害群之马"，一定要除掉。你还需要选择解雇地点。应该选择在什么场合解雇某个人，取决于你自己的想法。他的办公室，你的办公室，另外一个什么地方都可以。因为解雇一个员工的背景是千变万化的，所以这里也没有什么规矩可循。有些经理在决定解雇员工的地点与方式时所依据的是他们希望将何种信息传递给其他员工。

有位领导者曾当着全体员工的面解雇一位经理，目的是杀鸡给猴看。他将公司所有的100名员工召集到会议室，心里盘算好，在会议的过程中他一定可以挑出那只"烂苹果"，并当场炒他的鱿鱼。这是精心策划的一场戏，只是其员工不知道而已，这里有真正的解雇员工需要的技巧。

作为公司领导，对不称职的员工予以解雇完全是分内之事。但往往遇到此事时，即使是那些以"硬汉"著称的公司经理也难下决心，认为解雇员工是件很棘手的事，总担心会引起连锁反应，怎样向客户解释呢，如何以此调动员工工作积极性和责任感，做好善后工作等。

解雇不称职的人，最好的办法是：

第一，选择适当机会。如果你要炒他的鱿鱼，应选好对公司最为有利的时机。在商务来往中，你的员工手中必然尚有要完而未完的生意，掌握有一定数量的客户，在未找到代替他的人之前，一切未准备就绪时，就暂时不要解雇他。有时你会等上几天甚至更长的时间，以便更大限度地减少解雇他所给公司员工带来的震动和对公司带来的伤害。在准备时，或许应及时通知客户，公司与某人之间有些矛盾，将会有另一位员工代替他的工作，并表示公司愿意与客户继续合作的愿望。另外在公司内部可派另一员工到其负责的部门工作，并委以重任；或让另一部门的经理同他的客户认识，并逐渐接手其业务。

第二，或许你可以由他先提出来。对付想跳槽的员工，最好的办法是由他提出辞呈。让他体面地离开公司，总比你直接下逐客令要好。比如，在解雇他时，给他发放一定数额的离职费，并且给他在其他的公司找一个适合他做的工作，对你的所作所为，他会一辈子永记心中，不会到处对你解雇他而说三道四，败坏你的名声。其实安排某人主动提出辞职，并不是件复杂难做的事。但也不能太随便，应注意当时说话的场合和方式。最容易让人接受的说法是这样的："鉴于我们公司业务的特殊性，我认为你在公司这样长期做下去，显然对你对公司都不太合适，公司已决定，你应离开公司另找工作。但是什么时候离开，怎样离开，还没有正式决定下来，请你先考虑一下，然后我们再交换意见。"这样简单而直截了当的谈话，将会取得你预想的结果。

第三，让别人来"聘用"他。有的公司碍于当时聘用人的后台关系，或其他难以言明的因素，不便直接下令让某人离开公司，总是说服别的公司接收此人，并让这家公司主动找该人联系工作。当此人被该公司"聘用"后，自认为是自己的才华被领导看中而被挖走的，对于"聘用"之中的一切都始终蒙在鼓里，根本不知自己是被原公司体面地"开除"的。

第四，为他找到合适的位置。有些员工虽然诚实肯干，但是碍于自身文化水平较低、适应能力弱等原因，不太适应公司业务发展需要。比如，公关部的某公关先生对于结识发展新客户，开拓新市场有一定能力，但在其他方面却毫无办法，并且常常会把事情弄得很糟。这里如何安排他为好，是解雇还是降级使用，必须认真研究。常用的处理方法是，把他调到另一个适合他的工作岗位上去，或许到这个岗位，他会干得更好。关键是找到这个适合他的部门。

第五，果断处置不手软。对任何公司和领导来说，开除或解雇员工，总是一件令人不快的事，因为这或多或少地反映了公司存在的某些缺陷或不足之处。但是如果解雇的是一个存在一天，对公司就为害无穷的"捣乱分子"，则没有一点值得留恋的。某公司曾经遇到过这样一位公司的背叛者。这位A先生在业务额不能完成、资金无法收回的情况下，想离开公司一走了之。临走之前，公司得到情报说，他准备将公司的客户和业务，以及有关公司的商业秘密的档案资料一并带走。为了不打草惊蛇，公司营销部特地在他离开之前安排他出差，为洽谈一笔新业务拜访客户。当他离开办公室后，公司派人查封了他的办公室，取走了属于公司的一切档案资料，当他回到公司时，交给他的是一张解聘书。这种做法并没有一点算计员工之嫌，对于这种人只能当机立断，否则他阴谋得逞，公司将后患无穷。只有这样，你才能彻底排除纵容下属、姑息养奸的可能。就像舞台上总会有一个两个丑角，领导的下属里面也并不全是忠诚之辈、老实之人，肯定也会有一两个类似于丑角的人。有一双火眼金睛的领导当然能很容易地辨认出来，但偏偏不少领导都有近视症，或是本身不正，有徇情谋私之意，带点歪门邪气。

加大监管力度，谨防"蛀虫"孳生

2003年，微软公司的一个内部"蛀虫"被捕。这个名叫理查德·格雷格的员工通过微软内部的购买系统，低价购买并转售了价值1 700多万美元的软件，自己从中侵吞差额利润。

25岁的李方林，大学毕业后经熟人介绍到合肥一家私营企业工作。由于是熟人介绍来的，公司领导对其比较信任，让其负责为客户办理按揭贷款和保证金缴存等重要事务。工作一年后，李方林开始利用公司管理上的漏洞（公司对其没有具体的报账要求），将单位委托其存入银行的客户保证金私自取出占为己有，甚至有时候根本不把客户保证金存入保证金专用账户而直接侵吞。短短一年多的时间里，李方林侵占公司客户的保证金达32万余元。虽然李方林因职务侵占罪而受到了法律的惩处，但公司却遭受了很大的损失——32万余元的客户保证金被其挥霍一空，其家人也无力为其偿还。

"加大监管力度，深挖销售仓管用人"蛀虫"，用人坚持有德，欠经验应培养，无德有才不用，有德有才重用；拨正销售方向，杜绝急功近利短期行为，掌控市场主抓广告堆头促销，拉动买者带动卖者促进销量。"这是2008年椰树集团的春联。

由此我们看出，企业内部的"蛀虫"已经不是捕风捉影的事，而是实实在在摆在管理者面前的一个棘手问题。

贪婪是人性的弱点，在利益的驱动下，总有人愿意铤而走险。无独有偶，去年全球第二大零售业巨头家乐福集团也在中国掀起了一场内部的反腐风暴。从2007年6月25日至8月1日，家乐福北京CCU及7家门店进行调查。经查，包括12名供应商在内的22名人员被北京警方传唤，其中8名家乐福经理被警方正式拘留，被拘留的原因是涉嫌收受供货商贿赂。在国内零售业，采购领域的灰色交易一直大量存在且极难根除，下至收货处的保安、收货员，上至采购员、店长，都不同程度地涉嫌灰色交易。

不同的岗位，存在不同的"蛀虫"，企业的"蛀虫"除了前面提到的仓管"蛀虫"、采购"蛀虫"外，还有财务"蛀虫"、销售"蛀虫"、用人"蛀虫"、生产"蛀虫"等。"蛀虫"的存在方式是多样的，"蛀虫"的敛财手段也日益高明。

俗话说，千里之堤，溃于蚁穴，那么企业该采取什么样的措施才能有效预防内部腐败呢?

（1）加强监督检查。监督检查是企业对其内部控制的健全性、合理性和有效性进行监督检查与评估，是实施内部控制的重要保证。主要包括建立持续性监督检查、专项监督检查、自我评估、改进措施等。

还要强化企业内部稽核和内部审计。提高对内部稽核和内部审计的认识，加强考核、监督、制约机制。内部审计是强化内部控制的一项基本措施，内部审计工作的职责不仅包括审核会计账目，还包括稽查、评价企业内部控制体系是否完善和企业内各组织机构执行指定职能的效率，从而保证企业的内部控制体系更加完善严密。

（2）重奖重罚制度，贯穿企业管理的方方面面。"重奖重罚"不但会激发广大员工、科技工作者和经营管理者的工作积极性、创造性，同时也激发了员工们对监督工作的热情，真正地做到了"奖到人心动，罚到人心痛"。许多案件的揭发都来自员工的举报，对举报人实施"重奖"的措施，是揪出"蛀虫"的有力手段。"重罚"在一定程度上对那些"蛀虫"也起到了震慑作用。在制度建设上，"出现问题先重罚，罚出制度完善"，这对于完善制度，细化管理起到了极大地促进作用。

（3）"事后追究"机制。在建筑行业，设计和施工对建筑物的责任是终身制的，"事后追究"机制有利于企业中每个人都必须对自己的行为负责，有效地防止那些弄虚作假、欺上瞒下等行为，对于那些想捞一把的人来说是沉重的打击。

（4）"要事业，不要人情""工作上讲原则，生活上讲朋友"。在用人问题上，不讲人情，不讲朋友，坚持"一重用，十不用"的用人原则，把好"选人、用人、励人"三道关。针对一些特殊岗位实施特别管理办法，如财会等关键岗位员工实行轮岗制衡；对掌握重要商业秘密或核心技术等关键岗位员工的离岗有限制性规定；对易腐关键岗位（如采购、营销等岗位）实施重点防范等措施。

"蛀虫"虽小，影响甚大，过去国企体制障碍限制了管理制度的顺利实施。随着企业的改制，企业改革不断深化，给各项制度的实施扫清了障碍，使得"蛀虫"的生存空间越来越小，但是防治"蛀虫"工作是长期的，要常抓不懈，让"防蛀"成为一种常态，谨防"蛀虫"孳生，同时通过健全企业内部控制制度，增强企业的"防蛀"能力，让企业根深叶茂、蓬勃发展。

建立防止"家贼"的相关制度

许多企业内部的偷盗现象非常严重，甚至危及企业的发展。我国最大的国有破产企业之一——重庆针织总厂，就是因为该厂没有把严格的规章制度落在实处，而被本厂的职工"拿"破产的。《南方周末》的记者曾到总厂一职工家造访，映入眼帘的针织品犹如工厂的陈列室，好客的主人将厂里的产品分赠客人，客人惊诧不已："你太破费了！"主人却淡淡一笑："工厂就是我的家！"一位工人对《重庆日报》记者说："逮到了是你的，逮不到是我的！"一段时间里，厂里破获的治安案件，作案者均是本厂人员。

在重庆针织总厂即将倒闭、工厂的机器无声地躺在车间时，总厂四周的100多家个体针织作坊却日夜机器轰鸣，其产量可与针织总厂相比。据说早在该厂还未破产的前几年，有的工人就是早晨进厂报到，然后就到个体厂上班。总厂研制的新产品还未出厂，个体作坊早已将产品抢先推出，占领了市场。个体作坊的机器坏了，自有人到厂里正在运转的机器上换个好的零件来。个体户缺原料了，也会有人从厂内运来，结果就是这样一些国有企业的"主人们"把一个有着42年历史的西南地区最大的针织厂"拿"没了。

企业人、财、物的管理是基础管理，这项工作做不好，即便企业再大，也会被掏空拿光。要有效地防止"家贼"，有必要先给其分类，然后才能有针对性地加以预防。一般来说，员工盗窃大致分为以下五种类型：

其一，盗用企业资产（贪污资金）。

其二，盗用企业产品或原材料（这种行为既包括在仓库码头装货后再偷偷地把小型卡车倒回到仓库码头去，私自卸下一些价值昂贵的库存物资，也包括将企业的一盒曲别针拿回家，情况是多种多样的）。

其三，盗用企业时间（包括早上迟到、午餐时间过长、在洗手间闲聊、早退、让朋友代打出勤卡等）。

其四，盗用企业设施（用办公室电话打私人长途电话、用办公室复印机复印个人文件、通过企业的邮寄部门寄发私人信件和包裹等）。

其五，盗窃企业信息资料（窃取企业秘密、专利、客户名单、营销计划、产品设计、定价方案等，这类盗窃行为通常被称为"工业或商业间谍"）。

在上述5种盗窃行为中，最引人注意并且最有可能受到指控的就是对公款的盗用。与货币或有价证券打交道的机构，如银行和证券经营机构中，尤其容易出现盗用资产的现象。因个人原因造成企业亏空的甚至高达8位数以上。

预防这种现象的出现，仅有思想教育及企业文化建设是不够的，还应从制度上、规范上来加强企业内部的监控体系。

（1）盗用企业资产。要有一整套检查和互相制约的制度，所有的业务都要由两人以上经手，每张支票都要有两人签字；采购部门的账户同应付账款分立；如果邮件中含有现金或支票，那么应当由一位员工打开邮件，另外一位员工登记现金或支票的数额，然后再由第三人即出纳员将其登记入册。审计应是经常性的，而不是总要等到需要时才进行。千万不能让一个人负责处理一项交易的所有流程。限制员工在不受监督的情况下加班。有关的财务制度可参照正规的财务制度范本制定。

应注意觉察出员工盗用公款的迹象。比如，员工的生活方式是其现有的工资所无法负担的、赌博问题、拒绝接受休假、过多加班、怀疑其有滥用药物问题、借钱过多、个人生活一片混乱、独自占有某些企业文件记录、总是躲躲闪闪等。

（2）盗窃产品的防范。制止员工盗窃产品的最佳途径是加强控制。最容易发生产品盗窃的地方是仓库，应密切监控库存，建立良好的库存制度，除被授权人员以外，限制其他人接近仓库库区。进入库区要求佩戴标志，使用电视监视器，将贵重产品隔开存放，检查员工的包裹，保持警觉。

最可能发生产品被盗的时间是当货物进入或离开企业的时候。那时，企业的货物处于最危险的阶段。当货物进入企业的时候，货物很可能在仓库码头就被转移走了，而根本没有进入仓库大门，而当货物从企业发运出去的时候，货物则有可能会被运往一个假造的地址。

对盗窃库存的防范应当从加强对货运部门和接收部门的监控着手。在收到货物时要亲自进行监督，核对装货单和实际的收据。发运的货物要由两个人共同查验，不要把货物留在无人看管的码头上。将所有收到的货物都记录在案，并立即将它们送到指定的库区。

要确保送到货运部门发送的货物与接货单上的情况相符。每一次都要按照实际的订货（包括地址）发运货物。在每一次出货时，都要明确分拣的员工或准备订单的员工是谁，在仓库中安装监视器，进行现场检查。经常对实物库存进行盘点（不要过于依靠计算机）。

对于日常使用的办公用品设有登记制度是必要的，但对于文具，如圆珠笔、记事簿等，就不宜做过分地管制，因为，如果这些常用的物品，也要实施登记制度的话，职员会感到很麻烦。文具的用量，每个部门均有适度的分配，只要情况不太过分，便不宜在一些小事情上花太多时间。

（3）盗用企业时间。盗用办公时间的行为是比较难控制的一种情况。解决这一问题的最佳策略就是主管经常出现在办公室里，主管在场可有效地防止员工消极怠工。主管要时常待在办公室里，随时注意了解办公室中所发生的事情，询问各个项目的进展情况，参与部门的日常活动。打卡制度是记录员工是否按时上下班的一种有效办法，还可以用录像设备防止代替打卡现象，但这种方法并不适用于所有工作环境。

当然，一直盗用办公时间的员工是不可能与尽心尽责的员工取得一样的绩效的。这些员工比起其他员工来，其工作绩效肯定会受到很大的影响。其工作绩效将无法达到所要求的工作绩效标准。对员工的工作绩效进行追踪就一定能够帮助你找出哪些是经常盗用办公时间的员工。

（4）盗用企业设施的防范。当员工使用企业的复印机来复印一本800页的小说时，或使用企业电话给远在佛罗里达的母亲打长途时，你该怎么办？最好的办法就是控制办公设备本身。安装带有记录使用者姓名功能的复印机，把长途电话功能限制在几部电话上，每月检查电话打往地域的记录。这样不仅可以确认是谁使用了办公室设备，而且还可以把使用费用分摊到各个部门和各个项目上。

留心观察是另一个有效的方法。时不时拿起复印机内的文件看一看，在一位打了20分钟电话的员工的桌子附近走一趟，看看他们的表情有没有什么异常就能发现问题，除非对方是"心理素质"特别"过硬"的人。

（5）盗窃企业信息资料的防范。控制企业机密外泄是相当重要的，但也是不容易的。由于现在的许多企业机密都被放在电脑里，这样问题就变得更为复杂了。防止信息资料被盗的最好办法是对一些活动加以限制。把研究与开发活动与其他活动分开，将资料放在加锁的档案柜里，或加密的电脑文件夹里，使用授权的密码，保留文档查阅者的姓名记录，以表明什么时候有员工进入限制区域；限制进入和退出档案的次数。把工作进行分工，这样就没有人能够进入一个项目的所有各部分。当有员工离职时，应改变锁具和密码。如果你的下属盗用企业的名誉，或盗用商业资料，为了维护企业的利益，可以按制度的规定立刻解雇该名职员；如果情况严重的话，甚至可考虑采取法律行动。

但是，并没有什么很实际的方法来控制员工脑子里都记了些什么。在大多数情况下，你无法阻止那些已经记住了一些客户档案或在某一项目中工作过的员工跳槽到另一家企业去（你只能阻止他们把企业的档案资料或记录带走）。对此，一个稳妥的办法就是善待企业的关键员工，使他们不想跳槽。

最后要提的是，如果管理者要求下属公私分明，你首先必须以身作则，即使一般人认为是微不足道的事情，你自己也最好依循规矩做事，别给人留有话柄，也别给下属留下不良印象。

第二十一章
工作在于落实，落到实处制度才有用途

执行是企业管理中咨询、决策、执行、监督、反馈五个环节之一，执行力的强弱是由执行者对决策的理解和服从程度、执行计划的严密程度、资源配置的合理程度、协助者的配合程度和应急预案的科学程度决定的。要达成目标完成任务，首先要求执行者要正确理解决策、坚决服从决策，确保执行到实处。

决策好才能落实好

所谓决策就是落实的思路，也就是告诉你该做什么，不该做什么，该怎么做。

一个伟大的决策会带领企业走向快速发展的辉煌之路。一个企业取得成功，关键原因在于它产生了智慧的决策，而一旦决策失误，就可能使企业背离原来的发展目标，使得企业离组织愿景越来越远。所以，管理学上有一句名言：一个错误的决策，100个行动也无法挽救。我们要"做正确的事"，要把"事情做正确"，就要有一个正确的决策。

摩托罗拉公司就是因卓越决策而成功的典型。它的发展历程成功地印证了决策的重要性。摩托罗拉第三代掌门人、前总裁克里斯托夫·高尔文的独到之处就在于预见，在于每逢关键时刻都能提出领先于大家普遍意识的决策，并在不久以后证明这些远见的正确。回顾公司在全球的发展，克里斯托夫·高尔文认为，正是果断地做出符合市场竞争的正确决策，才帮助摩托罗拉开拓了新的市场领域，成就了摩托罗拉公司今日的辉煌。其中，在中国建立庞大的生产基地正是摩托罗拉发展史上十分英明的决策之一。

克里斯托夫·高尔文在一次演讲中说："1986年，我跟随父亲访问中国三个星期，走了一些地方，看到中国正在寻求更快的发展。通过这次访问，我们意识到与中国人民建立一种密切的伙伴关系，将为我们带来巨大的市场，并且对摩托罗拉的生存与发展是不可或缺的。"

1992年，摩托罗拉经过一番考察及评估之后，出资12亿美元在天津开发区注册成立了摩托罗拉（中国）电子有限公司。

十多年过后，摩托罗拉在天津投资已达34亿美元，建有6家现代化的高科技工厂，生产手机、芯片、半导体、双向对讲机、基站和手机配件等产品。在天津成立了亚洲通讯产品和半导体集成生产中心两大基地。天津已成为摩托罗拉在全球主要的生产基地之一。

摩托罗拉公司这艘巨轮找到了中国市场这片广阔的海域，为公司的进一步发展提供了巨大的推动力。如果当年摩托罗拉公司惧怕中国这个未知的"海域"，不愿承受开拓市场的风险，没有果断地做出这个决策，那么如今中国的市场很可能已经没有摩托罗拉的一席之地。如此巨大的机遇没有好的决策来掌控，只会让它白白浪费在市场的浪涛之中。摩托罗拉的管理者总会为目标的达成而果断地做出英明的决策，带领公司员工夺取竞争的胜利。

克里斯托夫·高尔文在每次决策过程中都有一个习惯，即不单单考虑到这个决策带来的机遇和发展，也考虑到这个决策的后果和影响。这种思维体现了一个企业决策者的成熟。

在复杂情境中要勇于决策，敢于冒险。正是因为勇于决策、果断决策、正确决策,摩托罗拉才渡过了发展中的种种难关和困境。在近年来一些公司面临诚信危机、通信行业发展整体下滑的情况下,摩托罗拉的决策能力在确保其优秀业绩上发挥了极为重要的作用。

摩托罗拉公司从成立至今已经历经80年的风风雨雨,回首摩托罗拉所走过的路,那是一条充满艰难险阻、荆棘丛生,同时又铺满鲜花的辉煌之路。摩托罗拉能有今天的成就,靠的就是决策的有效落实。

决策给人以持久的动力,它是企业的指南针。"做正确的事,把事情做正确"是决策的核心内容和思想,它是判断一个决策的落实是否具有目的性的很重要的标准。

抓好各项工作的落实

领导干部脚踏实地地工作,是抓好落实工作的关键。因此,必须明确坚持"八反对、八提倡"。

反对虚于应付,提倡认真工作。实行任何一项方针政策,完成任何一项工作任务,都需要认真负责的态度和作风。但是,现在有一些领导者,缺乏事业心,没有责任感,工作起来或者浮躁潦草,马虎从事;或者敷衍塞责,虚于应付;或者遇事推诿,不负责任。有的甚至把"难得糊涂"奉为信条,在原则问题上模棱两可,含糊其辞。像这样,是断难抓好落实的。毛泽东曾经说过,世界上怕就怕"认真"二字,共产党人就最讲"认真"。可以说,在原则问题上毫不动摇,敢于坚持;在工作问题上毫不含糊,敢于认真,这是我们党所独具的一种优良作风。过去,我们凭着这种作风取得了很多成就;今天,我们仍要大力发扬这种作风。

反对浮在上面,提倡深入实际。现在,不少领导非常忙。忙于参加会议的坏风气,必须痛加革除。各级领导只有率先垂范,身体力行,在狠抓落实上做出表率,做出榜样,才能取信于民。

反对弄虚作假，提倡实事求是。近些年来，领导干部弄虚作假的现象时有发生。有的不按政策和原则办事，在招工、转户口、职称评定等问题上编造假情况，徇私舞弊；有的向上级汇报工作，隐匿实情，报喜不报忧；有的企事业单位，明明亏损严重，却在账面上做手脚，欺骗上级，坑害国家。弄虚作假，是与我们党的实事求是原则根本对立的一种不正之风，严重危害人民事业的发展，决不能听之任之。为了保证各项工作的落实，对于弄虚作假情节恶劣的，必须严肃处理；对于那些纵容或诱迫下级说假话的领导者，一定要追究责任。必须明确，下级组织向上级组织实事求是地反映情况、报告工作，是一条重要的党规党纪，每个领导干部都要严格遵守。我们要大力提倡"说老实话，做老实事，当老实人"，努力在党内树立起不说假话说真话，不搞浮夸干实事的好风气。

反对职责不清，提倡分工负责。人浮于事、职责不清、遇事推诿、互相扯皮的现象，在一些领导机关和职能部门中普遍存在，严重影响了工作的落实。因此，必须进一步实行严格的岗位责任制、领导责任制。凡上级部署了的工作，要层层有人抓，件件有着落。

反对只发号召，提倡具体指导。要把各项工作落到实处，各级领导者一定要注意不能把领导工作停留在一般号召上，而要实行一般号召与个别指导相结合，解剖"麻雀"，以点带面。要重视解决落实过程中出现的各种矛盾和问题，按轻重、难易、缓急，抓住重点，攻克难点，统筹安排，逐一去办。

反对空作安排，提倡督促检查。近些年来，一些领导机关和领导干部，抓工作仅仅停留于召开会议，做出决议，制发文件，却很少监督检查，甚至只布置工作任务，不检查落实情况。这是我们的一些工作不能很好落实的一个重要原因。各级领导机关必须注意充分发挥督查机构的作用。无论哪级领导机关，在提出任务之后，就要及时督促检查，及时通报和交流各单位贯彻的情况。对落实工作搞得好的，要表扬；对落实工作搞得不好的，要批评；对不抓落实的，要处理。

反对办事拖拉，提倡雷厉风行。现在，有一些领导机关和职能部门，工作总是紧张不起来。在这些机关和部门中，办事节奏不快，工作效率不高，再急再大的事也是你推来，我推去，久拖不决。有些领导干部，精神不振、松松垮垮，干起工作来慢慢腾腾，拖拖拉拉，没有一点利索劲。这样的工作作风，我们要坚决反对。

反对言行不一，提倡身体力行。目前，有一些领导者，尽管对许多事情的必要性说得头头是道，对搞好很多工作的重要性讲得十分动听，但就是不下工夫真抓实干，有的甚至只说不干。这种只说空话，不办实事的坏风气，必须痛加革除。各级领导只有率先垂范，身体力行，在狠抓落实上做出表率，做好榜样，才能取信于民。

没有监督就没有落实

战略是组织运作与发展的计划与谋略，战略制定与决策之后，就要付诸实施，而实施的进度、效果、结果，都必须有人来跟踪与监督。谁来监督才最合适呢？答案是：管理层。企业管理层代表一个组织，必须对这个组织的战略实施承担责任，而一旦战略付诸实施之后，企业管理者唯一能做的也是必须要做的就是监督。企业管理者此时就像一个检察官，要紧紧盯住关键环节、关键部门和关键人物。如果企业管理者这个检察官的角色扮演得不好，关键环节、关键部门和关键人物就容易出问题，而一旦这些地方出问题，就会影响战略的实施，就会使落实大打折扣。

无数经验表明，监督不力会使公司的好举措付诸东流。为了防止这种现象的发生，"三星"在企业内部健全规章制度、严肃监督机制。公司从上到下形成了一个质量保证监督网，不合格的零部件坚决不用，不合格的成品坚决不出厂。各厂、车间、班组层层设立质量保证机构，派有专人检验质量。

没有监督就没有落实，监督到位才能落实到位。合理的监督机制、适时总结经验、查漏补缺，能够让落实工作更加完善、更加高效。

2001年，世界经济衰退波及各国，三星受创颇为严重，营业额急剧下滑。为了提高公司的营业额，李健熙亲自检视三星旗下一个重要事业部经过修正后的运营计划。首先他赞扬事业部经理带领属下为了降低公司成本而做的努力，随后他又指出事业部未达到应有的投资回报率。根据事业部的工作现状，他紧接着提出了一个值得一试的解决方案——建议这个事业部和供货商共同研拟提高存货周转率的方法，以期获得实质成效。

"你认为你该怎么做？"他询问事业部的经理，这位经理回答："如果有工程师协助，应当能大幅提升绩效，我需要20位工程师。"

他转向工程部门经理："你是否能抽调出工程师来协助完成这个计划？"

工程部门经理迟疑半分钟之久，以冷漠的语气表示："工程师们不会愿意来替事业部门做事。"

李健熙注视他良久，开口道："我确信下星期一你会指派20位工程师到事业部门。"说完后便起身离开。走向门口时，他停下脚步转身对事业部经理说道："我要你每个月固定召开视讯会议，成员包括你本人、工程人员、财务长，还有我和生产部经理，必须确保推动这项计划的进展。"

管理层在监督过程中还要注意分寸，切忌工作职责的分工使工作关系恶化。过度监督及插手，只会使员工下不了决定，无法使员工在工作中进步。喜欢打击与蔑视员工成就的老板，很难遇上愿意劳心劳力、全力付出的员工，久而久之，只能拥有一批不自动自觉、私底下充满抱怨的员工。

落实贵在坚持

我们经常会遇到这样的情况：上班第一天，公司召开职工大会，老板在会上苦口婆心："各位同仁，去年销售业绩下滑六个百分点，如果今年不迎头赶上，那就……咱们得像刘翔一样奔跑。"

每当这时，不少员工在下面窃窃私语。谁都知道，百米冲刺的速度只能玩上十几秒，要玩365天，谁受得了。

而在另外一家媒体，一位一向以严格著称的老板态度却截然相反。他说："我为什么对职工那么严，因为气可鼓不可泄，管人就得像拧螺钉一样，一圈一圈地往里拧，千万不能松了。"

工作生涯、职业生涯是一种漫长而又艰辛的过程，在这个充满变数的过程中，谁也不能呼风唤雨。我们所要做的，并不是像刘翔那样在缺氧的状况下奔跑，而是计划着，何处应该跑起来，何处又应该放慢脚步。

一个很简单的例子是，在长跑的时候，胜利者是那些开始的几圈就拼尽全力的人，还是那些保持自己的速度一直跑到终点的人呢？很显然，是后者。因为，他们懂得坚持才是最重要的，而不是一口吃个胖子。

职场生涯，有时候很像骡子推磨。每天重复着同样的动作，枯燥而又繁重。聪明的主人会在骡子面前吊一把青草，骡子总想吃到那把青草，于是不断地一圈又一圈地走着。职场中的人们最重要的事情并不是你某个时候能跑得快，而是面对繁重的工作，能够像骡子一样慢条斯理，一步一步地走下去。

如果让一匹马来推磨，它可以飞奔，但是想象一下，它在疯狂地跑完了几圈之后，会怎么样？

《华尔街日报》这样评价通用公司CEO杰克·韦尔奇，"韦尔奇可以花一天时间参观一家工厂，跳上一架飞机，小睡几个钟头，然后再重新开始工作；在这段时间里，他也许会停在爱达荷的太阳巷，或者在某个风景优美的地方滑雪"。

韦尔奇认为，成功并非跑得快或是工作更努力。每一个人都可以一天工作16个小时甚至更长，但为了工作置健康和家庭于不顾的人，这还能算是成功吗？这份工作还能坚持下去吗？

韦尔奇以他的经历告诉我们：成功的道路，没有捷径。坚持，你会成为下一个戴起桂冠的人。

以营销为例。如果你在推销时仅仅跑了两三趟，就因顾客的拒绝而悲观、失望，消极地认为"算了，别去了"的话，那你根本就没有机会获得成功。

美国一家兵工厂曾进行了一次很有意思的实验：在兵工厂的大梁上绑了一条粗大的钢索，垂直固定在地面上，在离钢索一米处用一根很细的尼龙绳垂直地绑了一个软木塞，他们用软木塞很有规律地、像音乐节奏"蹦恰蹦恰"地反复撞击这根粗大的钢索。

"有没有什么变化？"一群科学家，包括武器专家、行为科学家很好奇地观察着。钢索任凭软木塞的撞击，时间一分一分地过去了，大家耐心地等着，第29分钟、第30分钟，钢索耐不住性子，颤抖了两下，然后又静止了，接着又是不规则地颤动。40分钟后，钢索开始随着软木塞有韵律地摆动。

这时候，科学家们露出了满意的笑容。他们取下软木塞，令人惊讶的是，钢索依然不停地反复摆动，历久不绝。

由此可以得出一个结论：成功是属于按自己的意志和步调，坚持走下去的人。就像那个软木塞一样，如果它一开始就认为钢索那么粗，撞击它根本没用，那么它就被自己打垮了。软木塞的成功归功于"按自己的意志和步调，坚持下去"的耐心，它每一次撞击都在改变对方，一次又一次地积累，一次又一次地储蓄力量，终于改变了对方。

每个人都有自己的优势，尽管可能并不明显，但那又怎样？软木塞都能使钢索按照自己的节奏来摆动，更何况是有智慧有冲劲的人呢？

也许，你一次的落实并不理想，甚至被碰得头破血流。能力就是在这个时候体现的。聪明的人选择不屈不挠，继续战斗；普通的人选择退缩和保守。所以，坚持本身即是落实能力的一部分。

其实，落实跟其他的过程一样，都是充满挑战的。没有耐性的人在面对大雨时选择逃避，因为他不知道还有彩虹会在雨后出现。没有耐性的人在实现自己的理想遇到困难时，选择回头，因为他不知道最甜美的笑容永远展现在笑在最后的人的脸上。

有人曾做过这样一个调查：46%的推销员找过1个人以后就放弃了；25%的推销员找过2个人以后就放弃了；15%的推销员找过3个人以后就放弃了；12%的推销员找过3个人以后继续努力下去。

结果80%的生意是这12%的推销员做成的。他们的成功不是基于机遇、方式和技巧，而是靠不懈地努力。成功是一步步走下去的，然而却不会一路平坦，就像一句至理名言，"鲜艳夺目的桂冠都是用荆棘编成的"。但只要坚持下来，成功真的近在咫尺。

"阿里巴巴"总裁马云说："我不知道该怎么样定义成功，但我知道怎么样定义失败。那就是放弃，如果你放弃了，你就失败了；如果你有梦想，你不放弃，你永远有希望和机会。""坚持到底就是胜利，如果所有的网络公司都要死的话，我们希望我们是最后一个死的。"

在"麦当劳"总部的办公室里悬挂着克罗克的座右铭——在世界上，毅力是无可替代的……只有毅力和决心才是无所不能的。

积沙成塔，集腋成裘。生命不是短程赛跑，没有人能一夕成功，就像野地里的百合花不会提前绽放。哪一座金字塔能用一块石头在一朝一夕砌成？哪种伤口不是渐渐复合痊愈呢？如果你能深谋远虑，从容不迫，气定神闲，没有任何一条路会显得太遥远。正如胚芽通过力量的积蓄最终钻出地面一样，竹子需要在地下长4年才能钻出地面，然后一年快于一年，你也将通过持之以恒的努力逐渐地远离平庸，拥有辉煌而壮丽的人生。

从现在开始，请你比别人每天晚睡一小时用来阅读，早起一小时用来行动，做好你的落实计划。当别人拜访10个客户就结束，请你拜访11个、12个……当别人下班，请你继续加班，留下来多做一些事情；当别人出去玩的时候，请你找一个安静的地方来阅读，甚至上课；当别人想放弃的时候，你多坚持一会；当别人走累了，你多走几步路。遇到困难，克服；遇到挫折，克服；遇到拒绝，克服。这一次的拒绝就是下一次的赞同；这一次皱起的眉头，就是下一次舒展的笑容，"失败—总结—前进，再失败—再总结—再前进"。

把每一位员工打造成落实型员工

一项工作的落实，需要迅速行动，只有在预计的时间内完成自己的工作，才能使成绩更有价值。然而在工作过程中，总会有人做事拖沓，拖延时间，不能迅速地落实自己的任务。这种做法不但耽误了工作的进行，延误了工作计划，也在精神上给自己增加了负担。这就要求我们养成早落实、不拖延的好习惯。

有一家外贸公司的老板要出差到美国去，而且要在一个国际性的商务会议上发表演说。他身边的几名要员都忙得头晕眼花。在临行的前一天，他向主管甲和主管乙分别布置了一项任务，甲负责演讲稿的草拟，乙负责拟订一份与美国公司的谈判方案。

在老板出国的那天早上，各部门主管都来送行，有人问甲："你负责的文件打好了没有？"甲睁着惺忪的睡眼说："我熬不住睡觉去了，我负责的文件是以英文撰写的，老板看不懂英文，在飞机上不可能复读一遍。待他上飞机后，我回公司去把文件打好，再电传过去就可以了。"

转眼间，老板驾到，第一件事就是问主管甲："你负责预备的文件和数据呢？"主管甲按他的想法回答了老板。老板听后脸色大变："怎么会这样？我计划利用在飞机上的时间，与同行的外籍顾问研究一下报告和数据，以免浪费坐飞机的时间！"听到老板的训斥，甲的脸色一片惨白。

到了美国后，老板与外籍顾问一同讨论了乙的谈判方案，整个方案既全面又有针对性，既包括了对方的背景调查，也包括了谈判中可能发生的问题和策略，还包括如何选择谈判地点等很多细致的因素。乙的方案大大超出了老板和众人的期望，谁都没有见到过这么完备而又有针对性的方案。后来的谈判虽然艰苦，但因为对各项问题都有细致的准备，公司最终赢得了谈判。老板出差结束，回到国内后，乙得到了重用，而甲却受到了冷落。

无论做什么事，只要我们做了，就一定要杜绝拖延，努力落实，不要等到错过时机，才追悔莫及。特别是在工作中，更不要把今天的工作拖延到明天，因为明天还有明天的事情，正如《明日歌》所说的"明日复明日，明日何其多"。如果我们不计后果地拖延，那么只能是"万事成蹉跎"。

在一家比较出名的品牌洗衣机厂内，有一名清洁工，她已经工作了近20年，不但工作认真，而且很有责任心，对工作也很热爱。如果厂内进货或清理仓库，她往往要干到很晚才能收拾完脏乱的仓房。但即便很晚，她也不会把工作拖到第二天去做，她总说："我的任务就这么简单，如果我不能清扫干净，还要拖延到明天，那就太不称职了！"

有一天，刚有一批洗衣机从仓库中提出，需要她去打扫卫生，当她在清扫地面时，发现地上有一枚螺丝钉。她拿起螺丝钉，仔细看了看，说："这一定是今天刚生产的那批洗衣机上的！"她知道如果这枚螺丝钉是从那批洗衣机中掉出来的，就代表着其中有一台洗衣机少了一枚螺丝钉。这关系到产品的质量，也关系着企业的信誉与形象。她急忙跑到厂长办公室去向领导讲明情况。

厂长立即要求对当天生产的800多台洗衣机做全部复检，以找到那台掉了螺丝钉的洗衣机。全体员工经过细心检查后，并没有发现哪台洗衣机缺少螺丝钉，而这时已经到了下班时间。大家正想走时，发现那位清洁人员仍在寻找，大家在她的带动下再次检查了一遍，最后终于在800多台洗衣机中找到了那台缺少螺丝钉的洗衣机。

这样的员工不但是负责的员工，而且可以算得上是优秀的员工，因为她清楚地知道，拖延对企业的影响有多大。相比之下，那些面对急需解决的问题而漠视或拖延的公司或个人，势必会付出惨重代价。

美国埃克森公司曾经发生过这样一件事：埃克森的一艘巨型油轮在阿拉斯加触礁，致使油轮泄漏了大量原油，给海洋生态环境造成了巨大破坏，很长一段海岸线遭到严重污染，海洋动植物也遭受了严重破坏。然而，面对重大影响，埃克森公司却迟迟没有任何补救行为，而且对外界也没有任何说法。

埃克森的行为激起了美国民众的强烈指责，甚至引发了一场"反埃克森"运动。这件事甚至惊动了当时的美国总统。最终埃克森因为拖延时间不去解决问题，给自己带来了数亿美元的损失。

在日常工作中，那些优秀的员工更清楚自己的职责是什么，当他们面对自己的工作时，总是能够做到努力落实；当他们接受领导交给的任务时，总是能够坚定地说："好的，我马上去做！"可以说，不拖延、重落实是每个优秀员工必备的素质。

按5P法则评估工作落实力

员工到了合适的岗位后，及时考核落实成果，进行绩效管理也是提高落实力的重要部分。公司为此应该制定系统的考核制度。

日本著名电器公司索尼公司经常采用5P评价体系来全面评估员工的业绩。5P是指Person（个人）、Position（职位）、Past（过去）、Present（现在）、Potential（潜力）。一个人（Person）在一个岗位（Position）上会有业绩，在这个位置上就要有符合这个位置的要求。

员工是否能得到晋升，公司要考察其业绩，Performance本身由三部分构成：过去的业绩（Past）、现在的业绩（Present）、将来的业绩。将来的业绩看不到，但是可以预测他的潜力（Potential）。

索尼公司人力资源部负责人认为，在管理上公司看的是业绩，股东看的是整个股票的业绩。

作为个体的员工，也会对自己的业绩进行自我评估：公司有没有给我晋升（Promotion）？有没有给我奖金或者其他奖励？这是公司给的回报（Pay）。Pay最终的决定性因素就是——个人的业绩、部门的业绩、公司的业绩，业绩最终决定了公司能够拿出多少钱来发奖金。公平地讲，公司应该完全按照业绩来发放薪金和奖金。

一个员工有没有发展潜力，公司会通过一系列的措施来评估。由于一个人的表现有一定的连续性，公司会对员工3年来的业绩进行综合考评。一个人的评价分为几个独立因素，公司会尽可能地做到几个因素互不干扰。

所有主管级以上的员工，公司会要求他们写自己的素质报告，素质报告会反映出很多方面的问题，如精神是不是很专注，是不是富有激情，是不是了解外界的知识。不同的上司对员工会做出评价，员工写完小结，公司还会有一个评估，这个评估是由不同的人匿名来进行的，其中有非业务部门人员。而员工要获得晋升，要由目前的上司进行提名。过了这关以后，进行书面考核，对员工的常识、观点进行考核。书面考核完后，公司高层领导再对员工进行全面考核。员工要面向5个公司高层陈述自己的想法、建议，公司高层将据此评估，作为将来的领导，这名员工有没有优秀的发展思路。经过这样一系列的综合评估，公司就可以知道一名员工有没有潜力。

有人认为过去3年的业绩很好，自然就应该得到晋升；或者今年很努力，业绩比去年提高了很多，就应该得到晋升，这样的看法是不对的。过去的东西只能是一方面，有些人可能是一个很好的主管，可是已经到了他能力的极限；有些人可能有巨大的爆发力，你没有看到；有些人可能只想做好目前的工作，不想要更高的职位，因为他们不想承担更多的责任；有些员工确实尽心尽力，但也只能做到目前的水平，公司就要给予鼓励和奖励，但不能晋升，因为他可能达不到要求，如果晋升他，公司就要承担他不能胜任的后果。

索尼公司认为：潜力和过去表现不一样，要把两者明确区分开来。过去是一方面，但是绝不等于你的发展潜力，在这方面公司要给员工做咨询、职业指导工作，要让他们学会自己对自己进行测评、了解自己，这是公司人力资源部门的一项非常重要的工作。

及时对员工的工作能力进行评估，有利于及时掌握员工落实力的提升情况，从而在整体上做出相应的调整。